永修文化丛书

张义红　主编

永修民俗非遗

《永修民俗非遗》编委会　编

江西人民出版社
Jiangxi People's Publishing House
全国百佳出版社

图书在版编目（CIP）数据

永修民俗非遗 /《永修民俗非遗》编委会编 . -- 南昌 : 江西人民出版社 , 2024.12
（永修文化丛书 / 张义红主编）
ISBN 978-7-210-15293-4

Ⅰ . ①永… Ⅱ . ①永… Ⅲ . ①风俗习惯—非物质文化遗产—介绍—永修县 Ⅳ . ① K892.456.4

中国国家版本馆 CIP 数据核字（2024）第 012180 号

永修民俗非遗
YONGXIU MINSU FEIYI

《永修民俗非遗》编委会 编

组 稿 编 辑 : 李月华
责 任 编 辑 : 章 雷
封 面 设 计 : 大 尉

江西人民出版社
Jiangxi People's Publishing House
全 国 百 佳 出 版 社
出版发行

地 址 : 江西省南昌市三经路 47 号附 1 号（邮编 : 330006）
网 址 : www.jxpph.com
电 子 信 箱 : jxpph@tom.com
编辑部电话 : 0791-86898860
发行部电话 : 0791-86898815
承 印 厂 : 南昌市红星印刷有限公司
经 销 : 各地新华书店

开 本 : 787 毫米 ×1092 毫米 1/16
印 张 : 21
字 数 : 250 千字
版 次 : 2024 年 12 月第 1 版
印 次 : 2024 年 12 月第 1 次印刷
书 号 : ISBN 978-7-210-15293-4
定 价 : 88.00 元
赣版权登字 -01-2024-24

追寻远去的记忆

民俗是一个区域民众用彼此认同的文化沟通情感的纽带，是普通百姓世世代代锤炼与传承的文化传统，是寄寓人们美好愿望的精神家园，也是一个区域老百姓在长期社会生活生产中共同创造、约定、遵守、传承的风俗习惯。民俗几乎涵盖社会生活的方方面面，如节庆、礼仪、居所、服饰、饮食、劳作、器物、游戏、演艺、方言等，并在生产生活的启迪和淳朴智慧的创造下，衍生了诸多无形的文化现象，它们就是今日耳熟能详的非物质文化遗产，成为一方水土特有的文化标志。

永修从艾地起源，到海昏、建昌、永修，地名数度更迭，在这片胜土卷带历史尘烟，绵延数千载。从精巧婉约的马口杨氏弹棉，到铿锵有力的艾城建昌锣鼓；从舌尖生津的艾城东坡肉，到气吞山河的吴城排工号子；从原生态云居山的传说，到百姓喜闻乐见的丫丫戏；从乡音浓郁的民间歌舞，到名目繁多的传统民俗；从千年励志不怠的磨刀李，到享誉世界的天工巨匠样式雷……这一切，都是我们民间优秀传统文化不断传承的根脉。

这些弥足珍贵的文化遗产，从遥远的过去走来，承载着我们生命的记忆，寄托着我们精神的追求。目光触及之时，令人惊叹先人的聪明才智和无比创造力；心目游览之间，更令人赞誉永修历史的博大精深和文化的丰饶多元。

人类在进步，时代在发展，文化生态也发生了巨大变化，那些曾经繁荣的民俗和珍贵的非物质文化遗产遭到严重冲击，这些地方文化记忆有的业已消失，有的正在消失，即将离我们远去。保护非物质文化遗产，守护精神家园，是我们神圣的使命和责任，也激励我们铭记一个主题：让文化遗产融入现代生活。

挖掘整理地方文史和优秀传统文化已成为政协工作的一个重要部分。将这些地方特色文化遗产，利用图、文、视频等形式抢救记录，出版相关书籍，不断强化宣传力度，对于营造全社会重视支持非遗保护与民俗传承的良好氛围，积极探索民俗非遗文化保护利用与乡村振兴相互赋能的新模式，从而让民俗非遗与全域旅游有机结合，实现合理利用开发，具有十分积极的意义。

“人事有代谢，往来成古今。”文化是历史的积淀，是民族的精髓，更是我们实现中华民族伟大复兴的重要支撑。今天，我们抱持对家乡故土钟爱的热烈情怀，捡拾先民撒落在鄱湖西岸的民俗与非遗之稻穗，倾尽我们所能，去呵护它、爱护它，使之发扬光大、薪火相传。毫无疑问，我们对先人创造的文化遗产深怀感激，对更加绚丽的未来满怀着希望！是为序。

张义红

2023 年 9 月 26 日

（作者系永修县政协党组书记、主席）

目 录

第一章

非　遗

第一节

国家级

永修丫丫戏

永修丫丫戏，旧称建昌丫丫戏，俗称丫戏、丫子戏，1914 年，建昌县名改称永修后，遂称“永修丫丫戏”。400 余年来，永修丫丫戏仍然以其锣鼓击节的清唱，模仿生活的表演，乡土乡音的道白，粗陋简约的服饰，遗存着众多曲艺与戏曲的原始生态过渡印迹。永修丫丫戏是民间传统戏曲，2014 年被列入国家级非物质文化遗产保护项目。

永修丫丫戏《山伯访友》（摄影 / 金和平）

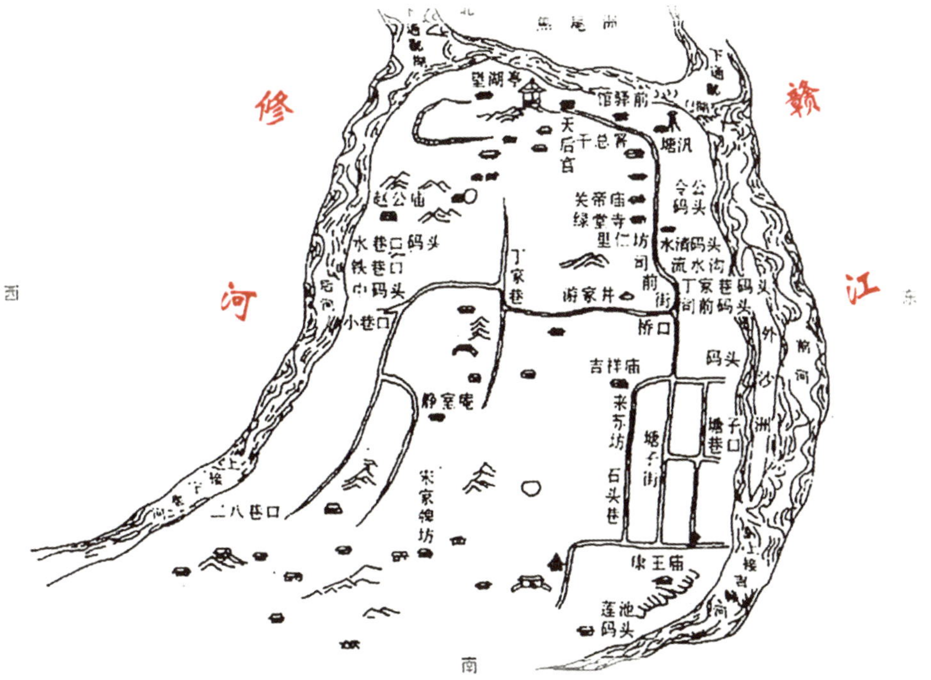

吴城古城图

永修丫丫戏源于明万历年间，清初经改良发展到光绪时期，规模遍及全县农村，至今已有400多年历史。作为永修独特的民间文化艺术，其所包蕴的乡土风情、俚语习俗、人文故事、沧桑变迁、流播情状，镌刻着永修人文历史的印记，因为但凡一种民间艺术的繁衍，总有其旺盛的精神命脉与深厚的文化土壤。

永修丫丫戏的缘起，在当地民间有三种传说。

传说一：起源于吴城古镇。吴城，原名吴山，自三国太史慈在此开发以来，因其水路通达，人居增多而渐成集镇，成为南北通衢之要道。它与浮梁县景德镇、清江县樟树镇、铅山县河口镇被誉为江西四大名镇。发达的水运，繁多的商机，吸引着五湖四海的客商兴致云集。繁盛时，小小的吴城镇就有六坊八码头、九垄十八巷以及四十八座会馆。流行于建昌乡村的采茶戏班，常常应客商邀请，三五成群地坐在店铺门口板凳上为来往客人演唱。习惯于走村串户的民间戏班，刚进入吴城这繁华喧闹的码头时，难免有些拘谨，所以一开始便采取板凳坐唱的形式，但这样显得过于呆板，因此，很难满足南来北往客商的娱乐及审美需求。于是，戏班的艺人们便以手指简易化妆，着以戏服，配以动作登台表演。而吴城48座会馆都有戏台，这就为建昌民间戏曲的繁荣和发展，提供了充分的条件和广阔的空间。早期的吴城丫丫戏没有女演员，都是男扮女装。男童扮旦角，头饰丫丫发髻，妖娥作态，演唱成曲，但它仍保留了锣鼓助节、清吟干唱、男扮女装、头扎发髻的原生态风貌。当时的吴城隶属于新建县，当地人就称这种建昌人演唱的戏为“建昌丫丫戏”。

传说二：起源于滩溪龙安河一带。永修自古水脉纵横，水系发达，而旧时堤防脆弱，洪患肆虐，因此连年水灾，苦不堪言。老百姓只得背井离乡，陌路求生。沿途乞讨中，有的大人就叫唤女儿卖唱，她们毕竟是女儿家，识字少，见闻也不多，只好以永修方言和着原有印象的北调、南调、湖调，并夹杂平日脱口而出的拖山歌、田歌、哭嫁歌、童谣等永修民歌，伴着随带的锅碗瓢盆奏乐而唱。这样一来，一种雅俗共赏、婉转凄美的曲调便在逃难的路上渐渐蔓延开来。灾后返乡，日子渐丰，滩溪的丫头们首先想到凑在一起组成戏班，头上扎起两个丫髻，每逢吃新、做寿、乔迁、婚娶、春节、元宵、端午等喜庆活动在本地搭台演出。起初只是自娱自乐，随着影响的扩大和文化的熏染，其他乡村亦生文化跟进意识，凡遇时节旧俗，必请丫丫戏班在祠堂土坪唱闹三天三夜方罢。这种极其浓郁的乡土文化深

虬津丫丫戏：渔网会母

受百姓喜爱。此后，各地丫丫戏班如雨后春笋，争相竞发，马口、艾城、柘林、吴城均先后组建此类戏班。至清朝中期，丫丫戏班业已盛行，并受交界邻县安义、新建、靖安等地的农村约请演出，形成文化氛围十分浓厚的永修原声乐社戏特色。自此，永修丫丫戏应运而生，当地人称为“丫丫戏”。

传说三：兴盛于温汤乡（今三溪桥、柘林）一带。清嘉庆年间，永修县柘林有个名叫王铁山的秀才，善音律，尤爱戏曲。少年时，常在大姓屋场观看丫丫戏。后来，他又组建了自己的丫丫戏班。在清同治年间，地方官员唯恐上演戏剧有聚众闹事之嫌而加以取缔，全县下令禁演丫丫戏。强令王家班回柘林司马老屋，艺人们也各自回归故里。为了传承发展丫丫戏，王铁山不惜变卖田产，购置戏装道具，并以重金招聘各处丫丫戏名角。一次，王铁山听说有一位丫丫戏名角因为家里吃上官司，被人拐卖进了素有“小南昌”之称的吴城古镇的烟花柳巷，王铁山专程前去给她赎身。可老鸨开价要五百大洋，这在当时来说是一笔巨款，好在王铁山的家底厚实，就回家把情况对老婆说了，老婆以为他明里是以组戏班为借口，实则想带人家回家做二房，不大高兴但又不便拒绝男人的要求，因为那个年代男人娶二房是很正常的事，只好同意拿出巨款让丈夫将那位名角接回家。王夫人也是一个厚道妇人，好事做到底，干脆成人之美，在家里腾出一间厢房，亲自打扫，精心布置，剪贴喜字，一切筹备妥当，就等丈夫接来新人入洞房。不料，丈夫把人接来后，并没有安置在家里住，而是直接带去了戏班。王夫人以为丈夫不好意思带回家，便去戏班找到王铁山，说：“你人都接来了，还带在戏班与她同住，别人以后怎样看我啊。”王铁山一头雾水，一问才知，原来妻子误会他的意思了。正是如此不惜重金延揽人才，王铁山在当时组成了行当齐全的王家丫丫戏班，暗地里进行演出。于是，丫丫戏流传至今。王铁山还亲自谱曲，改编剧本。当时，在修河两岸一提王家丫戏班，无人不晓。王家丫戏班曾到过南北各地会馆戏台演出，盛况空前。王铁山坚持丫丫戏特色，即使在鼎盛时期也只用打击乐伴奏，本地方言念白，走丫丫戏独特的演唱风格，称其为“丫戏子”。

（一）戏剧行当

永修丫丫戏虽缘出多门，但都有平词、叹板、悲板、摇板、快板、还魂板、花腔等。分成9个行当：大王（大花）、小王（小花）、白须（老生）、青须（正生）、上首生（小生）、上首旦（青衣）、小姐（花旦）、丫鬟（小旦）和婆旦，乐队3人（即司鼓1人、小锣1人、打大锣大钹1人）。此外，如手下兵卒称“喳将”，女兵称“丫将”，管家统称“弯生”等。舞台语言系用本地方言土语，有浓郁的地方色彩。唱腔均统一，自成一体。明末清初，永修县凡大姓屋场均有丫丫戏班，有送戏、坐台、联宗、赛戏等传统习俗。演出时用锣鼓等打击乐器伴奏，奏乐者称“坐台”。每年正月、二月是演戏高峰期，戏班外出演戏称“送戏”，到同姓同宗屋场演出称为“联宗”，戏班与戏班同台演出称“赛戏”。

清同治年间，太平军起事，地方官员唯恐上演戏剧有聚众闹事之嫌而对丫丫戏加以取缔，全县下令禁演丫丫戏，戏班解散。然而，禁而不止，各屋场的丫丫戏班又偷偷组团，暗地演出。

至民国初期，丫丫戏班在滩溪、虬津、艾城、白槎、立新、燕坊、三角、九合、马口、吴城等地有30余个，演出十分活跃。新中国成立后，戏班改为群众宣传队，少有丫丫戏演出。“文化大革命”期间禁演，戏装道具、传承剧本多被焚烧，亦有人把剧本藏在屋顶夹层、戏装埋在粪坑旁方保留下来。1979年后复出，但仅存滩溪乡石符村、虬津江岸村、虬津郦畈村、艾城红桥村、白槎龙井村5个戏班，规模大不如前。2004年，永修县文化部门派员分赴各乡镇寻访艺人，广泛收集、整理、记录大量濒临灭绝的珍贵资料。2005年又组织了一次丫丫戏乡镇会演，县剧团整理、赶排了《七层楼》《黄婆井传说》等传统剧目，参加省、市调演，《七层楼》获江西省民间艺术节二等奖，省、市媒体对此进行了报道，引起了省、市文化部门和有关专家的关注。2018年10月，永修丫丫戏作为国家级非遗项目，选派了丫丫戏《打底劝夫》剧目组周江宁、张振红、潘玲玲代表九江市赴韩国参加阿里郎文化节交流演出，节目深受好评。

（二）艺术特点

永修丫丫戏经过多元文化的融合，形成独有特色：第一，戏台挂剑。搭戏台要视年度运势方向而搭，如是东南向，戏台就必须朝着东或南。戏台搭好后，由小丑手持宝剑并将其挂在戏台左上方的柱子上，以示镇煞。第二，手指化妆。演员未化妆前，首先由小丑端碗水，用左手中指（因为右手沾过脏物，左手相对干净，这是表示对观众的尊重）蘸上水书写“开台大吉”四个字后，演员才可以化妆。丫丫戏化妆是用手指化妆，而不是用化妆笔。第三，小丑主局。为何开台前由小丑主持呢？相传乾隆皇帝下江南时，在建昌县看丫丫戏，可有一场戏缺少小丑角色，没有小丑就无法继续演下去，乾隆皇帝正兴致极高地观戏，没有小丑岂不大扫雅兴，于是他亲自上台扮演小丑，戏才得以演完。从此，小丑角色在戏班里是最有权威的。吃饭时小丑要上座，只有小丑发话才能开演。尤其演出之前的“拜四方”很得观众热烈响应，即由小丑向台下四方洒水，口唱吉词，四方跪拜，意示祭奠水神。这一仪式在古镇吴城甚为风行，这里客商云集，保佑商船、风平浪静、长途平安，是他们共同的心愿。每次拜四方时封赏的银钱纷纷掷向戏台。第四，包公亮相。戏演完后，要以包公角色上台走一趟作为压轴，以示压邪保平安。意在告诉观众，今天有包公在此，大家就平安了。第五，庙堂八仙。如果在庙里、祠堂演戏，就要提上八仙，即由扮演八仙的演员演出前在台上过一场亮相，叫“摆八仙”，以示压邪。第六，抱拳为礼。演员出场时，由老生、小生角色演员面对观众方向的中、左、右抱拳行三个礼，叫“为礼”。第七，锣鼓助节。丫丫戏没有任何音乐伴奏，只有锣鼓以击打点数伴以节奏，所以在戏行里大家都有“一个锣鼓半台戏”的说法；戏班在没有开台前，任何人不得摸锣鼓，否则就预示着不吉利。所以，开台前有专人看管架好的锣鼓。第八，道白、唱腔、发声。道白用永修本地方言，观众听得清新亲切，尤其是那些乡音谚语，更具强烈的戏剧效果。唱腔：板式较丰富，有平板、走板、急板、叠字板、还魂板、悲板等十余种，以适应不同情绪和场景的需要。发声：声音运用很有特色。行当“小子”（小花脸）用的就是真假声结合，一句道白（唱腔）根据人物情绪时真声、时假声、时高、时低、时短、时长，表演诙谐、活泼、多变。第九，音乐。其一，不用管弦伴奏，只以锣鼓助节，人声干唱。其乐器由大鼓（1人）、小锣（1人）、大锣、大钹（1人）4人演奏。演出前，乐队击打闹台锣鼓，演唱时，锣鼓穿插于唱腔之中或垫于拖腔之后，几乎是一句唱腔，一阵锣鼓，轻重缓急，都有专用。其二，开始是单曲专用、一曲多用、多曲联用、男女通用的形式，逐渐演变形成男女分腔、男女分用的板腔体形态。其三，板式非常丰富，它有平词、叹板、悲板、摇板、快板、还魂板、二流倒板、急板、火功、花腔、一字捡板等。其四，锣鼓曲牌有唱腔锣鼓和身段锣鼓之分。

（三）演出道具

分乐器与服装道具类。乐器类：除4种打击乐之外，根据剧情、人物需要又新增了低虎音大锣、顶钹、低音小锣、云锣、低音堂鼓、大堂鼓、广板、滴板等多种。唱腔曲牌和演奏过场乐时，也加入了笛子和唢呐的伴奏。服装道具类：班社的服装道具原来极为简单，只有两箱一笼，一箱中装有三袍两扎，三袍分红袍、黄袍、白袍；两扎分红扎、白扎。另有褶子、女帔等。一笼中装有盔帽、扇巾等，另有杂箱，装道具与乐器。

（四）主要剧目

永修丫丫戏剧目有大戏、小戏之分。大戏有《赶子图》《三女图》《罗帕宝》《血衣记》《排环记》《绣鞋记》《双贵图》《卖花记》《乌金记》《荞麦记》《葵花井》《琵琶词》《血掌印》《界石钟》《七层楼》《黄婆井》《三姐下凡》《四姐闯东京》《七仙女》《三宝记》《鸡血记》《卖水记》《百花亭》《红莲宝卖身》《方卿拜寿》《渔网会母》《山伯访友》《金莲送茶》《破镜记》《三亩地》等；小戏有《桃花岭》《拾棉花》《撇芥菜》《张山送路》《春宝游园》《打底劝夫》《夫妻观灯》《补褙褡》等。

（五）文化价值

永修丫丫戏吸纳了采茶戏元素和“板凳坐唱”的遗存，保留了众多原生态的艺术元素，对于认识和研究它的形成、发展有着珍贵的史学价值。永修丫丫戏起源于永修，发端于明末清初江西农业经贸市场，在其剧目中呈现出许多反映小城镇市民生活历程和商品经济的内容，揭开了近代剧的新一页；丫丫戏来自民间，传播于民间，长期以来由农民自唱自演，堪称农民戏曲，有着广泛而深厚的群众基础，同时，作为一种独特的本土戏，具有一定的市场开发价值。

永修丫丫戏根植于鄱湖西岸这一方圣土，生生不息。目前，永修戏曲爱好者惊艳其艺术形式与神秘的文化特色，在永修全县的农村已然形成宣传推广的文化自觉。遍地开花的丫丫戏剧团，长年活跃在农村的田间地头，极大地丰富了广大农民群众的业余文化生活，成为坚守乡土文化阵地与传承、发展优秀民间艺术的一支主要生力军，永修丫丫戏这一传统剧种正以其独特的魅力在古老土地上焕发昔日生机。

第二节

省级

一、吴城排工号子

吴城排工号子是世代排工作业时脱口传唱的富有原生态的号歌，具有颇浓的吴歌韵味，清朝光绪年间就已盛行。当年在吴城，凡有木排作业生产场景，排工必异口同声作歌唱和。所以，吴城排工号子来源于劳动，是排工生产时的原始声乐。吴城排工号子属于民间传统音乐，2010 年被列入省级非物质文化遗产保护项目。

吴城地处江西五大水系交汇处的鄱阳湖之滨，扼江西水路咽喉，赣江、修河汇聚于此，水路十分畅通，沿内河可直达江西全省各地，经鄱阳湖入长江，可抵皖、浙、苏、沪、鄂、湘、川、渝等省市。自汉晋以来，吴城一直是中原南北官道（鄱阳湖—赣江—大庾岭—北江）水运码头。清初，每年从吴城输出的木材达百万立方米，排工达千人。清朝中期，浩瀚的鄱阳湖面，停满了来自江西本省及湘赣鄂边境的木排，真所谓“见排不见水，见船不见湖”。乾隆至咸丰百余年间，吴城进入鼎盛期，口岸转输经济功能已超过省府南昌，享有“装不尽的吴城，卸不完的汉口”之誉。清晚期，吴城是江西木材外运的最大集散地，在“茶、木、盐、纸、麻”五大行业中，木材转运对吴城商业支撑的作用最大亦最为长久，始终为“商品过境大宗”。清朝和民国期间，它与景德镇、樟树镇、河口镇并称江西四大名镇。

赣南、湘南及赣鄂交界处的幕阜山等地区气候温暖湿润，森林植被茂密。从这些地区采伐的木材，扎成小排状顺流而下到吴城，再由吴城的排工扎成长9丈、宽2丈、厚5—8层的大木排。得天独厚的水运条件，使吴城自然成为江西规模最大的木材集散地。发达的商运给吴城带来了空前繁荣。嘉庆至道光年间，“有8座码头：大码头、中码头、下码头、全楚码头、杨泗码头、五显码头、司前码头、水浒码头。每天停泊船只多达千艘”(《永修县志》)。

吴城排工号子是原生态号歌，它起着在劳动中协调节奏、鼓舞情绪、调节疲劳的作用。吴城排工号子歌词简短，句式相对固定，连贯易记。喊号子同劳动动作的起始、快慢紧密配合，一领众和，领和交替，领词带号令性质，和词多为劳动的呼声，音乐节奏感鲜明而强烈。一般特点是气氛浓烈、声音激昂、顿挫有力。

（一）曲牌

捞排号子 捞排，即底排扎好后，排工一同用铙钩将漂浮在水面上的木头先沉下水，再借着木头的浮力，将木头迅速钩上底排。此曲由一人或两人唱，节奏较自由，给人一种轻松快乐的劳动感受。

排工正唱“吴城排工号子”（摄影 / 金和平）

穿缆号子 穿缆，即把扎排用的粗大篾缆由众排工从一个排上穿到另一个未成形（毛坯）的排上，以便倒梁。此时用此曲一领众和。穿缆号子节奏明快，音调起伏婉转。

倒梁号子 倒梁，即排工把木竹扎成排后，将木排首、中、尾用数根大梁横着紧紧扎牢（以免木排散架）。此曲旋律浑厚，节奏刚劲有力。

作排号子 作排，即将水上毛坯排从一个地方拉到另一个地方用篾缆进行捆扎加固。此曲一领众和。

出锚号子 出锚即抛锚。木排成形后，把系着粗棕缆的大型三脚铁锚通过木头制作的葫芦架由众排工慢慢下到河床底下，为几张木排连扎一起时，固定位置，以能便利地调整木排。整个号子只有“嗨哟，嗨哟”的呼喊声，配以激烈的鼓点。

起锚号子 起锚，即通过木头制作的葫芦架由众排工慢慢把铁锚从水底提起来。此曲首先击打三遍鼓，召集排工奋力起锚航行。然后行腔，一领众和。

绞车号子 绞车，即在排上用木头搭建 2 个像晒衣的三叉架，将其固定在 1 米间距的位置，两距之间竖起 1 根高约 2 米、直径 20 厘米的粗木，粗木底端固定在排上，但能转动，再将 2 根稍小的木头搭在 2 个三叉状的架子上夹住粗木的上端。粗木 1.2 米见高的位置，围着外径，交叉绑扎着四根长约 1.3 米、直径 10 厘米的木头，以供 8 个排工推转时用。平时不推转时，在四根木头的交叉处，又以 4 根小木插入排底，作固定带紧缆绳用，这是绞车的前部分。绞车的粗木上卷有很长且粗的缆绳，一头连接在排后障上。障，有屏障之意。长约 3 丈，宽约 1 丈，近似船帆样，平时不入水，一旦逆水行排，为矫正挪动排的位置，以能安全顺利行排，就要启动绞车，将障慢慢放入水中，一则作导航用，二则提高行排速度。此号子近似民间小调，表现排工集体劳作的欢快心情。

歌词内容主要表现如下 4 点：

（1）反映劳动内容，如《倒梁号子》。

（领）哎嗨喔，（合）嗨，哎嗨呀哈，（领）哟啰哟呵，（合）嗨哎嗨呀哈，（领）嗨嗨啰喂，（合）啰嗨呀，啰喂啰，嗨呀，（领）倒梁的哟，（合）嗨哟，嗨嗨哟，（领）哟啰齐呀心的合呀力，（合）嗨哟啰，嗨啰嗨，（领）倒梁的哟，（合）嗨哟嗨，嗨哟嗨，（领）哟啰嗨，嗨哟啰，（合）嗨啰，（领）嗨啰，（合）嗨啰，（领）嗨啰，（合）嗨啰。

曲调时而低沉时而高亢，虽是简单几个感叹词，但饱含的感情内容极为丰富。

（2）反映生活情趣的，如《绞车号子》。

（领）打起个锣鼓唱起来（合）三、二吔。

（领）我把个麻雀子数起来（合）海棠花飘飘。

（领）一只麻雀子一个头（合）三、二吔。

（领）一只麻雀一张嘴吔一个尾（合）海棠花飘飘。

（领）两只眼睛望四方（合）三、二吔。

（领）两个耳朵听八面风（合）海棠花飘飘。

（领）两个翅膀展翅飞（合）三、二吔。

（领）两个爪子往前行（合）海棠花飘飘。

（领）一个心肝一个肺（合）三、二吔。

（领）身穿一身麻布衣（合）海棠花飘飘。

（领）一头赶在对口里（合）三、二吔。

（领）头朝东来尾朝西（合）海棠花飘飘。

（领）前面师傅把号接（合）三、二吔。

（领）后面徒弟学学乖（合）嗨呀歪歪哟嗨。

（3）反映不畏艰险、勇敢面对大自然的，如《七节》即放排号子。

花开刘郎也有情，不怕山高水又深。

高山自有人开路，水深自有撑篙人。

（4）根据劳动内容而定。领唱人唱的第二句歌词就可根据工作的内容而定了。如果众多人齐拉一根笨重硕大的木材，就唱“使劲拉”；如果流送木排遇急流险滩需用力搬棹定方向时，就唱“用力搬”；如果是集体性的劳动场面，就唱“齐心协力扳”。如《倒梁》号子。

（领）歪呀哟，歪呀哟，歪呀哟，喔喔吔嗨，扳梁的，哦哟，齐心协力扳，赣州下来十八滩，滩滩通到紫金山，紫金山上般般有，缺少芙蓉配牡丹，扳下了嘿！谈一谈，下江南，丢一丢，到苏州，七到八，拉篾扎，八打九，到了手。（合）呵呵嗨呀哈！

（二）器具

木排 由木头或毛竹扎成5—8层漂浮在水面上的排。

篾缆 用以扎排。有三花（一股为一花）、毛三花、四花、五花、小六花、大六花、小七花、大七花。为赣江源头所用的，叫东关缆。出鄱阳湖入长江所用粗如茶杯的，叫行江缆。

排钩 为扎排、捞排、行排时所用。排工所持均为一丈二尺，唯有排老大用的长度为一丈。一是使用短钩便于排工老大指挥，二是证明等级地位。

木棰 分大、中、小。均为打桩敲排所用。小的还为排老大指挥所用。

蓑衣 为棕须编织。披在身上可挡风防雨。

斗笠 为竹篾所编。戴在头上可防雨。

马灯 清末始用。为排上照明用。

锣 遇雾时，由于木排前后相距数百米，为确保行排安全，前排为探知水路，边着人点燃一束大香，高举，当航标，边着人以敲锣声为信号，时而锣响排的左边，时而锣响排的右面，所举燃香亦随左右，告知后面行排水情线路。

鼓 为齐心协力、鼓舞士气而用。排工鼓点，分一扳、二托、三起、四落。一扳：敲一下鼓点，稍停，再敲一下，如此连敲数下的同时，排工将橹朝自己怀里使劲扳。二托：当鼓点频率不断以两个点数敲打时，排工便用手朝外推橹。三起：通过木制葫芦架慢慢把大铁锚从水底提起来时，将鼓点频率敲三个点数，意即提锚，直至锚出水面。四落：通过木制葫芦架慢慢把大铁放入河床底下，此时，将鼓点频率不断以敲四个点数敲打，排工便协力将锚放到河底，固定木排。

（三）文化价值

号子能激发人们的劳动热情，增强团队凝聚力，提高生产劳动效益。吴城排工号子是扎排、行排等生产过程中所运用的原生唱和，是用以统一指挥、协调动作、鼓舞士气的高亢音调，其表演形式能使人们的劳动热情高涨，从而提高生产效率；在恶劣的生存环境中，也能增强人们艰苦奋斗的自信心。吴城排工号子是人们长年与急流险滩、逆水恶浪作斗争的劳动过程中的产物，其动作、唱词及音乐的感染力是其他音乐表演种类所不及的。吴城排工号子通过动作表演、歌词唱和、音乐渲染，使人身处逆境而不气馁，面对困难勇往直前，起到振奋人心的作用；同时它也为音乐舞蹈艺术提供良好的艺术编创素材，以此丰富舞台艺术表演形式。将吴城排工号子编创成音乐舞蹈，可再现排工当年迎风搏浪的劳动场景，让人观之精神舒爽振奋，具有较高的艺术观赏价值和思想感染力，还能丰富地域文化，充实民族文化宝库。1951 年，江西人民广播电台派音乐专家专程来吴城采风，搜集整理排工号子，并制作成专题音乐节目，在全省播放。1959 年，党的八大在庐山召开，吴城排工号子参加了开幕式文艺会演。1964 年，吴城排工号子参加了全省农垦系统文艺会演。1980 年，吴城排工号子被编入《中国民间歌曲集成》。1989 年，上海举办长江流域文艺调演，永修储小军演唱的吴城排工号子，博得观众满堂喝彩。

二、马口杨氏弹棉

弹花，又称弹棉、弹棉花、弹棉絮，属于传统手工艺。据《永修县志》（1987 年版，第 178 页）记载：“杨姓弹花始于清康熙年间，世代相传，遍布马口化里杨村为中心的 7 个杨姓村庄，其经营地点遍及永修、南昌等地，尤以南昌市为最多。弹花业一直为杨姓独家经营。其兴盛时期为民国十一年（1922），在南昌市杨姓专业弹花店铺就有 76 户。”“南昌的弹棉业，只有永修杨姓人才能做。”（见《南昌商会志》2003 年版，第 14 页），2010 年，马口杨氏弹棉被列为省级非物质文化遗产保护项目。

永修，自古是江西南北通衢要道，素有“洪都门户”之称。自明代洪武年起，永修马口是奉新、安义到永修、九江的驿马要口，也是修水、武宁、永修通往南昌的驿马要口，故而称为马路口，简称马口。当年，这里报马商贾络绎不绝，繁华年景日升月恒。马口镇西南的杨姓村庄，就是曾经在南昌城名噪一时的“杨氏弹棉”的发祥地。

弹棉，要根据客户所需长宽、重量、厚薄等规格，经多种工序精细操作，完成一床棉絮。

（一）工序

剁棉（剁棉花） 用竹鞭在脱籽的棉花上鞭打，使之蓬松。

造坯（弹棉花） 用木槌敲击弓弦，使棉花纤维根根舒展，变得疏松柔软。

打坯（打坯子） 把弹松的棉花按客户要求的尺寸整理成一床棉絮的初坯。

平面（整平） 用木槌击打弹弓上的弦，按水平线把台板上高低不平的棉花整理平。

杨氏弹棉

马口杨氏弹棉（摄影 / 金和平）

压棉（按紧） 用竹筛把经过弹击后而膨胀松乱的棉花轻轻按压，使絮坯成型。

牵纱（拉纱、拉筋） 1. 牵粗纱（拉粗纱、拉粗筋）：由两人站在台板的两边，其中一人手拿一根带钩的竹条把或红或绿的纱线钩牵到对方的手上，再同时有规则、较稀疏地交叉按放在棉絮的两端，一层即可。接着，根据客户的需要，用或红或绿纱线在上面盘上“囍”“福”“禄”“寿”等字样。2. 牵细纱（拉细纱、拉细筋）：操作与牵粗纱同，只是铺放在红、绿纱线的上面，纱线白而细，密度紧，一般要纵横交叉牵上三到四层。

抹纱 牵纱后，用竹鞭在棉絮上来回扫按，使纱线紧紧嵌贴在棉絮上。

磨纱 1. 手磨（小磨）：把磨盘放在棉絮上，用手来回用力旋转按压棉絮，使棉絮上的纱线与棉花紧紧贴在一起。2. 脚磨（大磨）：把磨盘放在棉絮上，人站在磨盘上借着腰力旋转左右踩踏，使棉絮富于弹性。

翻面 把已经做过工序的棉絮坯子翻一面，进行另一面的操作。

裁边 整理棉絮四周多余的棉花。

平面（整平） 操作方法与上述“平面（整平）”同。

压棉（按紧） 操作方法与上述“压棉（按紧）”同。

折边 把棉絮四周的纱头嵌在棉花里，使之形成一个整体。

牵纱 1. 牵粗纱（拉粗纱、拉粗筋）操作方法与上述“牵粗纱”同，只是这一面一般不盘字。2. 牵细纱（拉细纱、拉细筋）操作方法与上述“牵细纱”同。

扎角 将棉絮的四个角用白色粗纱扎紧，以保持棉絮的牢固和纱线不错位、不松动，起到经久耐用的作用。

抹纱 操作方法与上述“抹纱”同。

磨纱 操作方法与上述“磨纱”同。

（二）器具

弹弓 木质，直径约 10 厘米，长约 1.7 米，弧形，两端用牛筋绷上弦，木槌击于其上，通过弓弦震动产生的弹性，使棉花疏松。

木槌 木质，形似手榴弹，长 30 厘米，直径 10 厘米，重量为 1.5 斤，用以敲击弓弦。

木板 铺放棉花的操作台板。长 7 尺，宽 6 尺。

磨盘 木质，磨盘形状，直径 2 尺，厚度 3 寸，磨底光滑，略呈拱形，朝上一面有一手柄，用以按压棉絮。

牵纱架 木质，高 1 米，由三脚架支撑立于地面，纱线筒套在木杆上，可转动，通过牵纱鞭把纱线勾牵到棉絮上。

剁鞭 竹质，2 寸宽，1 米长，用以均匀抽打棉花，使棉花蓬松，便于弹棉。

竹筛 竹质，形状与普通筛子一样。上方有一手柄。底部光滑，略呈拱形，棉花弹松后，用以压紧，便于牵纱。

牵纱鞭 竹质，长约 1.3 米，顶端带一金属小钩，人站在台板一端持鞭从牵纱架上把纱线钩送到台板另一端人手里，由两人同时把纱线按放于棉絮坯上。

（三）制品

盖絮

（1）春秋絮。宽 1.8 米，长 2 米（6 至 8 斤一床）。

（2）冬絮。宽 1.8 米，长 2.2 米（10 至 12 斤一床）。

（3）夏絮。宽 1.8 米，长 2 米（4 至 6 斤一床）。

垫絮 宽 1.2 米，长 2 米（8 至 10 斤一床）。

罗被（婴儿摇篮絮） 宽 1.2 米，长 1.2 米（3 至 4 斤一床）。

盘字 用纱线在棉絮上盘出花草、鸳鸯以及“福”“禄”“寿”“囍”等。

另外，永修农村传统习俗喜六和九，棉絮规格习惯以“六六大顺”“天长地久”讨口彩，因此，棉絮的宽度为五九四十五（宽 4.5 尺），长度为六九五十四（长 5.4 尺）。

（四）文化价值

杨氏弹棉弹制的棉被在城乡尤其是农村的市场规模很大，是人们冬季御寒保暖的必需品；手工弹出的棉絮采用天然材质，生态环保；手工弹棉絮可节约资源；并且为音乐舞蹈艺术提供良好的艺术编创素材，能丰富舞台艺术表演形式，有较高的艺术观赏价值和艺术感染力。20 世纪 80 年代，江西省歌舞团先后在南昌和永修马口化里杨村采风，编排了《弹花舞》。九江市歌舞团也曾来永修马口采风，由张宏民编排的舞蹈《弓弦声声》在全省歌舞节上获奖。

马口杨氏弹棉对学徒十分严厉，初学者肩扛大木弓，手握木槌不停弹弓，两手弹得红肿也不准停歇，直到弹消肿为止。学徒期满，师傅将一杯水放置于木弓上，让徒弟握槌弹弓，滴水不漏者方可满师。不但如此，杨氏弹棉早年就制订了严谨的行规，这种行规虽含封建帮规的遗风，然而，其内容体现了一种当时社会十分缺乏的道德诚信，从而赢得了社会的广泛敬重，这就是杨氏弹棉著名的四规：一是传男不传女。二是传本姓而不传异姓（宁愿只传非亲非故的杨姓，也不传授外甥姑表）。三是不得诓骗客户。四是做工要精细，价格要合理。违反任何一条，都将被逐出弹棉业。从此，杨氏循着此规，守着这份祖业，在南昌府打下了一片弹棉江山，繁衍不息。

当时，永修马口杨氏在南昌府有口皆碑，并以永修弹棉业为龙头成立了具有地方宗派性质的弹棉行帮帮会，设有建昌会馆，俗称“建昌帮”。近代，由于外国资本和商品大量侵入，引起了南昌经济市场的急剧变化，封建社会的行帮组织局限于同乡的狭隘利益，势单力薄，远远不能适应当时社会的竞争形势，为求生存、图发展，客观上需要有更大的同业组织，并吸纳其他异姓弹棉工入伍，以壮大自身的竞争力量，于是改帮会为弹棉同业公会，理事长也一直由永修杨氏担任。抗战期间，南昌大资本家周琴舫接到制作一批抗战棉被军需业务，指定要永修马口杨氏弹棉工制作。日军攻陷南昌后，弹棉同业公会与抗日商会等工商界组织同仇敌忾，不甘做亡国奴，杨氏弹棉工有的陆续回到永修故乡避难，有的向赣州、吉安、上饶等后方疏散转移，继续为抗日军队弹制棉被、棉衣。抗战胜利后，多数又回到南昌重操旧业。抗美援朝时，江西军分区把制作棉被的任务交给了永修杨氏弹棉工完成，一床床雪白柔软的棉絮经由杨氏弹棉工日夜加班制作送往朝鲜战场。

三、建昌锣鼓

建昌锣鼓是民族民间器乐中的优秀文化遗产，起源于清朝末年，起初在永修古艾城一带盛行，后渐活跃于全县，业已传承了百余年。建昌锣鼓历久弥新，形成了鲜明的个性与独特的曲调，深受当地群众喜爱。2013年，建昌锣鼓被列入省级非物质文化遗产保护项目。

建昌锣鼓在永修本县民间用于正月祭神祭祖、打龙灯、出谱、打醮等。清末在本县民间（尤其是艾城、虬津、立新、滩溪、江益、涂埠、马口、三角、九合等乡镇以及南昌等地）甚为流行。每逢清明、庙会、灯会、祭祖、红白喜事乃至亲戚乡邻相互祝贺、拜访，都时兴演奏建昌锣鼓。乐队以 9 人为组。富庶人家的老人去世、婚嫁之喜，都要请上建昌锣鼓班子，热闹三五天。

（一）曲牌

建昌锣鼓曲牌分为《天官头》《长槌》《撮子头》《双五槌》《单五槌》《双凤点》《单凤点》《一槌》《二槌》《串槌》《水点鱼》《报槌》《欧槌》《跑马头》《半边瞧》等近 20 支。由天官头、撮子头勾挂按场景择其部分适度连接。

建昌锣鼓（摄影 / 宋建明）

（二）组架

由 9 人组成，含司鼓（1 人操板鼓、堂鼓各一面）、川钗（2 人）、铙钗（1 人）、马锣（2 人）、小锣（1 人）、大锣（2 人）。鼓为核心，大锣和川钗为骨架，铙钗和马锣与川钗对应，小锣明亮活泼，起调和作用。

（三）特征

长期以来，建昌锣鼓是在永修民间文化与他域文化交相浸染渗透下发育和成长的，特色鲜明。

1. 演奏特征。建昌锣鼓系联体曲牌，明亮悦耳，旋律简洁，节奏明快，步伐性强，便于渲染气氛。《天官头》《撮子头》在联曲中反复再现，近似回旋。《撮子头》穿插时，时而伸展，时而压缩，故不显单调。

锣鼓乐表现的优劣，司鼓是关键，建昌锣鼓尤为如此。演奏时，堂鼓、板鼓轮换使用，堂鼓依锣鼓经加花带动，邻近转曲牌时，必须入板鼓发令。发头分有声发头和无声发头。有声发头为单槌或双槌抬起在弱拍上重击，以示曲牌转换；无声发头变化多端，形似舞蹈。如欧槌：（1）用鼓槌在鼓面画圈；（2）右手抬起画圈；（3）双手持槌抬起平行向后翻等。双五槌：双手在鼓面上画八字；单五槌：左右手在两面鼓上撇捺成八字。双凤点：双槌在板鼓上平行画直线。还有演示性手势，音响随手势而出，有时如行云流水，时而对答如歌，展现出一幅美丽的图景。

建昌锣鼓演奏技巧颇丰富。有点击、重击、轻击、跳击、轮击、搓击、闷击、花击及捂音等。

2. 音乐特征。建昌锣鼓以打击乐演奏。表现形式和音乐综合了我国各地锣鼓的众多优点，吸纳了川蜀锣鼓的高低音对比、华北锣鼓的高亢粗犷、长江中下游锣鼓的清亮悦耳以及江南锣鼓的圆润艺术技巧，丰富了自己，但并未改变自己的特质，并逐渐形成了建昌锣鼓音色柔和的主要特色。这显示出其宽广的包容性与坚固的自持性。

3. 民族特征。建昌锣鼓既固守着自己的文化特质，又附带着他域艺术的修饰，呈现出奇姿异色，与众不同，具有艺术上的独特性。同时，从建昌锣鼓与民族民俗的关系来说，建昌锣鼓是因民族民俗需要而产生与发展，又以民俗为依归服务于民俗，对民俗具有较强的依附性。从用途和演出范围来看，建昌锣鼓是永修民族民俗中运用最为广泛的民族民间乐种，如过生祝寿、娶亲嫁娶、修房建屋、庙会、灯会、祭祖、造墓立碑等红白喜事，以及公众庆典等大型场合均要运用，可以说，建昌锣鼓在永修等周边地区百姓生活中具有普及性与不可或缺性。

（四）器具

建昌锣鼓相关器具有板鼓、堂鼓、川钗、铙钗、马锣、小锣、大锣。

板鼓　棰击膜鸣乐器。乐队中的指挥乐器。板鼓是形体矮小的单面鼓，鼓身用硬质木料制作，由 5 块较厚木板拼合而成，鼓身直径 25 厘米，但绝大部分是木质板面，中间振动发音的鼓面仅有 5—10 厘米，鼓膛呈八字形，鼓边高 9.5 厘米。鼓皮用牛皮，张紧于整个板面直到底边为止。蒙皮的鼓膛部分又叫“鼓光”，是敲击发音部位。板鼓发音的高低，取决于鼓膛的大小和蒙皮的松紧。为保持鼓皮的张力，所钉鼓钉较多，并在底部箍以铁圈。板鼓构造独特，音色清脆。它在伴奏或合奏中，常常居于指挥和领奏地位。演奏板鼓，将鼓吊于木架上，用两根藤或竹制鼓箭敲击，不仅鼓心、鼓边发音高低有别，使用点槌（鼓槌点击鼓面）或满槌（平击鼓面）发音也不同。有双打（双手持槌齐打或交替滚奏）、单打（右手持槌击鼓，左手持拍板敲击）、闷打（左槌压住鼓面，右槌打鼓面，发出闷音）等技巧。由一人演奏，奏者居领奏地位。演奏者被称为“鼓佬”“鼓师”，以各种击鼓手势和击音指挥乐队，又与拍板一起标志演奏节奏，为其他乐器演奏增加花点，烘托舞台气氛。演奏板鼓，将鼓吊于木架上，用两根藤或竹制鼓箭敲击，不仅鼓心、鼓边发音高低有别，使用点槌（鼓槌点击鼓面）或满槌（平击鼓面）发音也不同。

堂鼓　又称同鼓，敲击体鸣乐器。以木为框，两面蒙牛皮。演奏时，将鼓放在木架上，用双槌敲击。堂鼓鼓面较大，从鼓心到鼓边可以发出不同的音高，音色都不一样，一般是鼓心的音比较低，鼓边的音比较高。通过敲击鼓边、鼓心和控制敲击的力量，可以获得大幅度的音量和音色对比，也能演奏出复杂的花点，对情绪及气氛的渲染有较大的作用，音色低沉厚实，常扮演激励人心、振奋士气的角色，“咚咚”的鼓声常让人热血沸腾。

川钗 互击体鸣乐器。

铙钗 互击体鸣乐器。

马锣 敲击体鸣乐器。外形像马蹄，它与小锣相比较大较厚，演奏者在演奏时左手用大拇指、中指、食指和无名指夹着锣身，不停地摇摆转动，右手用一个头大尾小的木槌连击锣心。木槌击锣心时，正好赶上锣身与手指脱离接触之时，故而音色及音量都可以随着左手摆转幅度的大小而调节发出“的、的、的”奇特的悦耳之声。

小锣 敲击体鸣乐器。

大锣 敲击体鸣乐器。

（五）文化价值

建昌锣鼓是永修民间打击乐种，在宗教学、民俗学和艺术学等方面都具有特殊的不可或缺的价值。建昌锣鼓在形态上因其多源性与混合驳杂性所呈现的奇姿异彩，具有艺术生态学上的标本性与多样性价值。建昌锣鼓因其深深植根并广泛运用于永修民间民俗，已成为永修民风民俗的有机组成部分之一，直接服务于民众的社会生产、生活活动，对凝聚民众精神、弘扬民间文化都具有重要意义。建昌锣鼓是永修优秀民间乐种，是珍贵的非物质文化遗产。保存永修文化特别是九江音乐文化需要抢救、保护、弘扬与振兴建昌锣鼓。这不仅能丰富当地民众的文化生活，促进健康的特色民俗复苏，而且对加强精神文明建设，提高民众素质，促进社会和谐，推动永修经济与社会的可持续发展都具重大现实意义和价值。

第三节

市级

一、建昌东坡肉

建昌东坡肉起源于北宋，是一道流传于永修、南昌、新建、安义及周边地区的民间传统名菜，有千余年的历史，2014 年被列入市级非物质文化遗产保护项目。

相传宋朝大文人苏东坡到建昌县府（现艾城镇）寻访挚友李公择，一农夫为款待苏东坡，特地去街市上称了两斤猪肉，用稻草捆好提回，将肉连稻草洗净后下锅焖煮。熟后，东坡肉酥糯可口，汁浓味醇，肥而不腻，加上稻草的清香之气，别有一番风味。苏东坡品尝后，大加赞赏，此后，建昌人便将此菜取名为“东坡肉”，沿传至今。

此菜以猪五花肉为主料。烹煮前，将五花肉分割成块（每块约半斤或一斤，视宴席规格而定），经清洗并短暂腌制，以新鲜早稻稻草捆扎后放入锅内加水、调味料烹煮。熟后有盛盘成型、分解如水、味鲜气香、酥糯软烂、肥而不腻的特点。近千年来，一直是永修、南昌等周边地区民间红白喜事、节日、祭祀活动等酒席筵上不可缺少的传统菜肴。

其制作步骤如下：1. 选稻草；2. 浸泡稻草；3. 做稻草锅垫；4. 选料（五花肉）；5. 整形（切成方块，每块重半斤或一斤）；6. 捆扎；7. 配制调味料；8. 腌制猪肉；9. 草垫铺垫锅底；10. 将腌制好的猪肉码放在草垫上；11. 锅内加水至刚好没过猪肉，盖锅盖；12. 生火烹煮（先大火烧开，后小火焖煮）；13. 调味；14. 起锅。焖煮东坡肉，一般选用农村柴火灶。

它的用材有讲究，须用上等的猪五花肉；捆扎用的稻草必须是当年的早稻稻草（稻谷未完全成熟时收割的稻草）。

2005年和2006年，赣菜烹饪大师吕良林先生先后两次受江西省委、省政府接待处指派，前往北京中南海和玉泉山庄专程制作东坡肉，为中央领导接待外宾服务。吕良林大师制作的东坡肉被列入中南海中央领导人服务用膳菜单。2011年，"建昌东坡肉"被江西省商务厅、江西省烹饪餐饮饭店行业协会授予"中国赣菜名菜"的称号。2013年6月，"鄱湖妹东坡肉"被江西省商务厅、江西省烹饪餐饮饭店行业协会授予"中国赣菜名菜"称号。

在永修，舌尖下的建昌东坡肉，传承了悠悠千年，散发着沁人馨香，走进了中南海。坚信不久的将来，它还会以特有的赣韵美味，走遍神州大地、走出璀璨的国门！

二、云居山的传说

云居山的传说发源于永修县云居山，主要讲述历史传说、名人故事、趣闻轶事等，是永修口口相传的民间文学，2016年被列入市级非物质文化遗产保护项目。

云居山原名欧山，因战国末年楚国大将欧岌而得名。唐代之后，因其"山势高峨且常年为云雾所环抱"而更名为云居山。白居易、苏轼、黄庭坚、陆游、朱熹等历代名士墨客为此山此寺留下了许多诗篇，发生在这里的故事亦由历代文人墨客传出山外。随着时间的推移，云居山的传说内容越来越丰富，流布区域越来越广，不少故事、传说被《云居开山缘起记》（南宋张大猷撰）、《建昌县志》（明万历年版）、《云居山志》（清康熙年元鹏和尚主修）、《云居山志》（民国岑学吕重编）、新版《永修县志》陆续收录，真如禅寺历代高僧日志等众多历史资料均有记录。二十世纪三四十年代，历任云居山真如禅寺常住的虚云老和尚、一诚大和尚、海灯法师、传印法师等一批高僧的传奇故事以及农垦人垦荒造田的故事，为“云居山的传说”增添了新的内容，并在民间、佛界广为流传。

云居山的传说有40余篇，内容涉及面较广，包括山地文化、儒家文化、佛家文化、红色文化、农垦文化等。这些传说内容被许多文献记载，也有大量文物古迹可供印证。

历代名人墨客、众多高僧以云居山为依托，创作出了篇目繁多的民间传说。传说主要分为以下几类：

1. 反映山地文化的印记。如《真如寺的由来》《莲花城的由来》《明月湖》《谈心石》《鼻涕桥》《油盐洞》等。

2. 反映忠义孝仁的儒家精神。如《忠义之山云居山》《道简归位》《鹅公山》《打虎亲兄弟》《连骂二十四小时》《义盗蔡家明的故事》等。

3. 反映艰苦奋斗、勤俭耐劳的作风。如《朱元璋与周颠》《农禅家风》《惜福》等。

云居山（摄影/宋建明）

云居山真如禅寺僧人劳动场景

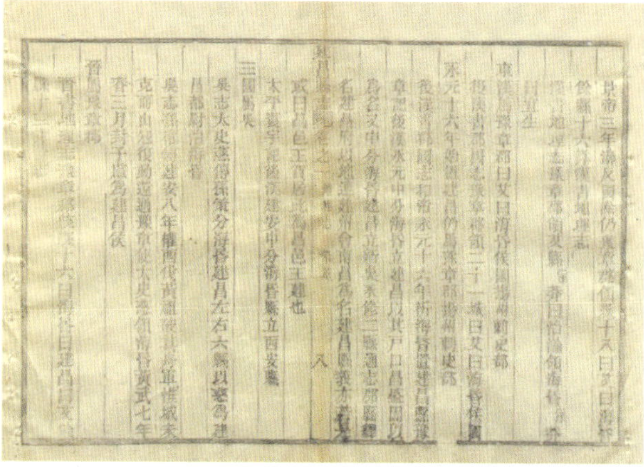

同治十年陈惟清、闵芳言版《建昌县志》（供图 / 罗勇来）

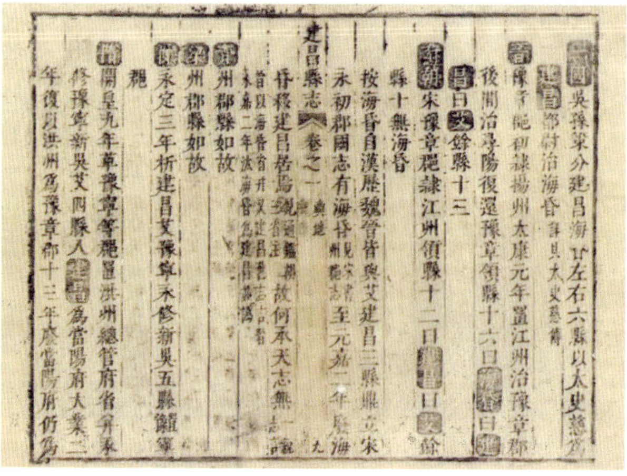

[illegible]吳孫策分建昌海昏左右六縣以太史慈為
[illegible]都尉治海昏 事具太史慈傳
[illegible]豫章郡初隸揚州太康元年置江州治豫章郡
後開治尋陽復還豫章領縣十六曰[illegible]曰[illegible]
[illegible]曰[illegible]餘縣十三
[illegible]宋豫章郡隸江州領縣十二曰[illegible]曰[illegible]餘
縣十無海昏
按海昏自漢歷魏晉皆與艾建昌三縣鼎立宋
永初郡國志有海昏[illegible]至元嘉二年廢海
昏移建昌居焉[illegible]故何承天志無一
建昌縣志《卷之一
[illegible]州郡縣如故
[illegible]州郡縣如故
[illegible]永定三年析建昌艾豫寧永修新吳五縣[illegible]
[illegible]開皇九年革豫寧等[illegible]置洪州總管府省并豫
修豫寧新吳艾四縣入[illegible]為當陽府大業二
年復以洪州為豫章郡十三年[illegible]當陽府仍為

康熙十年李道泰版《建昌县志》（供图 / 罗勇来）

4. 反映名人大家的博学、机智与诙谐。如《苏东坡与佛印》《佛印与苏东坡、黄庭坚》《云居山上白居易》《虚云与孙中山对话》《虚云与蒋介石对话》等。

5. 反映智慧的寄寓。如《功德箱》《见佛还是见魔》《念佛是谁》《老黄啊》《二千与一万八》等。

云居山的传说主要有以下特征：

1. 传承久远：产生于唐，经口传心授，至今已有1200多年的历史。

2. 流布广泛：密集永修，盛传赣北，辐射全国，远播海外。

3. 数量众多：经收录整理的云居山的传说达40余篇。

4. 内容丰富：涉及风物、仙佛、笑话、历史名人、历代高僧等方面，并反映忠义孝仁、勤奋励志、崇德扬善、智慧博学等精神与意愿，涵盖民间文学涉猎的领域。

5. 文化多元：涉及山地文化、儒家文化、佛家文化、红色文化、农垦文化等。

由于历史原因和现代人精神文化分享渠道的多样化，云居山的传说流传至今，并体现出以下五项价值。

1. 认知价值。其中蕴含的智慧对我们认识自然、社会有着借鉴的意义。

2. 教化价值。其中反映出的民本思想、义利思想、诚信思想和追求真善美及用终生来实证其“信念”至今仍有着重要的现实意义。

3. 教育价值。通过英勇抗日的故事培养民众的爱国主义情怀，真如禅寺“一日不作，一日不食”的寺规、云居山垦殖文化有利于激励人们发扬奋发图强、艰苦创业的精神。

4. 文学价值。以“云居山的传说”为题材的文艺作品门类齐全，其故事、传说对丰富、发展现代文艺有重要借鉴意义。

5. 旅游价值。丰富的僧俗文化、民俗风物、历史遗迹等，有利于当地旅游文化产业的开发与发展。

三、永修民歌

永修自汉代设置海昏县至今有 2200 余年历史。悠久的文化，独特的环境，衍生出丰富多彩的民歌。永修民歌流传于原建昌县（今永修、武宁、安义、奉新、靖安、新建等地），其形式以山歌、灯歌、小调为主，加之风俗歌（包括插秧歌、哭嫁歌、卖花调、丧葬歌等）、劳动歌（排工号子）等，有 200 余首。2016 年，永修民歌被列入市级非物质文化遗产保护项目。

永修民歌是各个历史阶段由书院文化、会馆文化、农耕文化长期融合的产物，在本土形成较早。如《拖山歌》，产生于汉唐而稳定并发展于明清，时间跨度千余载，是江西区域较为古老的民歌形式，至今仍然保留着吴楚早期文化的诸多特征，对于研究历史文化有着重要意义。

永修民歌直接产生于日常生产生活之中，曲调细腻柔婉，清雅秀丽，高亢奔放，优美抒情，有着极高的艺术价值，也正是如此才深受人民群众喜爱，传遍大江南北。如《红花满山开》于 1958 年在中央人民广播电台播出后，流行于全国。1960 年，由王震推荐进入中南海演出。马口、吴城选送的《拖山歌》《长工歌》于 1963 年参加第五届“上海之春”音乐会演出获奖，其中《长工歌》由中国唱片社灌制成唱片发行。马口、滩溪、云山的《拖山歌》于 2013 年被选为第十五届全国青年歌手赛规定曲目。

永修民歌包括以下几类：

1. 山歌。以高腔、平腔为特色，如《拖山歌》等。

2. 号子。有吴城排工号子、拉木头号子。

3. 小调。有生活小调、坐唱小调两类，如《闺女选郎》等。

4. 灯歌。民间素有“年小月半大”之说，故灯彩活动十分盛行。灯歌分锣鼓灯、歌舞灯两类，其中《红花满山开》最具特色。

5. 风俗歌。《哭嫁》《照轿》，似哭似唱，有浓厚的乡土气息。

6. 儿歌。有摇儿歌、牛歌等，口语化的“三声腔”最能表现儿童天真活泼的性格。

永修县民歌大赛（摄影 / 潘玲玲）

7. 生活音调，有叫卖声及吟诗调等。

主要特征：

吴城排工号子，是由捞排、倒梁、扛排、拉排、传缆、绞车等工序组成的联曲。曲首均有一短小呼唤句施令。一唱众和，多无实词，首尾相叠，十分紧凑。音调徵、羽交替，苍劲有力。有时徵、商对应，显得紧张。有时上属游离，从容镇定。多在徵调主音上方四、五级曲调，表达坚定的情感。

山歌结构多“五句子”，强调主音上方五级的徵调式居多。高腔山歌定调高、句幅宽、拖腔长，感情奔放。平腔山歌定调适中，结构规整，刻画细腻，长于抒情。灯歌、小调亦大多强调上方五级的徵调式。灯歌有一句变化体，变化多样的长短句体等，活泼多姿。生活小调中的《闺女选郎》，出现永修民歌少见的商调式，亲切感人。小调还惯用系列写法，如《十爱姐》《十杯酒》等表现爱情生活。《风俗歌》《拖山歌》与语调关系密切。《拖山歌》在流传中出现多种变体，除语调因素外，受山歌、灯歌、小调的影响，地方特色浓厚。

主要价值：

民歌是劳动中积蓄力量的音乐。当年，吴城排工每年输送木材达百万立方，高喊震天动地的号子，拼力而作。民歌是精神食粮，一代代农民在艰苦的农事劳动中，白天把民歌当茶饭，夜晚把民歌当被窝，战天斗地，换来粮、棉丰收。民歌是人文名片，是民间风俗的史料，充分运用可培养后代热爱家乡、热爱祖国的情怀。民歌是爱情的抒情诗、文化知识的教科书。

较有影响的新民歌《红花满山开》，由永修传统民歌《卖花调》与《上山调》嫁接、填新词而成，说明创新是民歌发展的生命。

四、小港李神灯

小港李神灯起源于宋末，盛于清朝康乾时期，流传近千年。它发源于永修县马口镇小港李村，小港李姓是三溪桥李唐皇裔磨刀李的一支。小港李神灯是永修古老的传统民俗，2019 年被列入市级非物质文化遗产保护项目。

小港李神灯亦称小港李板龙。由板凳龙为龙头、龙尾与若干长条木板制作的龙身连接而成，每一节和板凳一样长，可达数百余节，每节板凳插上龙灯或用红纸及红布扎制并绘以纹饰等图案，传统、古朴，做工精细，出游时数班锣鼓相随，声势浩大。

每年的正月十三，是小港李神灯巡游的日子。这一天，人人沐浴装束，吉时一到，全村人潮涌动，鞭炮齐鸣，热闹非凡。这种民俗活动的流程是：

1. 祭祖。全村老老少少聚集在祖坟前，对自己李氏祖宗进行祭拜。

2. 宣读家训。由村里威望最高的族人头领在李家祠堂面对李氏后代宣读家训。

3. 拜祖。在李氏祠堂里按辈分一一祭拜。

4. 请龙头。因为平时龙头轮流存放在各个村里最有权威的人家中，每年开始游神灯时，再把龙头请出来。

5. 接龙。按照村里辈分大小，每家每户把小港李神灯连接在一起，形成一条五彩斑斓的神龙。

6. 出龙。先由龙头村带头出发，然后每个李氏村接二连三地出村，统一到李氏祠堂会聚。

7. 祭天地。等各村在祠堂到齐以后，集体祭拜天地。

8. 游神灯。当上述工作准备完毕，到了规定时间，就开始游神灯。

在请出龙头之前，所有参加游神灯的人员，必须沐浴，好好打扮一番然后才小心翼翼把龙头请出来。到下午四点十八分（四点寓意一年四季，

小港李神灯（摄影 / 金和平）

十八分是指李氏由十八子组成，求得是李氏家族四季平安、和谐幸福），燃放鞭炮，领头人庄重请出神灯龙头立在祖堂前，这时家家户户不约而同地燃放鞭炮，静候夜幕降临。到起灯时分，领头人高吼一声“嬴哆”，与此同时身后数百人一起应声高喊“嬴哆”。喊声喊出了李氏族人的团结、和睦和理想，喊出一年的风调雨顺。

板凳龙灯在鞭炮、焰火与高喊声中开始。龙首引领，小港李氏家族数百条板凳龙灯组成的巨龙在村里巡礼各家各户，之后便游向田畈。随着夜色加深，数百米长龙灯火更显明亮夺目，气势磅礴。他们沿着祖辈留下的土地地界巡游，以这种延续数百年的传统方式，告示后人李氏家族拥有的土地权属。最后回到原地团圆起舞，结束巡游。整个活动，无不体现李氏紧密团结、保卫家园的精神。

主要特征：一是独特性。神灯以板凳为基础原材料，用竹篾和扎丝或打包带扎出灯笼，并安装在板凳上，用红黄两色丝绸装饰龙头，龙身以板凳和灯笼为主，因而在工艺技巧、装饰艺术及造型艺术方面，具有独到性。二是娱乐性。其伴奏乐器为打击乐（锣、鼓、钹等），乐曲欢快喜庆，铿锵有力。

五、畲家米酒

畲家米酒出自永修三溪桥杨垅村，已有上千年历史。相传很早以前，为了给部落凯旋的勇士庆功，畲族人将长在小竹子上的野生菌加到米酒中，产生胭脂般的颜色。这一习俗后来代代相传，凡逢喜事节庆，畲族家家户户都要酿上几缸红曲酒，客人上门先饮三杯，这个传统至今还保留着。畲家米酒是永修民间传统技艺，2019年被列入市级非物质文化遗产保护项目。

畲族把农历十月二十日称为酒的生日，每家都会在这天酿酒，据说，这天酿的酒最清、最香。畲家米酒至今依然保留着先祖留下来的传统蒸馏

畲家米酒（摄影 / 潘玲玲）

制酒工艺，到现在还是用陶瓦罐、生锅铁工具制作。畲家米曲酒最原始的香味是一种米饭发酵的香味，具有醇香浓郁、清洌甘爽、回味悠长、饮后悠香等特点，第一次喝酒的人可能会说这酒的味道怪，有点酸，又有点苦，还有点甜。喝过几次的人，就会爱上这怪怪的味道。这味道里，有畲族人民的热忱和淳朴，也有过年的热闹和温馨。畲家米酒味道纯正的原因有三个：一是水好，坚持使用山泉水酿造；二是用木柴煮米，有柴烟味；三是用陶罐发酵，这样才有米香。

冬季，只要走进畲族农户家里，就会被一阵阵浓郁的酒香醉倒。每年第三个季节开始，畲族人家家户户都会酿制传统米酒。这一传统工艺在市场的推动下，逐渐走上了一条产业化的发展道路。

每年到了气候转凉之时，畲家人总是挑着酒担沿街叫卖。畲家不少人家里存放着 10 多个酒缸，覆盖着正在慢慢发酵的糯米，浓烈的酒香一阵阵地飘散开来。米曲酒已渐渐成为畲家人的传统产业。畲家米酒的种类主要有酒露、杨梅酒、桂花酒、重阳酒等。

酿制过程：将米粒蒸熟之后用特殊的曲霉搅拌，再发酵。米饭发酵的香味也是正宗的米酒最原始的香味。米酒的制作过程比较复杂，要先将糯米沥干，等所有的糯米都蒸成糯米饭后，倒入准备好的大水缸里，加入适当比例的水及酒曲，再盖上盖子，等待酒曲发酵。

主要特征：取上等的糯米，用饭甑蒸熟，待晾凉后用手将饭团搓碎，呈松散状，加入酒曲（一种畲家特制酒药）拌匀倒入缸中，再加入当地上好的山泉水。其次是要用木柴煮米，必须用陶罐发酵，然后用手搅拌均匀，盖严缸口，任其发酵。半月后再经常搅拌，使其发酵均匀（搅拌时上下轻轻翻动）。过一个月左右，发酵透彻，酒糟沉到缸底，畲家米酒初步酿成。再用篾篓滤去酒糟，即成为畲家酿的畲家米酒。

重要价值：畲家米酒采用优质糯米和山泉酿制，用料基本是粮食，并含有当归等药材，红曲有活血化瘀、健脾

畲家米酒

暖胃的功效，是当地人的保健秘方。妇女产后，用此酒煮蛋食用，可以加快身体恢复。红曲酒还有行药势，杀百邪恶毒气、通血脉、活经络、除风下气、厚肠胃、润皮肤、散温气、消宿食、御风寒的药理作用。

六、燕青拳

燕青拳是一个古老的拳种，是宋代梁山好汉燕青所创。此拳刚柔相济，内外兼修，招式大开大合，有排山倒海之势，内藏杀机，专击人身之要害，往往一招半势能制敌于死地，为防此功传入歹人之手，故此拳法一直秘不外传，只传给本门中品德高尚、言行正派之人。燕青拳是永修民间传统体育，2019 年被列入市级非物质文化遗产保护项目。

清代中晚期，太平军席卷全国，就此，燕青拳传入永修县马口小港李村。李氏家族的李昭胜，在马口小港李村颇有盛名，他生有四子，次子李先根从小对武术颇有天赋，勤学苦练燕青拳，持之以恒，得到其父李昭胜功夫的真传。李先根不但武艺高强，而且刚正不阿，在永修、武宁一带颇有名气，先后在武宁等地设场收徒，传教燕青拳。现年过七旬的武宁县燕青拳师李兰冲，就是李先根的高徒，他一直坚持习练，保持了李先根的燕青拳技艺。李文彬五岁开始，就跟随祖父李先根学练燕青拳。李先根手把手地教了他多年，李先根年迈后，叮嘱弟子李兰冲继续教李文彬传习燕青拳。李先根去世后，李文彬更加刻苦练习，一到学校放假，便往返武宁李兰冲家，勤学苦练燕青拳，经过十几年的磨炼，李文彬不但有了扎实的燕青拳基本功，而且熟练掌握了双虎肘、大住守、十莲步、燕青十八番子拳、燕青子母拳和双头棍等几十套燕青拳的拳械，继承祖父李先根的燕青拳武功，得到了燕青拳精髓，使得该拳法在永修县马口一直传流至今。

燕青拳拳法的基本内容：其一，徒手（燕青拳、三步架等）；其二，器械（青龙剑、明堂刀、五虎断门枪、春秋大刀等）；其三，对练（讲究十二诀：谈空、捷进法、救应法、达变法、拆变法、虚实救应躲闪法、半避风短打、燕青十打、五花绵掌、迎面对、绵掌拔步打法、里外战）；其四，硬功（铁裆、铁砂掌、铁顶）；其五，医疗保健功（十二练手，根据中医经络学说编制，主要以防治疾病、延年益寿为目的）。

燕青拳的主要特征：1. 古老深奥，博杂精深。2. 内外兼修，刚柔相济。3. 古朴无华，注重实用。4. 身法独特，尤重腿功。5. 燕青拳很重视下盘功夫，下盘功夫是指腿脚功夫，主要有以下三方面内容：一是步形，表现为定式，如一些桩式或专门练习基本功的步子以及拳术套路中的定步，主要有马步、弓步、虚步、仆步、独立步、歇步、跪步等；二是腿法，主要指脚的一些技法，如弹、蹬、搓、踹、踩、扫、踩、勾、蹶等；三是步法，是指动态的、在运行当中的步子。

燕青拳的重要价值：燕青拳包含深厚的历史文化价值和"中和为美"的美学价值；燕青拳的技击特性注重腰部和腿部动作，其健身价值重在强腿壮腰；燕青拳在传承中凝聚了忠、信、孝、悌、礼、义、廉、耻等优秀的中华民族文化精神，潜移默化地影响着习练者的品格和修为，是了解历史和接受中华优秀传统文化教育的优秀载体。为了更好地传承燕青拳，可以在保护、挖掘和继承其历史文化价值、健身价值、技术价值、教育价值的前提下，开发其经济价值。

七、蛤蟆灯

蛤蟆灯在永修已有百余年的历史。清末在永修民间白槎甚为流行。每逢清明、庙会、灯会、祭祖、红白喜事乃至亲戚乡邻相互视贺、拜访，都时兴表演蛤蟆灯。"蛤蟆灯"又称"捉蛤蟆"，是永修民间传统舞蹈，2020年被列入市级非物质文化遗产保护项目。

清代末年，河南省人多田少且租税过重，加之黄河年年闹洪灾，百姓生活艰难，不少人因此背井离乡，他们看准了江西永修水陆交通发达，四处田畴肥沃，山区地多人少，所以结伴陆续迁入永修。同时，把当地的一些民间

蛤蟆灯

文化习俗活动也带到永修。白槎镇红岗村就是河南移民村之一。农狮灯、串灯、竹禹灯、桃花兰、放蝴蝶、船灯、蚌壳灯、蛤蟆灯等民间舞蹈就由河南移民带入永修。每到节庆时日，他们组队到附近各村庄表演，所到之处受到热烈欢迎。表演时只见马奔狮舞，蚌扭船摇，蛤蟆欢蹦，彩蝶狂舞，热闹非凡。据附近一带的人说：当时第五区二分（指邱光云现在所在的村庄）灯队的人数之众，节目之多，演技之高，压倒了附近区乡的灯队，因此，很多村庄都来请这个灯队去表演。只要别人来请，灯队便欣然前往。接待方往往点燃炮仗迎接，并准备夜酒夜饭和几条烟。灯队先到大点的空场地表演，后分散到几家当年有喜庆吉事的家中贺喜。广场表演时按先玩旱路（狮、竹禹灯等），后玩水路（船、蚌、蛤蟆灯）的顺序进行。玩灯活动中，节目的道白均系四川乐山口语，唱腔大都为河南小调。穿插于节目中的一些小灯出子（小戏中的选段）唱腔，结合了江西茶戏腔调。每年的集中表演往往自正月初五、初六开始，一直到春插时节进入农忙止。

蛤蟆灯由三人表演，其中一个提纸糊蛤蟆灯，一人拿钓竿，一人夹鱼篓。表演形式为先唱后舞，中间穿插道白。唱词有“正月里好唱蛤蟆歌，一个蛤蟆几个脚，两个眼睛一张嘴，咯咯哇哇跳下水，梁山伯祝英台，手牵手肩搭肩，二人同下山”。这种歌词结构既拟人化又较为幽默风趣，动作有“钓蛤蟆”“捉蛤蟆”“扑蛤蟆”“蛤蟆翻跟斗”等，整个演出为表现捕捉蛤蟆的生活场景。总的风格不论是捉、扑、跳、滚、翻，都可以用一个“活”字来概括，充分体现了轻、灵、俏、卧。唱、念、做、舞有机融合，将蛤蟆的生活常态和本能模仿得活灵活现。

道具的特点是：蛤蟆的下颌及四肢均用细线吊于一竹竿上，使其活动十分灵巧，稍一抖动，蛤蟆嘴可一张一合，四脚划动，惟妙惟肖，体现了民间灯彩在工艺上的独特风韵。

蛤蟆灯的动作包括以下几种：

1. 钓蛤蟆。移重心至右脚向前下腰，成弓步，右手持竿向前伸，面向四点，然后左腿向前迈一步，双手扬起钓竿，左腿回到原处。

2. 捉蛤蟆。准备姿势：双脚站大八字，双平展，手心朝前，移动重心至左腿，左腿引步，右腿后成大踏步，双手由胸前向两边分开，身体转向八点，眼看左下方，双手靠拢，手心朝下，呈捕捉状，左右各二次。准备姿势同上，重心双脚均匀，外八字步，身体转向一点，眼看下方，双手由胸前向左右伸展至头上方，并拢，手心朝下压着地。

3. 扑蛤蟆。准备动作：双脚成八字，半蹲。重心移至双脚尖，双手各在左右旁下伸掌，手心朝外，眼看前方，双脚同时向前跳一步，手心朝下压靠拢着地。

4. 蛤蟆翻跟斗。准备动作：半蹲。重心双脚均匀，头顶地，脚腾空、双手朝两边分开着地，面向三点，向前翻滚（此动作是二人背靠背翻过）。

表演时，三人均穿白便袢上衣，深色便裤，系紫红时芳（腰带），足蹬青色便鞋。需普通虫篓一个，钓鱼竿一根，蛤蟆灯若干。

八、磨刀李

磨刀李源自唐代末年，至今已有1100余载。永修县三溪桥磨刀李村是全国磨刀李姓的发祥地。磨刀李现遍布全国12个省市70多个县，每年农历九月二十三（纪念始祖李衢）祭祖日，全国各地的磨刀李后裔，相邀结伴，不辞路遥，跋山涉水而来此祭祖，并举行“千席宴”，形成了非常壮观、世界罕见、令人震撼的活态景观，盛况空前。这成为永修最大规模的民间传统风俗，2021年被列入市级非物质文化遗产保护项目。

唐昭宗天祐元年（904），凛冽的寒风呼啸着掠过长安城墙，卷起阵阵雪花和飘零的残叶。虽说是春节之际，过去车水马龙的朱雀大街，如今却如坟地一般死寂、冷清，只有偶尔一两声凄厉的狗叫和梁王朱温部下盘查行人的吆喝声。

正月初五刚过，肃杀死寂的长安城突然喧闹起来，到处烈焰腾腾，四望烟尘蔽天。原来，梁王朱温下令彻底毁掉长安的皇宫、百司衙门、宅邸、民舍，强逼唐昭宗、文武百官及全城百姓迁都洛阳。

正月十一日，唐昭宗的车驾出发，已无往日威仪，昭宗夫妇乘一辆辇车逶迤而行，丞相、中书令、各部尚书及王子皇妃等或轿或马随行，更多的是步行。磨刀李氏始祖李衢也在其中，他是唐太宗李世民儿子吴王李恪的第十一世孙，是李氏宗亲、昭宗随侍近臣，官居银青光禄大夫、太子太傅。

昭宗李晔空有才华和抱负，是一位不幸的皇帝。他即位后，藩镇趁着平定农民起义的机会逐渐扩大，朝廷已是风雨飘摇，名存实亡，皇帝只是一个傀儡而已，被当时最大的藩镇朱温控制着。朱温为了自己做皇帝，灭亡唐朝，先杀掉宫里所有宦官800余人，不顾大臣反对迁都洛阳。一路上，朱温密派亲信将昭宗的200多卫兵全部斩杀。

对自己的命运，38岁的昭宗已猜到几分，此去洛阳凶多吉少。但是他不能让李氏宗族遭受灭顶之灾。于是，在车驾行至华州（陕西渭南华县）时，昭宗趁朱温眼线不在身边，屏退左右，只留下老师太子太傅李衎等宗亲近臣，昭宗抓住李衎的手，泣不成声地说：“鄙谚云‘纥干山头冻杀雀，何不飞去生处乐’，朕与诸卿，皆李氏血脉，此去洛阳，恐难保全。念大唐列祖列宗之传嗣，卿等不必随侍，可各自逃生，以保李氏血脉而期来日……”说到此处，君臣俱是声泪俱下。李衎第一个冷静下来，心想，此次奔逃，只有到南方才可保命，虽说来路凶险，但毕竟还有生存希望。于是，率先拜辞昭宗，然后趁乱带领部分皇室宗亲家眷，携堂弟李术等皇裔及大唐皇族谍谱避乱，打扮成难民的模样，开始了他们的艰辛逃亡之旅。一路因官道设卡盘查，他们只得选择荒无人烟的崎岖山路，就这样躲躲藏藏，走走歇歇，跋山涉水，于湖湘停顿，一年之后才辗转来到建昌县（今永修县）温汤乡，选在一处有磨刀石的山坳中定居。后来这个地方就叫“磨刀李”。李衎带着家眷隐姓埋名定居后，每天在此耕读山野，磨刀励志，激励后人不忘祖宗，不忘初心。至今发脉 40 余代，遍布全国。

2015 年，中华磨刀李文化研究会成立，磨刀李姓群贤咸集于磨刀村，

磨刀李祠堂（摄影 / 潘玲玲）

商定复建仙李蟠根祠、修葺衢公墓园、编纂《中华磨刀李大成宗谱》，应者云集。自此经年，每逢清明及李衢生日，各地宗亲如期而来，衣冠簪缨，络绎不绝，旌旗锣鼓，执礼奉迎，日逾六七千之众，可谓盛况空前。

磨刀李风俗活动的基本内容：其一，祭祀文化。中国人历来崇尚孝道，农历九月二十三日是始祖李衢的诞辰，每年的这一天，外迁的磨刀李族人不论富贵贫贱、年龄大小、路途远近，都会自觉回到磨刀村祭祀祖先。每年前来祭祖的磨刀族人不下万人次，这种习俗已经延续了近千年。2018年，李衢的诞辰当天中午，磨刀李在宗祠前广场上一次性摆700桌酒席，成为当地一道亮丽的风景线。其二，家规家风。《中华磨刀李大成宗谱》中有家训、家规篇，包括：一是唐太宗语录；二是唐宗室家训；三是李氏祖训；四是李氏家规；五是衢祖家训；六是家训十六条，以上涵盖仁、义、礼、智、信、忠、孝、悌、节、恕、勇、让等中华传统美德。其三，磨刀李精神。磨刀励志，未忘国殇，怀匡复唐室之志，存东山再起之心。

磨刀李风俗活动的主要特征：

一是包含敬宗睦族文化。祖墓前摆放好三牲、香烛、酒水、烟花。其流程是：1. 鸣炮；2. 献花篮；3. 向衢祖三鞠躬；4. 主祭人诵读祭文；5. 上香叩拜；6. 为衢公墓添土。二是传承家规文化。1. 祖神像前摆放好三牲、香烛、酒水、宗谱：①鸣炮；②向衢祖、术祖及先祖三鞠躬；③向黄师祖灵牌三鞠躬（特别值得一提的是黄师祖当年庇护了衢、术等人，始祖训教后代并在宗谱中明文永世不忘黄家的搭救之恩，宗祠中永远供奉灵牌祭拜，知恩图报）；④主祭人诵读重温家规；⑤上香叩拜。2. 每年开办两期弘扬、传承家风家规培训班，在宗祠里每期召集磨刀青少年后裔，请长者及县文化名人授课，与时俱进，继承和发扬家风家规。三是弘扬磨刀精神。磨刀李倡导自尊、自信、自立、自强的磨刀精神。奉行家族兴则民族兴，民族兴则国家兴的价值观。

磨刀李风俗活动的社会价值：

一是人文价值。追本溯源，寻根拜祖，是孝悌意识、宗族观念、家国情怀的体现；是人们的世界观、价值观、人生观的体现；是人们对家国的认同感、自豪感、敬畏感的体现。它不仅仅是一种形式，更是一种精神，一种力量。二是民风价值。家族史就是民族史。没有家族，就没有民族，没有民族，就没有国家。

九、建昌农狮灯

建昌农狮灯是清末由河南张姓移民逃荒定居永修带来的民间传统体育活动，流传于永修白槎、梅棠、虬津、三溪桥、江上、柘林一带的河南移民区，距今至少有120多年历史，2020年被列入市级非物质文化遗产保护项目。

建昌农狮灯自传入江西永修后，通常在春节开始至元宵节这段时间里和龙灯、蚌壳灯、车仂灯等民间灯彩结队而行，游乡串村进行迎新春、贺年礼的传统习俗表演，深受人们的喜爱。遇到有喜庆吉事的人家，也会赶去祝贺一番。也有许多的人喜欢在公司开业、商店开张之际单独邀请建昌农狮灯来热闹一番。

建昌农狮灯是由一对狮子同时表演的活动，表演中有许多层次和步骤，具体是：

1. 请狮神。就是由班主把狮子头道具从房间里请出来，放置在中堂上，然后用酒撒在狮子上，叫开狮光，然后吟唱请神歌。

2. 拜狮神。就是由狮子表演者的参与人拜狮神。

3. 贺财头歌。然后众人唱贺财头歌。

4. 踩四门。再由狮子表演者穿上狮子服装拜四方、祈祷一年四季平安吉祥。

5. 戏飘带。狮子表演动作有戏飘带，寓意生活红红火火。

6. 戏板凳。寓意家庭亲朋满座。

7. 戏水长流。寓意家庭财源滚滚。

建昌农狮灯
（摄影 / 潘玲玲）

8. 红烛高照。寓意家庭喜事多多。

9. 八仙登高。寓意家庭里的子孙后代，步步登高。

10. 采青。寓意家庭里清清洁洁，全家平平安安。

建昌农狮灯有南狮和北狮之分，不完全相同，极富乡土气息。

这种民间传统体育活动对研究河南移民融入永修当地的封建历史文化有重要参考价值，同时也反映了劳动人民对生活生产的乐观向上的态度，对挖掘、保护、传承我国传统文化具有重要研究价值和文化价值。

十、《样式雷家训》

《样式雷家训》出自永修县梅棠新庄北山雷村《雷氏宗谱》，共有 10 则，包括个人、家庭、社会、国家四方面内容，整篇饱含了勤业、诚信、厚德的处世哲学，精勤诚信，昭示了忠厚传家、以技报国的做人、治家、事国的道理，体现了对言行的规范，对家庭的责任，对社会的担当，对国家的忠诚，

样式雷祖屋（梅棠镇提供）

其教化意义深远，思想理念深厚。《样式雷家训》于2016年12月27日荣登中纪委、监察部网站，2021年被列入市级非物质文化遗产保护项目。

样式雷建筑世家八代十人，谨记家训，以精勤诚德立世，稳操宫廷建筑“掌班”之位长达200余年，成为世界宫廷建筑传奇，故被世人誉为“样式雷”。样式雷世家先后主持设计、建造的两宫（故宫博物院、承德避暑山庄）、三海（北海、中海、南海）、三山（万寿山、香山、玉泉山）、五园（圆明园、颐和园、静宜园、静明园、畅春园）、两陵（清东、西陵）等皇家建筑工程被联合国列入《世界遗产名录》，所留下的2万多件建筑设计图档与烫样亦被列入《世界记忆名录》。因而样式雷建筑世家被中外古建筑学者敬誉为“江西八代样式雷，中国半部古建史”。

样式雷八代：

第一代雷发达，第二代雷金玉，第三代雷声澄，第四代雷家玮、雷家玺、雷家瑞，第五代雷景修，第六代雷思起，第七代雷廷昌，第八代雷献彩。他们在中国古代建筑艺术上各有建树，创造了世界建筑史上的奇迹。

附《样式雷家训》及其释义

1. 国家篇

完[1]国课[2]以免追呼

圣明之世鸡犬不惊，虽哺羹啜藜[3]，自有余乐，然必完官乃得自如，否则夏税秋粮，寅拖卯欠，官府日迫于上，公差日逼于下，坐不安席，寝不安枕，有何益哉?

【注释】

（1）完：交纳。（2）国课：国家的税赋。（3）哺羹啜藜：指吃粗劣的饭菜。啜：饮，吃的意思。

【释义】

交纳国家税赋目的在于避免被人追喊。在圣明君主的时代里鸡犬都不会被惊扰，虽吃粗劣饭菜，也会有不尽的欢乐。然而，必须完成官府的税赋才能安心自如，否则，夏季的税赋、秋季的公粮，上年、下年都拖欠，官府和公差每天上下催逼，弄得寝食不安，有何好处呢?

通[1]货财以相同济[2]

朋友有通财之义，君子有成人之美，一本之亲务须忧乐相关、有无相济，才是睦族的道理。窃叹世间人，钱财积而不散，不思景公豪富身后无称[3]，范氏义田传为美事。凡我族属各宜勉旃[4]。

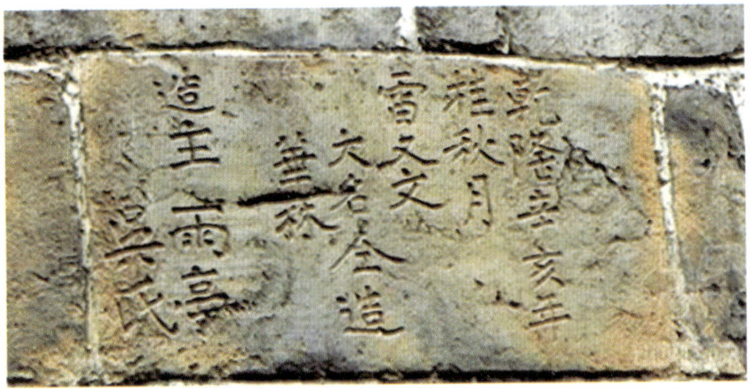

样式雷祖屋古砖（摄影 / 张欣）

【注释】

（1）通：互相来往。（2）同济：同舟渡水，同舟共济；相互接济。（3）不思景公豪富身后无称，范氏义田传为美事。景公，指春秋时的齐景公。范氏，即范仲淹。生平喜欢以财物助人，对那些亲近而贫穷、疏远而贤良的人，都给以救济。当他显贵的时候，买了靠近城市而且常年丰收的田约千亩，叫作义田，用来供养、救济全族的人。使他们天天有饭吃，年年有衣穿；嫁娶丧葬，都有供养、补贴。选择同族中年长而又贤明的人管理这件事，按一定时间共同结算收支账目。每天供给吃的，每人一升米；每年供给穿的，每人一匹绢绸。嫁女的给五十千钱；再嫁的给三十千钱；娶妻的给三十千钱，再娶的给十五千钱。葬的跟再嫁的补贴数目一样，葬小孩的给十千钱。族人聚居在一起接受供给的共九十人，从每年的收入中，供给稻谷八百斛。用千亩田的收入，供给聚居的族人，绰绰有余，并且没有穷尽的时候。退职回家等待缺额的人，可以享受供给；出去做官的，便停止供给。这就是范仲淹举办义田的大概情况。起初，范文正公尚未显贵的时候，就曾有志举办义田，由于力量达不到，耽搁了二十年。后来，他做了陕西路的大帅，接着参与了国家的大政，于是才用俸禄赏赐的收入，实现了自己的志愿。他死了以后，后世的子孙继续他办义田的事业，继承他好施舍的遗志，就像他活着的时候一样。他虽然官位高俸禄厚，但是贫穷一生。他死的时候，连殡殓的衣服也没有，子女没有钱给他办理丧事。（4）勉旃（zhān）：努力。多于劝勉时用之。

【释义】

钱财互相来往的目的在于大家能够同舟共济。朋友有相互帮衬钱财的情义，君子有成全人美好的事情，更何况一根树藤结下的宗亲必须在喜忧兴衰方面息息相关，同舟共济，相互帮助，才是和睦宗亲的道理。暗暗感叹世上有的人，即便有钱财，也不想做善事施舍给穷困之人，不认真思考。齐景公虽富有，死后并未留下相称的美名，而范文正公开设义田就流芳百世。凡我族子孙均要努力做好宗亲相济之事。

2. 社会篇

循[1]礼让以睦乡党

朝廷序爵，乡党序齿[2]，桑梓之地务必恂匕[3]自处，以敦亲睦近。见人家子弟举止轻狂，全无半点逊让[4]，或倚父兄之势，或使血气之勇，凡我子孙，允为炯戒[5]。

【注释】

（1）循：遵守。（2）序爵、序齿：即官场上来客以职务高低排座次，亲戚朋友之间以年龄大小排座序，通常还会以亲戚关系的远近和辈分的高低安排座位。（3）恂匕：恭谦谨慎的样子。（4）逊让：谦让。（5）炯戒：明显的鉴戒或警戒。

【释义】

遵守礼仪的目的在于和睦乡邻。朝廷按照爵位排列品秩，乡党之间依年龄排定顺序。在家乡务必严肃恭谨处理这种关系，以便于敦亲睦邻。看见别人家的子弟举止轻狂，全然没有半点谦让的样子，有的甚至还倚仗父兄的势力仗势欺人，有的逞血气之勇行凶。凡是我族子孙，要引以为戒。

戒浪游[1]以勤职业

士、农、工、商，各有一业，天地间成事业者，大要皆从勤[2]苦中得来，因见人家子弟不士[3]、不农、不工、不商，呼朋引伴，酗酒呼众，败坏田产，荒废职业，凡我后嗣[4]，俱宜猛省。

【注释】

（1）浪游：四方游荡。（2）勤：做事尽力，不偷懒。（3）士：士绅。（4）后嗣：后代。

【释义】

戒除四处游荡的目的是尽心尽力做好事业。士绅、农民、工匠、商人，各有他们的职业，世上事业成功的人，是从勤劳发奋的苦练中获得的。有的人家子弟士绅不像士绅、农民不像农民、工匠不像工匠、商人不像商人，整天与狐朋狗友沆瀣一气，酗酒闹事，变卖田产，荒废本职，凡我后代定要猛然省悟。

3. 家庭篇

崇祭祀[(1)]以绥[(2)]先灵

万物本乎天，人本乎祖。春秋享祀是报本也，废祭吞公是灭祖也。自后各支房长，值每年清明务宜[(3)]备物致祭，率领儿孙瞻拜墓下，俾各知某山某祖、某山某妣，庶几享祀[(4)]不绝先灵允慰[(5)]。

【注释】

（1）祭祀：祀神供祖的仪式。（2）绥：安抚。（3）务宜：必须应该。（4）享祀：祭祀。（5）允慰：允诺告慰。

【释义】

尊敬供奉祖宗的目的在于安抚祖先的灵魂。万物之本来自上天，而人之本在于祖先，在春播秋收的季节我们祭祀祖先是报恩不忘本，如果废弃这些就是欺宗灭祖。自这以后各房支脉要在每年清明时节准备好祭祀的物品，带领儿孙到祖先墓地瞻仰膜拜，让子孙各自知道某山是先祖坟、某山是先祖母墓，希望祭祀不会断绝，让祖先英灵得到告慰。

隆[(1)]师傅以教子孙

古者家有塾党有庠[(2)]，正所以作养人材，以应国家之用，然必隆师重道，庶学问方有进益。吾族子弟岂无俊秀，为父兄者当择师教训，切勿计较锱铢[(3)]。即为子弟者亦不宜暴弃致堕书香。

【注释】

（1）隆：尊崇。（2）塾、庠：塾，旧时私人设立的教学的地方；庠，古代乡学，泛指学校。（3）锱铢：形容非常小气，很少的钱也一定要计较。也比喻气量狭小，很小的事也要计较。

【释义】

尊崇师长的目的在于让子孙成为有用之才。古人家里有办学教导人的地方，正是用来培养人才，随时响应国家的任用，然而必须尊师重教，才会有学问的进步。我们宗族子弟岂能没有才智杰出的人？做父亲、兄长的要选择良师来教育子弟，为让子弟长学问，千万不要因子弟受教育而计较钱财。作为子弟也不要自暴自弃，自甘堕落，丢失我族原本书香门第的风气。

严内外以别嫌疑

《礼》云：男女不杂坐、不通问、不亲授[1]，所以避嫌以端风化，是亦吾人齐家第一节事[2]，凡为家长者务要内外严肃，工人奴仆严加约束，姑姊弟妹恪守家规，庶[3]闺帷[4]既正，家道自兴。

【注释】

（1）亲授：亲手授受。（2）节事：谓行事有节制，使合乎准则。（3）庶：平民。（4）闺帷：妇女住的地方。

【释义】

严格遵守内外行事准则的目的在于避嫌惹疑。《礼记·曲礼》说，男女不胡乱聚坐，不随意问候，不私下给东西拿东西，为的是尽量避嫌，以端正礼数，这是我们齐心治家的行事准则，凡是长辈里外严肃对待，对家里的下人要严加约束，姑姑、姐妹、兄弟一定要遵守家规，假使家里闺女妇孺风气清正了，家族自然而然会兴旺起来。

禁侵伐[1]以培[2]祖茔

吾族各支有祖山，繁衍皆是祖宗福荫[3]，但恐不（肖）子孙强伐树木、剥削衣冠，或于风水侵□弃塞，致令[4]宅兆[5]不安，幽泉怨恫[6]，若此者以不孝论。

【注释】

（1）侵伐：兴兵越境讨罪；进攻他国。此指肆意砍伐开挖。（2）培：保护植物。（3）福荫：福气所能笼罩的地方或范围。（4）致令：致使。（5）宅兆：坟墓的四界。（6）幽泉怨恫：幽泉，黄泉；怨恫，怨恨之意。

【释义】

禁止肆意砍伐开挖的目的是保护祖宗的坟茔。我族各支脉都有祖山，祖山上山水草树繁衍，全是得益于祖宗庇荫保佑，只是担心有不争气的子孙不管祖山风水，强行砍伐树木，剥伐祖山衣冠，或破坏风水侵占或阻塞地脉，让祖先于阴宅不得安宁，九泉之下哭泣怨恨受惊吓，类似这样的人定要以不孝论处。

4. 个人篇

敦[1]孝悌[2]以[3]厚人伦[4]

为人之本不外孝悌两端，古来大贤大杰都从这里做来，为子弟者在父兄前毋侮[5]毋傲，尽孝尽悌，即或父兄惩责，亦必下气怡声，不可反唇抵触，则父乐有其子，兄乐有其弟，斯一室太和[6]诚[7]为可庆。

【注释】

（1）敦：勉励。（2）孝悌：孝，指对父母还报的爱；悌，指兄弟姊妹的友爱。（3）以：目的在于。（4）人伦：人与人之间的道德关系。（5）毋侮：不要欺负。毋：不要；侮：欺负。（6）太和：太平和睦。（7）诚：实在，的确。

【释义】

勉励孝敬父母、友爱兄弟的目的是让一家人厚德载福。为人之本不外乎既要孝敬父母双亲，又要关爱兄弟手足这两点，自古以来的贤达名人都是这样做的。作为子弟，在父兄面前不要有欺负行为与自高自大，全心全意孝顺父母，敬爱兄长，即便父兄责罚，也要愉快接受不生气，不可回嘴对骂或有抵触行为。父亲为有好儿子感到快乐，兄长为有好弟弟感到快乐，一家人和睦相处实在可贺可庆。

正心术毋习刀笔[1]

心者，万物之本。心术正则人品端。古云，但存方寸地，留与子孙耕，旨哉此言也。近见好讼之徒，专工刀笔，遇事生风，妄聚雪桥[2]，欲图微利，早丧心田，凡我子孙为永鉴戒。

【注释】

（1）刀笔：指诉讼文字。（2）妄聚雪桥：横越冰川中冰隙的雪桥。指不切实际、毫无根基的东西。

【释义】

端正思想道德品质不要学诉讼案文。心，乃万物之本。一个人心术正则人品正。古人云，但存方寸地，留与子孙耕，这句话是非常对的啊。近来看见一些喜欢挑动诉讼是非之人，专门凭借手中之笔拨弄是非，无中生有，像幻梦聚集冰缝中毫无根基的雪桥一样，无事生非，以便从中谋取小利，丧失了良心。凡我族子孙定要永远以此为鉴，引以为戒。

十一、王经燕的故事

王经燕的故事在永修县、南昌市等地区广为流传，是永修口口相传的民间故事，主要讲述王经燕烈士英勇顽强、不屈斗争的革命事迹。2021 年被列入市级非物质文化遗产保护项目。

王经燕，1902 年出生于江西永修县淳湖王村一个地主家庭。自幼与张朝燮订婚，1919 年结婚后，在堂兄王环心和丈夫的影响下，剪发放足，进女校读书。1923 年，考入南昌省立第一女子中学高中师范部，参加江西青年学会，积极参加革命活动，发动女同学参加社会活动，组织成立“女青

张朝燮与王经燕烈士

年社”，是南昌学生界杰出的女青年。

王经燕在1924年加入中国社会主义青年团，1925年，加入中国共产党；同年秋，江西地方党组织选送13人赴莫斯科中山大学学习，已是3个孩子母亲的王经燕在丈夫张朝燮的支持鼓励下，毅然服从组织决定，告别家乡和亲人，10月3日从上海乘苏联货轮出发，与向警予、沈泽民、王稼祥、袁赋秋和李立三夫妇等一起，于11月中旬抵达莫斯科中山大学。在苏联她发奋苦读，学完了社会发展史、哲学、政治经济学、各国革命史等十几门课程。王经燕成绩优秀，不但能用俄语对话，还能翻译俄文书刊，被誉为“高才生”。

1927年秋，正当王经燕快要毕业时，国内传来丈夫张朝燮牺牲的噩耗，她惊闻噩耗，悲痛欲绝，谢绝组织上要她留在莫斯科的意见，要求归国参加革命。于是她和回国人员绕道蒙古国，从西北边境入境，跋涉数月，于1927年11月回到江西，任中共赣北特委委员、永修县委组织部部长。她积极协助堂兄——县委书记王环心开展农村武装斗争的准备工作。在恶劣的环境中，她与男同志一起跋山涉水，忍饥挨饿地从事农村工作。

斗争前夕，其胞兄王经蔺回到淳湖王村，发现堂兄王环心踪迹，遂向涂家埠国民党驻军告密，王环心不幸被捕。她组织力量营救，未能成功，不久，王环心在南昌遇害。面对又一次沉重打击，王经燕愤怒地发出“欲志伤心惟努力”的铿锵誓言，她接任了县委书记，紧急召开县委扩大会议，作出坚持武装斗争的决定。她同县委委员李德耀、淦克鹤等建立了南乡根据地，恢复了党团组织，作出开展武装斗争的决定。至1928年1月，全县共产党员发展到450人。

1928年2月，王经燕调至中共江西省委机关，先任秘书，后任代理组织部部长。她化名“贺落霞”，以家庭教师身份为掩护，从事营救和安置战友等工作。5月，省委机关遭到破坏，王经燕不幸被捕。敌人得知她是留苏学生、中共江西省委要人，企图逼供打开缺口。在关押期间，她将法庭当讲台，大义凛然、义正词严，用鲜明有力的论证把昏庸的法官驳得张口结舌、无言以对。敌人束手无策，派她胞兄王经菑劝降，她唾面痛斥。在审讯室里，她严守机密，任凭敌人严刑拷打、残酷折磨，她铁骨铮铮、宁死不屈，表现了共产党人的崇高气节。临刑前，她从容不迫地跨出牢房，神态自若，高唱《国际歌》走向刑场，敌人惨无人道地拔出刺刀割她的嘴和鼻子，又用刺刀猛戳她反绑着的双臂和下体，用铁块塞其嘴，在敌人这般疯狂残害下，王经燕英勇地献出了年轻的生命。

十二、陈氏洞藏红酒

陈氏洞藏红酒源于晚清，原产地浙江。每至秋季，稻米丰收之后，老百姓趁农闲，家家户户用谷子和稻米等原料酿造各种各样的黄酒，有谷子酒、清明酒和米酒等，以备过年饮用。20 世纪 50 年代，一名叫陈花蕊姆的浙江移民迁徙至江西永修，将祖传洞藏红酒的酿造技艺一并带来。陈氏洞藏红酒酿造技艺 2021 年被列入市级非物质文化遗产保护项目。

陈氏洞藏红酒的酿制过程是：中秋过后，选择一晴天，取当年早稻米，浸泡 48 小时，后用蒸笼将米蒸熟，放阴处晾干；待米冷却至一定程度，将米装进一个篾器里，根据当时的气温情况覆盖稻草或棉被，使之处

于一种恒温状态；几天后，米粒发胀、粒头出现胖白点、变黄，再将它放置太阳底下晒干，直到完全干燥即成为酒曲，收拾包装好以备用；到了立冬，根据计划要做的酒量，按比例取当年的新鲜糯米，浸泡24小时，同样用蒸笼蒸熟，待冷却后，将备用的酒曲与之混合；根据米、曲的多少，按比例算出需要的水量；然后取来上好的泉水，将米、曲、水三者放入酒缸里，搅匀；此后，每天搅拌一次，直到酒缸里逐渐冒泡，充分发酵。七七四十九天后，把一个竹篾篓子插入酒缸里，使酒糟与酒水分开。随后，将缸里的酒水舀出。这时的酒呈黄色，味酸。把淡黄色的初酒集中放入酒缸里，密封，放在阴凉处保存。最好放置山洞、地窖里或埋入地下，一年后随时取饮，时间越长越好。其颜色变成暗红，口感绵柔，味道醇厚、甘甜微酸，回味无穷。

陈氏洞藏红酒是黄酒系列里的一种，属于酿造酒。以早稻、糯米为原料，一般乙醇含量为18度左右。外观颜色随着时间延长由黄色至暗红，气味芳香浓郁，口感醇厚柔和，回味无穷。寒冬之时，可温酒而饮，足底便有一股热气上涌，温暖全身。陈氏洞藏红酒具有生津、活血之功效，更是浸泡中药材的上等原液。

十三、建昌古艾

艾城，顾名思义，源于艾姓。据传，春秋时，此地为艾邑。一日，艾侯巡此，见一片无名草，远远望去碧绿一片，香气浓烈扑鼻，艾侯叫来郎中问道："那是何物何草？"郎中答道："君侯，不知是何物何草。"郎中经艾侯这么一问，觉得甚为惭愧。后来郎中就把此草取名为艾草。永修艾城，艾草遍地，当地人视其为治疗百病的中草药。2021年，建昌古艾被列入市级非物质文化遗产保护项目。

艾草的药用功效：艾草性味苦、辛、温，入脾、肝、肾。据《本草纲目》记载：艾以叶入药，性温、味苦、无毒、纯阳之性、通十二经，具回阳、理气血、逐湿寒、止血安胎等功效，亦常用于针灸。故又被称为“医草”，台湾地区流行的“药草浴”，大多就是选用艾草。关于艾叶的性能，《本草》载：艾叶能灸百病。《本草从新》说：艾叶苦辛，生温，熟热，纯阳之性，能回垂绝之阳，通十二经，走三阴，理气血，逐寒湿，暖子宫……以之灸火，能透诸经而除百病。说明用艾叶作施灸材料，有通经活络、祛除阴寒、消肿散结、回阳救逆等作用。现代药理发现，艾叶含有挥发油类、黄酮类、鞣质类、苯丙素类等多种药物活性化学成分。风干叶含矿物质10.13%，脂肪2.59%，蛋白质25.85%，以及维生素A、B_1、B_2、C等。灸用艾叶，一般以越陈越好，故有“七年之病，求三年之艾”的说法。

艾草有调经止血、安胎止崩、散寒除湿之效。治月经不调、经痛腹痛、流产、子宫出血，根治风湿性关节炎、头风、月内风等。因它可削冰令圆，又可灸百病，为医家最常用之药。现代实验研究证明，艾叶具有抗菌及抗病毒，平喘、镇咳及祛痰，止血及抗凝血，镇静及抗过敏，护肝利胆等作用。艾草可作“艾叶茶”“艾叶汤”“艾叶粥”等食谱，以增强人体对疾病的抵抗能力。艾草具有一种特殊的香味，这特殊的香味具有驱蚊虫的功效，所以，古人常在门前挂艾草，一来用于避邪，二来用于赶走蚊虫。

艾草具有特殊功效。艾蒿叶熬汁，兑水沐浴，可除身上长的小红疙瘩。此外还可以驱蚊蝇，灭菌消毒，预防疾病。艾蒿还用于针灸术的“灸”，“灸”就是拿艾草点燃之后去熏、烫穴道。艾草泡脚有很多保健功效。因为它有着治病的功能，艾蒿还是一种药食用植物，艾草可作艾叶茶、艾叶汤、艾叶粥、艾蒿馍馍、艾蒿糍粑糕、艾蒿肉丸等食谱，以增强人体对疾病的抵抗能力，因此，艾的药用一直延续到现在。

艾叶用于治病已有2000多年的历史。我国现存的第一部方书，战国时期的《五十二病方》中就记载有艾叶的疗效与用法，并在以后历代本草中均有记载。在我国盛产优质艾叶的湖北蕲州，至今还流传着“家有三年艾，郎中不用来”的谚语。更有不少地方栽培种植，家家收藏艾叶。

端午节时值初夏，天气开始炎热，又多雨潮湿，细菌繁殖快，容易患多种疾病。我国端午节有家家户户挂艾叶的民间习俗。因为艾叶具有芳香气味，可驱逐蚊蝇，清洁空气，消除病毒，保持居室卫生，能起到辟邪、防病、保安康的作用。

随着现代科学的不断发展，艾叶的许多新用途，都被开发出来，并用于造福百姓。

十四、范氏杨梅酒

永修县吴城松门山范氏杨梅酒始于宋代，至今已有千年酿造历史。2021 年，范式杨梅酒被列入市级非物质文化遗产保护项目。

吴城松门山范氏乃范仲淹后裔，他们谨遵“义田传家”祖训，广置义田，节余粮食用以接济穷苦人家，承继了祖先“义田范氏”的优良传统。《古文观止》有一篇文章叫《义田记》，记载的就是范仲淹的故事。范仲淹身居高位，俸禄丰厚，但克勤克俭，省下余资，兴置义庄，周济宗族穷人。

吴城义田范氏，乐善好施，经常周济宗族穷人、兴办义学，尚有节余。由于地处鄱阳湖中心区域，风沙多，且气候潮湿，长年累月粮食不易保存。族人商量，将粮食酿造成酒。范氏家族规定：族人中有子孙考学、婚丧嫁娶、做屋上梁，或宗族贵客来访等重大喜事，才可将酒取来，一来敬献祖宗，二来集族举杯言欢。所以范氏称此酒为“老酒”。由于杨梅具有“生津、止渴、调五脏、涤肠胃、除烦愦恶气”的功效，他们采摘山上杨梅，放入“老酒”缸中浸泡，杨梅催化白酒后，原先的烈性味道变得刚柔相济，白酒之烈明显收敛，香味浓郁，口感甜稠。此酒于是得名“杨梅酒”。

据传，元末朱元璋与陈友谅在鄱阳湖大战之初，由于朱军对南方水土不服，很多士兵腹泻不止，严重影响士气斗志。吴城范氏闻听此事，便挑酒到

洗净的新鲜杨梅倒入缸内准备发酵，用于制作范氏杨梅酒。（拍摄 / 潘玲玲）

朱军兵营，献上杨梅酒，朱军饮后，既停止腹泻，又解馋酒瘾，朱军十分喜欢。自此，朱元璋将范氏杨梅酒作为犒军佳酒，而杨梅酒也名扬天下。

酿制方法：在杨梅成熟时节，选取八九分熟，无病变、无污染、个体完好的新鲜杨梅备用。清洗杨梅。将酒曲与清洗好的杨梅拌匀。坐缸，将拌了酒曲的杨梅放入发酵酒缸，中心留窝。180 天后（视气温情况，随时观察）发酵完成。压榨，将发酵后的酒醅中的酒娘、酒糟分离。酒娘进酒缸，酒糟进行两次发酵；将两次发酵好后的酒糟进行蒸馏，得到 50 度白酒；将酒娘与 50 度白酒按比例混合，以酒养酒，以酒酿酒。上缸，密封，陈酿，并随时观察。5 年后，取酒饮用。

主要特征：

杨梅酒是用杨梅鲜果酿造。明李时珍《本草纲目》记载：杨梅可止咳、和五脏、涤肠胃、除烦愤恶气。具有消食、除湿、解暑、生津止渴、助消化、御寒、止泻、利尿、防治霍乱等医药功效。杨梅有“果中玛瑙”之誉。

十五、康龙尖龙舟

康龙尖龙舟是永修县三溪桥黄岭村老屋场范家村的一个传统风俗活动，2020年，列入市级非物质文化遗产保护项目。

康龙尖是一个地名，原名叫腴田山。传说腴田山是一个龙脉之山，是九龙会顶变成的一座山。据说是在唐朝年间，有两位道法很高的法师，一位姓康，一位姓龙，有一天，姓康的法师一路从河南寻找龙脉，就找到了永修县三溪桥的这座腴田山，当他到达山顶一看，就觉得此山是龙脉所在，因此，他就在山顶上埋下一枚铜钱，以备今后再来此地作为记号。下山之际，姓康的法师碰见了那个姓龙的法师上来了，二人彼此询问对方的来意，两位法师就把各自的来意说了出来，都想在此建立寺庙，随之二人就想一较法术高低，姓龙的法师拿出一根绣花针，往山顶一处插下去，说龙脉就在这里，姓康的法师说我埋了一枚铜钱，看我们相差多少，当两个

永修县康龙尖龙舟（拍摄 / 潘玲玲）

法师拨开土一看，这根针正好插在姓康的法师埋的铜钱中间那个眼中，二人大笑。就在此时，天空中一道闪光，二位法师也随之消失。当地人因此在山顶建立了一座寺，取名叫“康龙寺”。每年端午节前夕，当地人都要在康龙寺进行祭拜活动。后来，由于寺庙被破坏（1938 年被日军炸毁，现在只剩一些残墙断壁），就把祭拜形式改为宗谱在谁家，就在谁家祭拜，然后全村范家族人就开始要龙狮灯等一系列活动。1970 年，修建柘林水库，范家的祖坟大部分都淹没在水中。此后，范家村人就把祭祖舞龙狮活动改为划龙舟。因此，这里的龙舟活动形式与其他地方不一样，由每家出一只小船，然后把小船连接在一起，形成的长长的一条船龙，然后大家在领头船龙的号令下，开始龙舟祭祖活动。

康龙尖龙舟由龙头、龙身、龙尾三部分组成，龙身是由整个范氏家族族户数多少而定，一户一船。康龙尖龙舟祭祖活动主要是：

1. 祭祖。全村老少都要聚集在本村德高望重的长者门前，由长者带领众人行祭拜礼仪。

2. 读家训。由村里德高望重的长者对范氏后代宣读家训。

3. 接龙舟。按照范氏族人辈分大小，范氏族人每家每户出一条船，大家把船连接在一起。

4. 出龙舟。龙舟头是由范氏家族的带头人单独出一条龙舟，并由他发出号令出发。

5. 游龙舟，把全族的船五至七条连在一起，具体根据村里的户数多少而定，形成几条龙舟，领头者发出号令，竞舟活动开始。

主要特征：一是独特性。各家出船，连成一条船龙，反映了范氏子孙在困难面前团结一心的精神。二是合作性。众人划船竞舟，统一号令，反映了听从指挥、协调一致的精神。三是娱乐性。增添节日的喜庆氛围与民俗趣味，让人在娱乐的同时强身健体。

十六、建昌杜氏木雕

木雕艺术源远流长。两宋时期，木雕作品较为多见，这时的木雕已采用组织细密的木材为载体进行制作，这就有利于木雕作品的传世。元明时由于海外贸易急速发展，木材种类有所增加，许多由海外进口的硬质木材传入中国，并促使木雕工艺得到长足发展。明清两朝是木雕艺术的一个辉煌时期，木雕品题材多为生活风俗、神

杜氏木雕（摄影 / 潘玲玲）

话故事，如五谷丰登、龙凤呈祥、平安如意、松鹤延年等。木雕艺术深受当时社会上的民众欢迎。到了清代，杜氏木雕手工技艺由河南传入永修，至今已有200余年历史。2021年，杜氏木雕列入市级非物质文化遗产保护项目。

建昌杜氏木雕最初始于根雕，由于杜氏家族祖祖辈辈居住山里，他们就利用山上的树根进行工艺雕凿，雕刻

杜氏木雕工艺品

一些观赏性的木质艺术品，并摆设在桌台几案上，供人观赏，以换取一些收入。后由于时代变迁，杜氏木雕就以实用性为主，制作宫灯、镜框、笔架、笔筒、首饰盒、储蓄罐以及家具雕刻等。杜氏木雕由此结合传统木雕技法，在传统技艺上发展，营造出更多形式的木雕工艺。因此，杜氏木雕工艺融合了根雕和木雕的技艺，并成为建昌木雕的一种特点，也传递了中华传统文化绵长的文化内涵。

杜氏传统木雕艺术在永修县木雕工艺发展过程中发挥着十分重要的作用，是当地社会文化、风土人情的体现。经过长时间的发展，杜氏木雕形成了具有古建昌特色的木雕文化，同时也形成了自身特点，主要体现在以下三点：一是造型优美、线条清晰流畅、刀法纯熟，二是注重突出展示不同时代的文化特点，三是融入了时代情感。

杜氏木雕主要特征：一是无图雕刻。主要是针对小型木材，根据木材的形状来进行雕刻，这样体现雕刻者心中有图，手中有画的技艺。二是有图雕刻。主要是针对一些大型木材雕刻，要做出艺术构思，做到慎重、精心、布置合理，这样才能雕刻出一件精品。三是打坯。是为了刻画思想内容，做到层次分明。四是修饰、打光一件作品打好坯之后，还要进行细致的处理，使之达到最完美的程度。

十七、永兴粉丝

永兴粉丝源于清乾隆年间，盛于民国，是永修传统食品中的老字号手工技艺。永兴粉丝是用绿豆、豌豆、红薯、土豆等优质淀粉，以传统工艺精制而成。是千家万户的热煮凉拌佳肴。2021 年永兴粉丝被列入市级非物质文化遗产保护项目。

永兴粉丝采取的是古老的生产工艺。其要将原料经过浸泡、磨浆、提粉、打糊、漏粉、拉锅、理粉、晾粉、泡粉、挂晒等加工步骤才能制成。粉丝含丰富的蛋白质、淀粉，能够与各种蔬菜、鱼、肉、禽、蛋等搭配，烹调出中、西式家常便菜和宴席佳肴。永兴粉丝一年四季皆可食用，可凉拌、热炒、炖煮、油炸。

制作过程：选取上等淀粉，进行配料与打芡，然后把打好芡的材料用于和面，加工和面过程实际上是用制成的芡将淀粉黏结在一起的过程，再用筛板把它挤压成型。在挤压之前，先将水箱加满水，点燃煤火加热至水沸腾，装上筛板，从筛板挤出粉丝。然后将蒸好的粉丝放置在外面进行散热，再剪切和晾晒。之后就是搓粉散条，把冷却好的粉丝放入水中浸泡

10—20 分钟，然后将粉搓晒。再一个就是干燥，初挂上架以控水为主，不要轻易乱动，避免碎条过多。最后包装。总结起来就是：配料与打芡、和面、捶打成型、煮粉、冷却、剪粉、搓粉散条、干燥、包装。

永兴粉丝丝条细匀，纯净光亮，整齐柔韧，洁白透明；烹调时入水即软，久煮不碎不糊，吃起来清嫩适口，爽滑耐嚼，风味独特。

第二章

民 俗

| 第一节 |

生活风俗

一、服饰

服装　永修县旧时富家男子常穿长袍、马褂。冬季穿棉袍，春秋两季穿夹袍，夏季穿丝绸大褂。女性着夏布衫。雨季戴斗笠或撑油布伞，亦有撑纸伞者。农者穿蓑衣；裤子为直裆、带腰、宽腿单裤或棉裤。旧时妇女四季穿右襟褂子，富家女子亦有穿旗袍、裙子的。穿的裤子较为宽肥，服装质地颜色随年纪时令变化。

中华人民共和国成立后，随着群众生活水平的不断提高，服饰已发生明显的变化。除少数老人仍着旧式服装外，20 世纪 50 年代至 60 年代，男女衣色差别不大，只是款式有异。中年男子多穿卡其布制作的中山服、国防服、青年服；妇女多穿列宁装和各式大翻领、小翻领上衣，旧式头饰基本绝迹。20 世纪 70 年代初期，军便服风行一时，男女老幼皆宜，特别是青年男女，尤喜着草绿色军装；中期后，以的确良布为普通衣料。至 20 世纪 80 年代，款式花色多姿多彩，以西服、夹克服、运动服、面包服为主。其他还有猎服、牛仔服、健美服、中山服、西服裙、连衣裙、大摆裙、百褶裙、筒裙、西装裙、超短裙、羽绒服等。青年男女都追求流行时装，烫卷发穿直筒裤、喇叭裤，大假领、小假领盛行一时，且男女时兴佩戴各式胸徽。20 世纪 90 年代初男女时兴皮衣，富者穿真皮长短皮袄、皮夹袄，穷者均穿仿制假皮革衣。进入 21 世纪，境内出现了唐装，但穿者不多。女式服装款式多样，变化迅速。夏天一般穿裙，有连衣裙、大摆裙、百褶裙、筒裙、西装裙、超短裙。少数人穿旗袍，亦流行马裤（齐膝的半长短裤）。年轻女性上衣袖子越来越短，领口较低较宽。

鞋帽　永修县旧时男子冬戴棉帽、瓜皮帽或礼帽；晴着黑色圆口线底布鞋；夏戴小檐或大檐草帽。男女雨戴斗笠或撑油布伞，亦有撑纸伞、脚穿钉鞋者。女子脚穿自做三寸金莲绣花布鞋。20 世纪 50 年代至 70 年代，男女戴解放帽、工人帽，穿解放鞋、穿布鞋、胶鞋。春夏以轮胎鞋和塑料凉鞋为主，秋冬则着布鞋，雨天则着解放鞋或胶鞋。20 世纪 80 年代，男子穿大头皮鞋、尖头皮鞋，且时兴鞋底钉铁。女子多为高跟鞋，鞋底亦钉铁。80 年代后期至 90 年代，男女多着长筒皮靴以及各式运动鞋、旅游鞋。在中老年人中，又时兴穿布鞋。21 世纪以后，时髦女性冬天穿棉质弹性紧身裤，脚蹬长筒靴。

二、饮食

主食

永修县人历来以稻米为主食，辅以米粉、薯粉、面条等。一般早餐为稀饭，佐以霉豆腐、腌菜、腌大蒜、腌辣椒、腌生姜（民间有“上床萝卜下床姜”的说法）。中、晚餐为干饭。一日三餐，有“早餐饱、中餐好、晚餐少”的说法。旧时一般人家冬季农闲一日两餐，春夏秋农忙时一日三餐。20 世纪 80 年代前，城镇户口居民凭购粮证买粮油，多食用糙米。21 世纪后，永修香米问世，享誉省内外。

杂食

永修县民间据时令制作不同食物，喜食粞叶粑、月半粑、糯米粉、薯糖、米糖、谷糖、镜粉、薯粉、葛粉、藕粉、凉粉、糯米仔、糍粑、米花糖、腊肉、香肠、竹叶粑、咸水粑等。尚有酿制米酒和清明酒的习俗，酿酒成分为糯米或谷，沿袭至今。县境尚有以红薯、糯米熬糖，并将晒干的糯米饭粒炒成米花和着熬成的薯糖或米糖制作成米花糖，用以春节待客。

竹叶粑 用粽叶剪成二寸四方大小形状，用糯米粉揉进肉料或白糖、红豆泥以及腌菜，做成粑状，放在铺好竹叶的蒸笼里蒸熟，清香可口。

碱水粑 用禾秆烧灰再用水过滤，用过滤水和着糯米磨成浆，待成泥状，将蒸笼垫上干净纱布，把浆水舀入蒸笼里蒸熟即可食用。

菜肴

永修县人菜肴以蔬菜、豆制品为主，肉类为辅。永修县有“和菜”(萝卜丝炒粉)、东坡肉、藜蒿炒腊肉、建昌米粉肉、建昌米粉、钵子炆肉、建昌狮子头等名菜。县境菜味偏辣、偏咸。有自制干鱼、腊肉、香肠、芥菜、豆角、咸蛋、霉豆腐、辣椒酱、萝卜干等腌菜的习俗。

建昌和菜 把萝卜放在专用刨刀上来回梭动，便会刨出细嫩的条丝状，和上一些建昌米粉和刨好的胡萝卜条(故名“和菜”)，放进锅内边炒边加水，放入适当的油、盐、辣椒粉等佐料即可。

建昌东坡肉 以猪五花肉为主料。分割成块后(每块约半斤或一斤)，经清洗并短暂腌制，以新鲜早稻稻草捆扎后放入锅内加水，调味烹煮。制作步骤如下：1. 选稻草；2. 浸泡稻草；3. 制稻草锅垫；4. 选料(五花肉)；5. 整形(切成方块，每块重半斤或一斤)；6. 捆扎；7. 配制调味料；8. 腌制五花肉；9. 草垫铺垫锅底；10. 将腌制好的五花肉码放在草垫上；11. 锅内加水至刚好没过猪肉(农村一般要掺进豆腐干)，盖上锅盖；12. 生火烹煮(先大火烧开，后小火焖煮)；13. 调味；14. 起锅。用柴火灶焖煮后，拿筷子轻轻插入能穿透肉块即可起锅。肉质鲜美香酥滑润。

建昌米粉肉 立夏前后，县人都喜欢制米粉肉。把八角、桂皮等香料炒熟后研磨成粉，将五花肉切成厚片浸渍上辣椒油、酱油、白糖、料酒、味精等调味品，然后放入米粉拌匀，再将粘满米粉的肉片一片片叠在碗内，上笼蒸熟至烂，吃时将肉扣在盘内即可。餐馆内作米粉肉，有的在肉内又拌入适量豌豆，使肉有粉香，又有豌豆清香，荤素鲜腻，别有风味。

建昌狮子头 制作步骤：先将香芋切丝放盆内加精盐拌匀腌软，猪肉剁成米粒状。再将肉粒、香芋丝、马蹄末、火腿末、干贝丝、姜末、鸡蛋拌在一起，加入干淀粉、精盐、酱油、胡椒粉搅打后分成4份，每份包一个咸蛋黄，即为狮子头生坯。然后炒锅上火，放入色拉油烧到五成热时，放入狮子头生坯，炸至金黄色捞出，放入高汤（与狮子头持平）后再加精盐、料酒、酱油、葱结、姜丝上笼蒸2小时左右。至酥烂出笼，拣去葱结。炒锅上火，放入清水烧沸，加入少量油，放入菜心、精盐、鸡精、味精，略炒至熟，出锅盛于平底汤盘内。炒锅重上火，将狮子头的原汁倒入锅内，狮子头反扣于菜心上，用湿淀粉勾芡，加入明油，淋浇于狮子头上即成。

藜蒿炒腊肉　藜蒿是鄱阳湖湿地的一种野生植物，永修濒临鄱阳湖，每年春节期间，县人采摘藜蒿用于炒腊肉，俗话说："鄱阳湖的草，南昌人的宝。"把藜蒿除去根后的嫩茎切成半寸长一段，腊肉切成丝，外加一些葱段。先炒腊肉，后加入藜蒿和葱段煸炒，加入汤料，片刻起锅，淋上小麻油即成，腊肉金黄，藜蒿青绿，脆嫩爽口，且有一股特别的清香味道。

建昌米粉　久负盛名的建昌米粉，具有洁白、细嫩、久漂不烂、久炒不碎的特点。主要制作原料是优质晚米。要经过浸米、磨浆、滤干、采浆等多道工序。吃法也方便、简洁，可以凉拌米粉、炒煮米粉。配料可放入辣椒、胡椒粉、姜末、蒜末、麻油、酱油、葱花、咸菜末。

钵子炆肉　在陶制或铁质钵里放入鲜猪肉或腊肉，掺入少量黄豆，加水后放适量的盐，放进柴火灶内借煮饭、炒菜的火焖炖，出灶后，黄豆香酥，肉滑润、肥而不腻。

炊事

中华人民共和国成立前，永修县城乡各家都有老虎灶，以烧柴火为主，辅之谷糠、稻草、棉秆，均以生铁锅烹饪，灶内放土罐炆肉；灶头吊鼎罐烧水。中华人民共和国成立后，县城开始以烧煤为主，烧菜多为熟铁锅，烧饭多用铁质鼎罐或铝质鼎罐。20世纪80年代后，高压锅、电饭煲逐渐进入农村。燃料以烧煤为主，煤柴兼烧。少数农户用上了液化气、沼气。城市居民大部分用上液化气，亦有以烧煤为主兼烧液化气。条件好的用电烧热水，少数人安装太阳能热水器。在新农村建设中，安装太阳能热水器的农户迅速增加。21 世纪后，全县普及了液化气灶。

糖酒类

清明酒 1. 酿制红酒糟。选用鄱阳湖区盛产的红壳早糯谷为原料，用剥壳机把糯谷壳去掉。注意一定不能砻去米皮，否则糟会化掉。将糙米用清水浸泡一至两天后，再用清水冲洗干净，即可上甑蒸。糙米不易蒸熟，火要大，时间稍长，待有少量米粒蒸得开裂，即蒸好。再用事先准备好的井水快速淋透。注意千万不能用自来水淋，这样淋水速度慢，上面冷水流到下面温度很高，使下层饭煳化，使水不易流出，饭不能速冷，最后做出的酒糟不清爽。待甑下流出的水已变冷，再取下面的温水回淋，最后保持饭温在 35 度左右最好。接下来按 50 公斤米加甜酒曲 0.2 公斤，可边拌边放入缸内，待缸装到半满即可。因要留一半位置方便以后加酒酿和白酒。做好后即封口，保温发酵。一星期后检查，如缸底有少量酒液，味甜、香浓，则说明糟做得成功。因为是糙米，饭外面有米皮包裹，因此发酵速度较慢。如出现味变酸的情形，很可能是饭蒸得不好或酒曲质量不行，要及时加入白酒杀菌。三天后再加入一倍的甜酒曲，否则糟会越关越酸，最后全部报废。糟做好后可放入坛内密封贮存，2—3 年后打开坛口，有一股扑鼻香味，而且糟颜色暗红。糟的颜色越深说明做得越成功。因大塘乡的水和空气中都存在一定的红曲霉菌种，参与发酵后就得到红糟。如不在清明时节关糟，而是重阳节前后关糟，则糟呈黄色，以后做的酒也是淡黄色。当地称这种酒为重阳酒，品质比清明酒要逊色。

2. 酿制甜酒酿和白酒。关糟 2–3 年后，选用一般糯米备制甜酒酿和白酒。一般 50 公斤糯米只需备制 20 公斤甜酒酿即可，剩下的糟再加入 30—40 公斤温水，添加 0.3 公斤白酒曲，搅拌均匀后让其继续发酵，每天搅拌一次，待糟全部下沉，醪糟水转茶褐色，发酵就算完成。要及时蒸馏。如放置太久，醪糟会变质，出酒率反而下降。一般酒度控制在 45—50 度之间，度数太低，清明酒易变质，一般可得 20 公斤白酒。

3. 配制清明酒。将存放两年以上的糟坛打开，如颜色暗红，酒味醇正，则说明关糟成功。按50公斤糯米制的糟加入甜酒酿50公斤、白酒50公斤的比例配制清明酒。配制好后密封坛口，入窖保存，2年后即可开坛取食。这种酒味甜，酒精度较低，适合酒量小的人饮用。缺点是密封不好杂菌侵入易变质。如一坛糟加入100公斤白酒，即按1∶1∶2的比例配制，这种酒乙醇度可达40度以上，喜欢喝酒的人偏爱此种酒，且这种酒可长期保存。

米酒　1. 浸泡：将糯米洗净，浸泡12到16小时，至可以用手碾碎即可。2. 蒸饭：在蒸锅里放上水，蒸屉上垫一层白布，烧水沸腾至有蒸汽。将沥干的糯米放在布上蒸熟，约1小时。没有这层布，糯米会将蒸屉的孔堵死，怎么也蒸不熟。要尝一尝糯米的口感，如果饭粒偏硬，就洒些水拌一下再蒸一会儿。3. 淋饭：将蒸好的糯米端离蒸锅，冷却至室温。间或用筷子翻翻以加快冷却。在桌子上铺上几张铝箔，将糯米在上面摊成两三寸厚的一层，凉透。在冷却好的糯米上撒少许凉开水，用手将糯米弄散摊匀，用水要尽量少。4. 落缸搭窝：将酒曲均匀地拌在糯米中，转入容器，压实，中间扒一个小窝，然后用保鲜膜或纱布密封。5. 培养成熟：将盆置于30—32度左右的恒温箱中培养24到48小时，如果米饭变软，表示已糖化好；有水有酒香味，表示已有乙醇和乳酸，即可停止保温。最好再蒸一下，杀死其中的微生物和让酶停止其活动。这样，甜酒酿就制作完成。

杨梅酒　用谷或米酿制成烧酒后盛进酒坛，放入新鲜杨梅浸泡即可。此酒可药用，治腹泻。一般系县境上片白槎、梅棠、三溪桥、柘林等地河南移民酿造。

谷酒　用稻谷酿制的烧酒。主要配方：200斤稻谷放入0.5%—0.7%的酒曲。工艺流程：1. 浸泡：加70度以上的热水浸过谷面约20厘米，浸泡约10至16小时。稻谷浸透后，滤干水，再用清水洗净。2. 蒸谷：将浸透的稻谷装入烧酒设备里，上大气后蒸40分钟，揭开盖向甑中泼入稻谷重量的15%—20%的清水，让谷粒吸水膨胀，冒气后蒸30分钟，又泼一次水，再蒸30分钟。3. 摊凉、拌曲：将蒸好的稻谷摊凉至30度以下，放入酒曲拌匀。4. 培菌糖化：将拌有酒曲的稻谷堆在晒垫上扒平，稻谷堆放的厚度夏天约10—12厘米，冬天约15—20厘米。上面盖上一张晒垫保湿。时间根据夏冬季气温而定，夏季约20—24小时，冬季约26—48小时。当谷粒香甜、微带酸味，且谷粒底部的晒垫上出现潮湿，须立即入缸发酵。5.入缸发酵：发酵期间，温度控制在25—30度，夏季约8—12天，冬季约20天。6.蒸馏：发酵完后，将锅炉水烧开，冒气后把稻谷倒入制酒设备里，蒸馏期间控制好火候。一般系县境内白槎、梅棠、三溪桥、柘林等地河南移民酿造。

粉类

永修县农村历来有手工制作薯粉、葛粉等习俗。制作过程是把上述主料和水碾碎，用纱布过滤、沉淀，将沉淀物晒干即是。尚有米粉、镜粉、豆折自制之习俗，用以平日做副食或待客。永修县以立新乡塘浒郝村制作米粉最为著名。20世纪90年代后，民间少有人制作。

茶类

攒林茶　源于永修县云居山，宋代为贡茶。其工艺流程包括采摘、摊放（时间把握适度）、杀青（捣烂）、压模、成型、干燥。品饮时，取茶饼火烤，捣碎碾成粉末，过筛，取细尘状茶粉入盏，冲点即可品饮。此茶为宫廷饮用，压模时制成团饼茶，美其名曰：龙团风饼。明代朱元璋得天下后，废团兴散。至今，云雾茶、云居禅茶、燕山青均属攒林茶品种。

散茶　亦名蒸青绿茶。制作工艺流程有采摘、摊放、蒸汽杀青、干燥（炒干），取之冲点饮用。20世纪80年代前，此茶在永修县民间普通家庭多以茶壶、茶桶、热水瓶撮一把散茶入内，开水冲泡后，随时饮用。富裕或有身份者，方有用茶杯、茶具泡茶的条件。20世纪90年代后，永修县民间少有人制作。

糖类

红薯糖　用红薯熬制的糖。主要材料有红薯、麦芽、清水。主要工具有老虎灶、大铁锅、柴火、铁锅铲、铁勺。配料：红薯100斤，麦芽10斤，清水200斤。制作步骤：红薯洗净切块，麦芽洗净捣碎。将红薯放在锅里蒸熟后，放在盆里捣成糊、和上水，拌上麦芽发酵（发酵约 1 小时），发酵完用纱布进行过滤，把过滤后的糖水倒入锅里用大火熬煮，慢慢收汁，为防止糖分粘锅有煳味，须不停搅拌，直到糖汁呈黏稠发亮状即可。熬煮需要 4 小时。待糖稍冷却后舀入瓶罐里。20 世纪 90 年代后，民间少有人制作。

糯米糖 用糯米熬制的糖。主要材料有糯米、麦芽、清水。主要工具有老虎灶、大铁锅、柴火、铁锅铲、铁勺。配料：糯米 30 斤，水 25 公斤，麦芽 2 斤（为糯米用量的 7% 左右）。制作步骤：其一，蒸糯米饭。选优质糯米 30 斤，冷水浸泡 8—10 小时后，淘洗 2—3 遍，倒入锅内，隔甑蒸熟成饭。上汽后顺着锅缘淋少许冷水，以防紧靠铁锅周围的米饭粘锅烧煳。其二，拌芽糖化。将捣碎的麦芽在锅内拌匀后，盖上锅盖，外敷锅边布和盖上草垫，以防止加温糖化时漏气。为了促进糖化，锅下可保持适当的火候，煎熬 5—6 小时后，每隔一个半小时搅拌一次，拌至稀粥状。其三，熬煮浓缩。将糖化后的糯米汁一起取出，用纱布压榨过滤出汁，然后将汁放在锅内熬煮浓缩。开始时要加大火力，最后火力要压小，防止糖液焦化。在熬煮时要不停地搅拌汁液，以使水分尽快蒸发，同时还能防止糖液焦化，一直熬到糖液凝固成硬化的糖膜镜状时才算熬好。待糖稍冷却后舀入瓶罐里。20 世纪 90 年代后，民间少有人制作。

米花糖 亦称冻米糖。将糖浆（红薯糖或糯米糖）倒入锅里炼制适当时，按 4 斤糖浆、10 斤米花将米花及少许猪油、白砂糖倒入锅里拌匀，然后全部倒进木模内，用滚筒压平，再在面上铺上一层绵白糖，撒些桂花，用刀切成长方形，用纸包好即成。20 世纪 90 年代后，民间少有人制作。

三、筵席

喜筵 永修县旧时民间喜庆筵席颇多礼仪。依来客亲疏贵贱有上六大盘、八大盘、十二大盘、十六大盘以至更多不等，一般为双数，忌十数（十足呆子）。座位安排十分讲究，上首下方，尊卑有序，亲疏有别，且不同筵席有不同坐法，婚娶主席上座须男方舅舅，县境有“大，大不过娘舅”之说。在民间，席上不能夹“过河菜”，鸡脯要给老人，鸡腿要给小孩，鸡头要敬长者。酒店宾馆，多为圆桌，一般可随意坐，但突出座位仍留给尊者。客人无离席之意，主人不能提前离席。

丧筵　八仙一桌为主席，亡者子嗣首先须敬八仙酒，然后或给八仙斟酒或站立一旁，待八仙吃完，上八仙桌，将剩菜剩饭吃完。另外，亡者家待客饭须蒸硬，俗称“吃硬饭”，以祈保佑。若送礼未到席者亡者家必回送一碗，亦有全村每户各送一碗，此俗已废。

四、住宅与出行

住宅

永修县自古农村住宅有砖木结构和砖混结构两种，亦有全木结构住宅。砖木结构和全木结构一般以青瓦或杉木皮盖顶。农村住宅一般三间三拖，有的还在左侧或右侧建拖屋。拖屋或作厨房，或作谷仓，或作杂物存放之处。实行人畜隔离，拖屋后即是猪栏、牛栏等六畜宿地。建房时注重采光、通风、卫生及环境绿化。屋址多选择依山傍水的地点，坐北朝南，住宅亦有建庭院，院门坐向视风水而定，一般不正对住宅大门；大门正中前方忌种树。有的住宅还在大门上方挂一镜子或一块渔网，以示避邪消灾。有的房屋在墙壁嵌上一块方石凸出墙壁数寸，上刻“石敢当”或“泰山石敢当”。改革开放后，老屋大都被拆除，在原址建钢筋水泥楼房。2000 年后，砖木、砖混、全木结构住宅少见。

选址　新建房屋的主人家须请风水先生根据自己的生辰八字确立基地，并到基地上架摆罗盘定向。

择日　请风水先生选定动工日（俗称“发墨”）和立柱上梁吉日良辰。发墨木匠、岩匠、锯匠开斧动锯，取岩打磉。各路亲戚都来朝贺，屋主摆酒设宴款待。发墨贺喜的礼品一般是面条，亲房不送礼物，只在动工过程中，宴请匠人吃顿饭。

夹磉、安磉 木工把木屋架子做好后，上梁的前一天，不管天晴下雨下冰雪，都要夹磉和安磉。民间有句谚语："选好日子定好的时，不怕天老爷落耙齿。"安好磉磩，岩匠师傅燃烧钱纸，宰杀公鸡，把鸡血涂到每砣磉磩上，把预先备好的朱砂、茶叶、米放到磉磩与底岩之间，然后口念咒语。

立柱 把挟腰枋、三穿枋、二穿枋、一穿枋和照面枋等木枋，按顺序一扇一扇地排好后，即竖房屋木架子。竖第一扇时，燃放鞭炮，木匠师傅烧化纸钱，口喊："同心协力，升上"，帮忙者同时用力，缓缓升起，用捞木把木架子固牢，再竖第二扇。竖了两扇，要入枋片，俗话说："各管各的眼。"三四扇依次而立。木架子竖起来后，每根屋柱下面都要顶上个小木砣，不要让屋柱落磉，待立柱时辰一到，方能落磉、立柱（一般都在第二天早晨）。木架子竖好后，上"行条"（檩），钉"盖角"（椽子），有的还要上瓦盖瓦，但留堂屋一间不钉不盖。

祭鲁班 上梁头天晚上要"祭鲁班"，在主家中堂围上一床晒簟，中间摆一桌精制酒席，单请木匠师傅受用，主客相陪。先由木匠师傅祭奠发明木作工具的祖师神鲁班，然后主家频频向木匠师傅敬酒劝菜，以表感谢木匠的劳苦功高。上梁时辰及梁木至关重要。事先，屋主与木匠备酒菜香案到山上砍来的梓木、椿木或杉木（也有岳丈赐送梁木的），梁木修整后，要放在高处，除木匠一人外，任何人不准跨越（木匠整梁木时，砍刨下的木皮要捡到一边）。

上梁有九道程序：

祭梁 梁木置于华堂之中，木匠师傅步向梁边，摆上牛头（有的用猪头）等供品，焚香烧纸，燃放爆竹，祭祀鲁班祖师。念诵："栋梁，栋梁，种在何方？种在昆仑山上。谁人叫你生，谁人叫你长？地脉龙神叫你生，露水芒芒叫你长……"

开梁口 木匠师傅首先站在梁头，口念："开梁先开东头，主家之福与日增，荣华富贵享不尽。”开好梁头再开梁尾，又念：“开梁后开西，主家百般都顺意。”接着念：“东西两头已开成，福禄寿喜都齐眉。”开梁口的木渣要用一竹筛装上放在一旁。

缠梁 木匠先用主家准备的一块红布将朱砂、茶叶、米包好，放在梁木正中，用三文古铜钱（或银毫子），将布角钉入梁木内，再将两本农家历、两双红筷子，捆五色丝线，系在梁木两头，以示主家万代兴隆。

升梁 木匠与一帮人员抬梁木上梯（或用两匹红布、绳子各系梁木一头，由两人扯上屋顶），木匠师傅上梯，边上边念：“又不高来又不低，鲁班赐我上楼梯，手攀楼梯步步高，脱下蓝袍换紫袍，脱下紫袍换金钱，脱下金钱换龙袍……”

安煞 木匠手捉公鸡，口中念：“天地开张，日吉时良。鲁班到此，大吉大昌。贺喜家主，新造华堂……”

踩梁 梁木入位，木匠跨梁木，念：“脚跨一步兴，贺喜主家家发人又兴；脚跨二步兴，主家吉星高照……”

抛梁粑 木匠念：“珍贵梁木红如花，灵心女儿做粑粑，粑粑拿来有何用？神仙制下抛梁粑。一对糍粑往东抛，子子孙孙坐当朝……”木匠问：“主家要富要贵？”主答众随：“富也要来贵也要，要富贵双全。”主家扯开衣兜，准备接粑。木匠续唱：“一赐你家降吉祥，二赐你家得荣昌……”念毕，木匠把预先准备的糍粑先抛主家，后抛人群。

下梁 木匠先谢主家，后谢众人，然后从屋梁上下地，边下地念诵：“稳手稳脚下屋梁，主家永保金柱堂……”

冲梁 木匠师傅下地，将制梁木的木皮置于华堂之中，点燃大火将其烧尽。

上梁结束后，多数主家还会举行挂匾、摆宴等仪式，尤其是邀请专门的人士进行喝彩。

挂对匾 不分贫富，只要哪家竖新房，至亲都要上匾赠对，一般岳父上匾，姐夫妹夫赠对。红匾用红绸缎扎成绣球披匾头，上书“龙凤呈祥”

或“五世其事”之类金字，挂在堂屋正中的神龛上方或大门上方。上匾挂对时，双方鞭炮齐鸣。

犁屋场 上梁结束，众人帮忙钉盖角，上瓦盖瓦。盖好瓦，扛犁、牵大水牛进中堂，牛角上系一节红布，主家舅父掌犁在中堂来回拖上五犁，边拖边讲四言八语的吉利话。

酒宴 安的是东南席，只在新屋中堂安品字形三席，主家一席靠立柱为上首，其他两席仍依宾客大小按中堂上下而安。木匠、岩匠安在主席下首，与主家相对，两边为锯匠或陪酒人员。朝台发话鸣炮开席。木匠师傅唱吉利话给主家敬酒，俗称“升酒”，要升九杯，九、酒谐“久”，九杯酒即“久久”。

上梁喝彩 从古至今盖房子是人生中非常重要的一项大事，房子盖得好不好，是否有利于家人的健康、是否便于居住和子孙后代的繁衍，是人们所关心的，于是就产生了盖房图吉利、喝彩说好话的做法，此行为逐渐演变成为盖房上祭天地下祭鬼神的一种仪式。在盖房的各种仪式中，上梁仪式尤为隆重：上梁时选择辰卯交接时，在房屋构架做成后，各种木构架竖起，开始上梁，上梁时东家摆上一丈红布，七支香缚于丈杆，一丈五尺红布缠绕五尺杆，取一斗米，一盏菜油灯，剪刀、尺各一把，七支灯芯点七个火头置放于房屋正中香案上。东家取来三只大公鸡放在厅堂中间位置，师傅便开始举行仪式。

永修县上梁要唱喝彩词，每个步骤都有专门的喝彩词。

1. 开始念咒喝彩（先点燃七盏油灯，拜上香烛），唱《请鲁班师徒，敬土地》：一双龙烛照青天，照见天上鲁班仙，鲁班先师亲身到，带来福喜好帮忙。九龙头上放光芒，照见东南西北方。东山土地来送宝，西山土地来扛梁。上起中梁别无事，土地公公坐两旁。

2. 起师唱《挂中梁八卦图》：斧头一响，天地开张。请来鲁班，眼张四方，梁落何处？出于江西九龙山上。上面生起千里枝丫，下面生起九龙盘根。鲁班弟子驾马去，金斧伐回造华堂。

3. 开斧唱《金斧曲》，师徒同唱：王母娘娘送我金刚斧，连头带尾一尺八。斧脑四角方，斧宽二寸半，上不打天，下不打地，别人拿去无用处，鲁班弟子拿来赶煞神。

4. 祭鸡唱金鸡：金鸡，此鸡不是非凡鸡，王母娘娘报晓鸡，别人拿去无用处，鲁班弟子拿来祭栋梁。

杀鸡仪式（呼起“福喜”，倒提金鸡，手起斧落，金鸡溅血）唱：金鸡头上血淋淋，刹神见血退千里，金鸡头上血旺旺，刹神见血走忙忙。一步碰倒五尺丈杆，二步碰到倒墨斗曲尺，三步碰到金、木、水、火、土。

福喜：东边起发！起——发，荣——华——富——贵。财——丁——兴——旺。

5. 祭酒唱福喜！东家送我一对瓶，黄金万两巧打成。前面打起鸳鸯戏水，后面打起八仙结盟。上面打起金狮盖顶，下面打起莲花托瓶。酒瓶何人所造，杜康先师所造。福喜！酒是何人所造？杜康先师所造。杜康造酒有良方，辰时造酒卯时香。头缸好酒敬天地，二缸好酒请鲁班，三缸好酒弟子尝，鲁班弟子上中梁。

（礼毕，木工师傅用红布将梁吊起，平衡上梯。）

6. 唱《爬楼梯祭曲》：福喜，脚踏楼梯步步高，荣华富贵起今朝，脚踏一层梯，一代子孙踏金阶。脚踏二层梯，二代子孙出宰相。脚踏三层梯，三神送上福禄寿。脚踏四层梯，黄金白玉落华堂。脚踏五层梯，五福盈门家吉祥。脚踏六层梯，六六大顺人丁旺。脚踏七层梯，七位仙女配令郎。脚踏八层梯，八仙过海来捧场。脚踏九层梯，九亲六眷福寿长呀！

7. 上梁唱：滴鸡血，东滴滴，西滴滴，子孙后代有的吃，南滴滴，北滴滴，子孙后代有官当。

上梁礼毕喝喜酒。下午接着请柱神。每一个星宿代表一支柱头，二十八支柱头都有各个星宿的名称。请完柱神之后接着抛梁，木工师傅用写有鲁班先师何叶夫人立伫的五尺杆（也叫水平尺），将东家准备好的粿子、金钱用竹篓挑上中梁抛撒，粿子有寿桃、花生、瓜子、馒头，并用许多铜钱从梁上抛下，让客人争抢，求个合家喜庆，木匠师傅边抛边唱。

8. 唱《抛梁曲》：东家娘娘好排场，请得鲁班弟子站中梁。金钱抛下地，日进斗金财源广。花生瓜子落下地，人丁兴旺多子孙。寿桃落下地，福禄寿喜财星照。馒头落下地，子孙后代有的吃。

整个仪式完成后，请木匠师傅喝三天酒，这三天还要算工资，名曰：歇马工。

常见的上梁喝彩词还有：

《吉时到，上大梁！》 福喜天地开张，日吉时良。立柱动土黄道日，上梁正逢紫微星。我问此梁生在何处？长在何方？生在高山上，长在北山岗。大树长了数千年如对，小树长了树千年如双。八洞神仙从此过，眼观此木深丈长。特请东家做主梁，有请鲁班下天堂。大树一放，枝丫溜光。有请十八罗汉，搬下山岗，运到码头，漂入修江。运到东家，做一主梁。

《暖梁》 黄道吉日喜洋洋，锣响炮鸣敬天堂，万宝楼中一炷香，一缕香烟升天堂。查司行君抬头望，独有名主造楼房，太白金星本张奏，玉皇天帝递文章。鲁班仙师下天堂，仙师下天堂，仙师与东家来寄梁，提栋梁说栋梁。栋梁何处制在何方，生制在中国大宝钢，钢筋水泥当主梁。本寄主梁三杯酒，仙师提酒下天堂。一杯酒寄梁头，子子孙孙中诸侯。二杯酒寄梁腰，子子孙孙穿玉袍。三杯酒寄梁尾，子子孙孙留美名。大厦落成恭喜，祝东家荣华富贵，万万年。

《拉梁》 天门开，天门开，鲁班仙师下凡来。左缠三转生贵子，右缠三转考状元。栋梁升到半天空，摇摇摆摆像活龙。自从栋梁登了位，富贵万年财源滚。

《上梁开斗》 日头出来紫金开，我把仙龙请进来。四大财神送宝来，大财神送的是一缸金，二财神送的是一缸银，三财神送的是摇钱树，四财神送的是聚宝盆。

小小麦儿本姓张，七月种田八月秧。十冬腊月把肥施，正二月锄得一遍光，四五月份黄爽爽，割的割来挑的挑，一直挑到稻场上，顺风打，逗风扬，洋子盆洗脸，何仙姑漏勺子捞。张果老的毛驴子，李三娘吃苦在磨坊。磨出面来白如霜，印出粮巴放豪光，千人不可吃，万人不可尝，我给仙东寄栋梁。

一把粮巴撒在东，子子孙孙在朝中。二把粮巴撒在南，子子孙孙考状元。三把粮巴撒在西，子子孙孙穿朝衣。四把粮巴撒在北，子子孙孙流传说。

出行

永修县有出远门择日换衣之俗，旧时人们生活水平低，添新衣颇难，一件新衣只有逢年过节或家有喜事才穿，穿后洗净入箱。如出远门，为保面子，才着新衣。富家不愁新衣，然出远门须烧香祭祖，以祈平安。

五、娱乐

永修县民间有传统与时新娱乐活动。在 20 世纪 60 年代前成人娱乐项目有唱山歌、舞狮、推牌九、打麻将、“筒子九”、下石子棋、扳手腕、顶扁担等；儿童娱乐项目有唱歌谣、中秋动物灯笼、端午节撞藏蛋、捉迷藏、老鹰捉鸡、踢毽子、骑竹马、跳房、甩骆驼、滚铁环、跳橡皮筋、翻花线、抛抓沙包等。1960 年后儿童娱乐项目又增加甩纸镖、甩铁饼、弹珠子、放幻灯等。

改革开放后，玩扑克牌之风盛行，有打“升级”“争上游”“对对子”“十点半”“斗七”“百分”“千分”“五十 K”等，随后流行“拖拉机”等打法。2007 年“斗牛”在街头巷尾流行。

1990 年后电子游戏开始出现，2000 年后网吧逐渐普及，人们开始在网上玩扑克、麻将。2006 年，人们开始玩网上农场种菜、收菜、偷菜娱乐，至 2012 年依然盛行。近年来，时有县人走“麻将棋”。

第二节

社会风俗

一、婚嫁

相亲 媒人引男子上女方家，女子第一次端茶给男子，女子就退场，如男子喝完第一杯茶起身告辞，就说明没有看中，如男子喝完第一杯茶还未起身，说明有意。如女子有意，就端第二杯茶。第二杯茶喝完男子还未走，女子就端上第三杯茶。这时，男子就将相亲钱放到茶盘上。女子家里拿到钱后，留男子就餐，以后由媒人撮合双方商议订婚之事。

订婚 中华人民共和国成立前，永修县男女婚姻均凭“父母之命，媒妁之言”。由媒人将女方“庚帖”送至男家，称“发八字”。男家将庚帖压在中堂神龛香炉之下，十多天后，如平安无事，方将男方出生年、月、日、时辰与女方出生年、月、日、时辰“合八字”。一般双方八字中有四字相合，才被视为“和合”。其中稍有不合，亦可勉强通婚；但有相克者，不得联亲。八字和合后，男方将定亲礼品（包括男方鞋样）送女家称“穿红”，俗称“压鞋样”。女方受礼后，回敬鞋袜、腰带、手帕之类的礼品，每项礼品须成双，以示事事成双成对，并留宴。席上男女双方见面，男方付给女方“见面礼”，女方此时给男方父母敬茶，并首次呼男方父母为“爸爸”“妈妈”，男方父母随即给女方敬茶钱，就此算定亲。定亲后，逢春节、端午、中秋时节，男方备礼送女方，称“送节”。女方亦给一定回礼。

行聘 亦称过礼（即送达迎娶日期）。男方将迎娶日期确定后，看好吉日（一般为中秋前），用红纸写上“仅娶农历 × 年 × 月 × 日恭贺迎娶”

字，四角再写“天长地久”或“天成佳偶”等吉祥语，送至女方，称“送日子”，类似行聘。聘礼大致为衣服、礼金、肉、饼、面、猪蹄膀及烟、酒、糖、果等，男方请至亲兄弟挑担，回时女方须给挑担钱。大户挑箱抬笼，乐器吹打；穷家则肩担手提，女方鸣炮接礼。

下衣 婚前两日，男方备百面、百肉、百饼，即面、肉、饼各百斤，以及衣服、彩轿、坐轿等，请至亲兄弟或姐（妹）夫送至女方，猪肉若是整边（一头猪的一半）的须用木梯抬，以示光彩。随后将女方嫁妆抬回的同时，女方须于男方送的每项礼品中回送一定数量给男方。

待郎 婚前一日，新郎在家拜祭天地祖宗称“待郎”。新郎清晨理发，洗澡，更新衣。请至亲伯伯、叔叔或有福气的长辈夫妇（须是原配夫妇）做牵娘牵爷。上午看好时辰，新郎在牵爷的带领下，胸戴红花，肩披大红彩布，到祖坟山拜祖，以示尊敬先祖；中午，邀本村五个未婚男青年吃酒陪新郎，新郎为大，须上座，包括牵爷亦只坐七人。傍晚“铺床”时，先请牵娘或“福寿双全”之人订被褥，再让五个童男、两个童女坐在新床上“坐床”，以示五男二女七子团圆。同时，尚需请懂规矩有威望的长辈喝彩，以示吉祥如意。

待嫁 婚前一日，新娘“开面”（用丝线将新娘脸上的汗毛夹光，以示妇女之身）后，女方请五个未婚女青年及亲朋陪新娘吃“待嫁酒”。“下席”后，新娘进闺房“啼哭”称“哭嫁”，以表示难舍父母，不忘养育之恩。母亲亦边哭边说些告诫女儿嫁到男方后要孝敬公婆、亲顺丈夫、勤劳发家之类的话，民间亦有越哭越发，不哭不发之说。晚子时，新娘在乐器吹打声中，“陪同”伴嫁娘，将陪嫁衣物在“千人眼”（簸筛）上罩一罩后，整理装箱打捆，称“装箱”。

迎亲 由媒人领花轿在清晨去女方家。大部分地区新郎不随轿去女方家，但在西部柘林等地亦有新郎随轿迎亲的习惯。女方家在村头用彩锣迎花轿到“祖堂”。花轿下垫谷桶，再将男方事先贴在花轿、抬杠上的对联（上联）揭下，迅速请先生对出下联，贴回原处，以示男女相配。新娘上轿时脚穿新绣鞋，外套父母旧鞋，由牵爷（或其他亲人）抱上花轿或上大路（防止鞋底带走娘家的财气）。在吹打声中新娘蒙好盖头布，身系一百二十枚铜钱，并于胸前悬挂铜镜等物，坐进花轿。花轿在抛撒五谷、红枣、红筷子等物中，围绕门口转圈后上路，中途要停顿片刻，由亲兄弟上锁（锁轿门），传说是预防祝英台哭坟化蝶的故事重演。

拜堂 花轿进村，男方吹打鸣炮迎接，于门口抛撒五谷、红枣、红筷子，花轿转三圈，停于门前。有一长者将一只雄鸡抛过轿顶，付给轿夫“利市”钱，掀开轿门，由牵娘将新娘牵进堂前，堂前已置斤桶，内放七星灯，上罩“千人眼”，桶前放三块土瓦，新娘下轿，须跨斤桶踩破土瓦（俗传一定要踩破，不破不发），再由牵娘牵新娘、牵爷牵新郎到堂前拜堂，一拜天地，二拜高堂，夫妻对拜。随之暂入洞房。之后，新郎、新娘各由牵爷、牵娘牵着，站在堂前，男左女右奉拜长辈，先拜双亲，然后，由大到小，一一奉拜至亲长辈。被奉拜的长辈须给一定的回（敬）拜钱。拜完新郎新娘再入洞房。新郎将新娘盖头布揭去，新娘净面后，同饮“交杯茶”（红糖水），谓之“合卺”。随即，牵娘牵着新娘下厨房，以示贤惠。拜堂完毕。

闹房 新婚之夜，青年男女齐集新房，逗新郎、新娘取乐，称“闹房”。俗有“洞房三日无大小”之说。次日晨，新娘到堂前参拜宗族长辈，称“分大小”，长辈馈赠“见面礼”。

撒床 婚礼当天晚上子时开始撒床。司仪一般请村里德高望重、福泰康全、灵活应变、口才极好的人担任。撒床时由一人手提内铺红纸，装有红枣、花生、喜糖、瓜子、莲子、梨、橘子等物的“斗”紧跟着撒床司仪。撒床人从东家的大门开始撒床，经过院子、堂屋，再到新人的洞房。其间司仪要根据现场的实际情况一边口喝祝词，一边抓斗里的东西往外撒，边撒边喝彩，众人随声附和“喜啊”“好啊”。撒床祝词多为逗乐祝福之词，并寓教于乐，通俗易懂。因此，撒床时现场气氛热烈，欢声笑语不绝。整个过程有时能持续到凌晨一两点才结束。乡村的传统婚礼热闹非凡，风俗礼节繁多，规矩也多，很有地方特色。但随着社会的发展进步，这些传统的东西逐渐被西方新式婚礼所取代，偶尔在农村碰到一次，也是被简化了的传统婚礼。

回门 新婚第三日，夫妻回拜娘家，称“回门”。男方须送礼品回敬丈年、丈婆（岳父、母）。回来时，娘家须将备好的鸡笼（内放一只母鸡、十八个鸡蛋）让女儿、女婿带回家，以示女方嫁到男方生儿育女如母鸡下蛋一样多男多女。

婚后礼 女方嫁女后的当年，逢春节、端午、中秋都要送礼给男方家庭。以后，女婿每年要送年、节礼给岳父家，俗有“女方送男家一年，男家送女家一世”之说。所送年、节礼均成双数，上贴红纸。受方不全部接受，以少量礼品回送或“原物奉还”。

今农村中因大都为同姓同族聚居，找对象多赖介绍人从中撮合，经男女双方相亲同意后，再“定亲”。其间有的保留了“下定钱”“压鞋样”“送节礼”等旧俗；个别甚至有“要彩礼”及嫁妆讲究“几抬几杠”的风气。婚日废除了花轿迎亲的形式，一般为红旗前导，锣鼓吹打，数十名男女青年作“伴郎”“伴娘”，步行迎亲。“拜天地”等旧形式也基本废除，但摆酒请客之风仍盛行。

二、丧葬

小殓 年老亡故，称“白喜事”。于亡者灵前烧送魂纸，点长明灯。小殓前孝子（或孝女）去河边“求水”，给亡者净身，然后穿寿衣。寿衣男女均为上七下五（或上九下七）。男衣为黑色，女衣为红面绿里，均为便装式样。脚穿鞋底勒上有七下八线钉的“百岁鞋”。口内含金银或铜钱。

大殓 俗称“上材”，时间由阴阳先生按亡者八字生辰推算。上材前，棺底垫石灰，上铺火纸（草纸），再铺一层“地灰”（灶灰），将七枚铜钱按北斗图形放置灰上，俗称“按背钱”。按背钱上铺垫被，然后在哀乐、爆竹声中将亡者用被单托进棺内。头部用瓷盘垫枕，脚边置甑箅垫脚。另置“万年粮”（大米）等随葬物品。亡者身盖直系亲属献的寿被。寿被层次按亲疏长幼，先子后侄。钉棺后起灵至祖堂停灵。守灵天数因时、因人而异。大户人家请道士做“水陆道场”“打醮”，天数有三、五、七、九直至四十九日不等。

吊香 出丧前夜举行吊香。先由子、侄、婿行三跪九叩大礼，敬酒三次，跪拜三次，散箸、散纸、烧纸、叩拜各三次，点燃檀香，亲属分跪两旁守灵，直至出殡。

出殡 一般均在天亮时的寅时或卯时举行，以便能当天将葬礼办理完毕。出殡前，行由“八仙”（即八个抬夫）扎好台子，举行祭台仪式。起灵时鸣炮、奏乐。金童玉女举灵幡，鸣锣为前导，引魂幡随后，亲友送的铭旌布、挽联、挽幛、寿布之类，用竹杠或抬、或撑，组列成伍。亲属披麻戴孝，孝子、孝婿头戴草扎“龙顶”。中为孝子手持哭丧棒扶灵柩行进；孝女（长女）手捧灵牌在前（西门柘林等地亦有让孝子捧灵的习俗）；女婿手持酒壶沿路洒酒（亦有女婿在棺前中央扶棺而行者，称“扶榨”）。亡者第三代孙头扎红布，第四代曾孙头披绿布，高骑棺上，称“骑棺”或“跨棺”。亡者的长辈、配偶不在送行之列。

下葬 灵柩送到祖坟山，八仙在葬棺地抬棺绕三圈，送殡亲属亦扶棺随绕三圈，再将鲜鸡血洒浇灵地一圈称“圈山”。阴阳先生按“流年”定灵柩放置位置。破土后，取土样放置灵牌托盘上，由孝女沿原路端回。土穴挖好后，先用麻秆烧炕，再按定好的时辰（一般在未时），鸣炮“下材”，也称“下字”，下字时，阴阳先生手持一根竹棍伸到土穴底部边画符写字边念念有词。后用特制的椁砖圈椁，椁上用糯米粥浇泼，最后堆“黄金”（土块）成隆起的椭圆鱼背形坟堆。亡者入土后的第七天，配偶首次上坟，烧钱挂纸。女儿在亡者死后 35 日在家祭祀称“接五七”。

送大年 死者为大，故称“大年”。亲友在亡者逝后当年春节前小年（农历腊月二十四日）之前须送长烛一对、鲜鱼一条、鲜肉数斤（亡者之女送灵屋）到亡者家。小年后忌送。

灵堂 农历腊月二十四日之前在堂屋搭上木竹屋状框架（大小视堂屋面积而定），用松枝、柏叶、樟树叶围扎木竹纸上。前设门楼，上方有“孝”字，两侧有挽联。把灵屋放于灵堂里，灵屋前案台放置亡者灵牌或遗像，摆上煮熟整猪头、整鸡、整鱼，旁置灯盏，燃青油灯草，案下放香炉和烧纸钱的炉子。灵屋两侧一方挂烛，一方挂亲戚送大年的礼品，要用一种传统方法把送礼亲戚的名字写上挂在灵堂两边。其样式如下（须竖写列式）：

大德望尊（如亡者为女性改成“大懿望德”）岳父大人（什么关系称呼什么，如“伯父、岳母、叔父大人”等）某某某之灵前

泰山其颓

时维

春亡正月履端二日之宜良

孝婿（什么关系称呼什么）某某某顿首百拜

三、节令

春节 正月初一，天明即起，拜天地，焚香化楮。孩童先给家中年长者跪下拜年，行叩头礼，口称“添福添寿”。有的人家该日早上全家不管多少人，只吃四个菜，两碗清炒豆腐，两碗清炒白菜。吃法亦有讲究，碗里饭菜不能全吃完，须留下一些，此曰“年年有余”。吃完斋饭，各家串门相互拜年，口称“恭喜、恭喜”。此日，街市闾里，张灯结彩，请酒唱戏，热闹景观为一年之最。同族诸村至去年当值村的祖堂，拜祭祖先牌位、宗谱，拜祭后敲锣打鼓把祖先牌位、家谱送到本年当值村的祖堂供奉。同时，将上一年出生和逝去的人记录于族谱上（只记男丁）。

初二，一般为夫妇提点心往岳父母家拜年之日。

初三，俗称“拜大年”日，即给上一年逝世了的长辈的亲友拜年。其

他亲朋间不往来，见面亦不称贺。“拜大年”之日，一般先是村邻早晨持鞭炮在亡者家门燃放，接着进门作三拜，不跪。亲友上午于灵屋前给亡者三拜三跪、燃香作揖。到当日午时整圆香，不再接待来客。下午，亲友将灵屋运至亡人墓上焚烧。烧时灵屋门窗须朝上，否则，亡灵将无门出入。次日即初四，亡者子嗣须携礼品回拜送大年之亲友。

初七，俗称“上七”“人日”。1949 年前为庆贺雇工、店员、商人等次日上工，家家烧香祭祖，设宴聚餐，以祈来年平安万顺。

正月十三，古代建昌县从这天开始到十五，有到祖先坟头上灯燃烛的习俗，与清明、冬至一样，这是孝文化的一个内容。需要带上三鲜（鱼、肉、蛋）、鞭炮、香、蜡烛，将蜡烛插在坟前，就叫“长明灯”。

元宵节 正月十五日称“元宵节”，亦称“上元节”“月半”，流传有“年小月半大”之说。元宵前数日，即作灯市。设火树、放火爆、抬船踏歌、锣鼓迭奏，称上元。龙灯亦称神灯，一般从十三日起出灯，一条灯包龙头龙尾为十三盏。鼓、大锣、小锣、狮子灯、走马灯、蚌灯、船灯……竞艺斗巧，炫人耳目。农村中举行灯彩“游坂”，观者如潮，通宵达旦，直至交灯。交灯前需卜卦问时，几时可交，几时不可交。届时还会踩马脚，卜问来年运势。“文化大革命”期间灯彩被当作“四旧”破除，粉碎“四人帮”后，农村又恢复了灯彩活动。从正月初十开始上灯，给祖先坟茔供香点灯，进行祭奠至十三或十五日止，祭奠就是到祖宗坟上用小碗摆上鱼、肉、蛋三鲜（后有人免去三鲜，只摆上三个水果），燃烛、上香、放鞭炮。至今盛行。

清明节 永修县有“前三后四”之说，即清明前三日、后四日均可扫墓。扫墓者载酒携“钱纸”上坟插柳，培土挂纸，以示哀悼（清明前一日为寒食节，不行此礼）。早期，将草纸铺于坟上，撮土压纸上，称“捡漏”；祭拜插香不燃，称“万年香”，由此相沿成习，至今不衰。新中国成立后，又增加了拜谒祭扫烈士陵墓和开展群众性植树等活动。改革开放后，改坟上铺纸为插纸花、绢花。

立夏 四月立夏日，不论农商各户皆蒸米粉肉，做立夏粑，馈送亲朋。同时还称人，即用秤称小孩重量，俗传愈称愈长。

端阳节 五月初五日，又称端午节，是春节以后第二大节日。民间于五月初一日即开始悬艾挂蒲，亲朋间互以粽子、蚕豆、包子、茶蛋、糕点等相馈赠。儿童穿戴一新。初五日中午将艾取下，全家饮雄黄酒，并用艾叶蘸雄黄撒在住房内外，相传能辟疫避邪，又称"过午"。是日举行划龙船活动。沿河一带村庄均有龙船，以立新乡湖陂熊家、张家、黎家和九合廖坊淦家等地龙船最为邑人称道。龙舟竞渡开始，沿河观者，人山人海。桡鼓齐发，群龙夺魁，龙腾虎跃，气势非凡，但往往引起宗族械斗。

中元节 俗称"七月半"或"鬼节"，与盂兰会同，但形式各异。十一日用金属模型开始打纸钱，叫打金钱。十二日打银钱。十三日打破铜钱。十四日晚，备酒饭、点香烛，放鞭炮迎接祖宗进家吃饭，尔后，烧纸钱、锡箔包袱，祭奠祖先。烧时家人皆到，各执香揖拜，随之以石灰粉画圈烧纸。尚要准备一碗清水饭浇洒于圈外，以供祖宗所带挑夫（挑担的脚夫）食之。十五日俗称是烧给无子孙祭奠的"野鬼"受用，故一般均在十四日夜烧完。

中秋节 在永修县属一般性节日，有吃月饼赏月的习惯。但当年准备迎娶的男方，中秋则为大节，格外备厚礼送女方家。其中有"爷娘饼"，每个重达两三斤。

重阳节 旧时乡村中有重阳会，即以宗族遗产利息会宴家族父老兄弟。民间的兄弟会、姐妹会亦于此日会聚一堂，畅叙离怀，联络感情。耗资由会费利息中支取。永修县西南地区还有是日上坟烧香祭祖的风俗。

冬至 是日家族中以祠堂公款利息会宴同族，但妇女不能赴席。冬至，又称"社日"，为"阴人"之一大节日，所以是为亡者立碑之黄道吉日，又有烧纸祭祖之举。

小年农历 十二月二十三日，各户除秽掸尘，夜晚备酒菜、果豆祭灶，焚香拜送"灶神"。永修县农历腊月二十四日为小年，新中国成立前，长工、店员如果在当晚参加宴席被“请”坐上席，便意味着被辞退。祭灶神之习俗今废。唯打扫卫生和全家备酒团聚风俗仍存。亦有小年为小孩过年之说，此日，各家孩童衣着皆新，鱼肉佳肴先尝，喜不自胜。

吃年饭 永修县各地从二十五日起，每日均有部分村庄住户过年，其历史渊源由各氏族的风俗习惯而定。同时过年亦有早、中、晚之分。吃年饭在永修民间有多种版本的俗传：俗传一，古代有一长者生三子，早、中、晚分别到三个儿子家过年，从此，各户均以此为大年之时日，相沿成习。俗传二，早年有一皇帝的母亲是农历腊月廿三的寿辰，为了举国同庆，皇帝下诏书到全国各府衙，由于当时交通不便，从北方到南方路途遥远，朝廷快马也需要时间到达，于是诏书送达的那一天就是吃年饭的一天，就此形成了各地不同日子吃年饭的习俗。俗传三，秦朝统一中国后，在全国各地征用民夫，春节前，秦始皇让民夫回家过年，于是民夫到家的那一天，就是吃年饭的一天，早上到早上吃，中午到中午吃，晚上到晚上吃。俗传四，大清早吃年饭，是因为家里有丈夫或儿子是当兵的，早上吃完年饭就出征打仗。另一种说法：早上是商贾、乞丐过年；廿五日为轿夫过年。立新乡朗湖村还有“打赤膊”过年的风俗。甚至还有深夜十一二点钟，或在凌晨两三点钟过年，俗称“跑马年”。马口安埇陈村腊月二十八过年，从凌晨3点开始祭祖，祭祀活动持续5个多小时，爆竹声持续至活动结束，祭祀完后吃年饭，只吃早上一顿，不出外访客。

守岁 除夕贴春联。傍晚，各家悬灯结彩，陈设祭品，烧红烛，放鞭炮，祭祖敬天地。祭后吃团圆饭，给小辈压岁钱。然后，举家或邀集亲邻聚众烧火欢娱、讲故事、说吉利话，彻夜不眠，称“守岁”。直至东方欲晓，以第一次动物叫声为“接年”，如狗叫称“狗接年”，牛叫称“牛接年”，以此预兆年景丰收。此时屋里垃圾视为财气，不扫出门，留待次晨开门时清除。守岁关门放鞭炮称“封财门”；次日开门放鞭炮称“开财门”。

迎春公 立春前一日，县知事率众至东门举行“迎春公”仪式。“小民备办杂剧傸祭芒神”，届时户户吃“春饼”“茹生菜”。民国时废。

社日 立春后第五个戊日为社日，祭土神祈福。农家开始浸种。当晚户户备香火，祭奠祖先，亦视为“鬼节”之一。同日新坟要进行祭祀，称“挂社”。亡者去世的日子在春社之后，就在下半年做秋社，在秋社之后就在次年春分前两天做春社。

花朝 二月十五日相传为百花生日，故称花朝。是日，人们设宴相庆吃米粑。农家每年首次插秧之日，杀猪备酒，预祝五谷丰收，至今仍存。

晒龙袍 六月初六日称晒龙袍日。相传五月十三日若下雨，为“天公给了关圣人磨刀水”，六月六日即可晒龙袍，是日，各户将衣物翻晒避霉，文人亦晒书避蠹。有些地方还给狗洗澡，此俗仍在部分地区留存。

吃新 小暑后，大暑前，逢卯日“吃新”（当年收新米），杀猪请酒，欢庆丰收。

盂兰会 七月十五日，大户人家修斋礼拜，请僧道诵经，超度亡灵，称“盂兰会”。今废。

四、习俗

做寿 一般从60岁开始至70岁、80岁、90岁……生辰日，阖家团聚，吃长寿面、寿桃饼，摆宴欢庆。部分地区有“做九不做十”的风俗，即逢59岁、69岁……祝寿，永修忌做80寿辰。

坐月 妇女生孩子，婆家送红蛋、酒、肉等赴娘家“报喜”。娘家回赠鸡、蛋、面、红糖、肉等食品和小孩用的摇篮、站桶、小棉被、尿布等，称“做外婆”或“送庚”。“满月”时，娘家另送婴儿穿戴的衣、帽、鞋、袜、围袍、披风等衣物。满一周岁“摸周”，娘家再次送婴儿单衣和夹衣、棉衣及部分食品。

摸周 亦称过周岁。婴儿（多为男婴）满一周岁那天，家人喜请亲朋好友前来祝贺，然后，抱出婴儿，大家把玩具物件摆在婴儿面前，婴儿第一次摸到什么就预示着他成人后从事什么职业。摸到算盘，预示日后能掐会算，可为账房先生；摸到纸笔等文具类，预示将来能说会写，可做文官；摸到刀枪剑戟，预示将来戎马生涯，可做武官；笔、剑皆摸，预示将来能文能武。

乔迁 俗称过屋。亲朋好友送贺匾、贺幛。主人设酒席招待。搬迁新房时必须从旧屋带火种和竹子至新房，以示不断香火和日后生活节节高。

除以上杂礼外，民间尚有亡者的“百日”“周年”，做屋的“奠基”“上梁”等。

第三节

民俗传说

一、三日回门的传说

古代人家娶亲嫁女原是不重视三日回门的，到后来发生了一件奇特的事才有此习俗。

传说从前有个秀才，夫妇俩近四十岁才生了个女孩，这孩子机灵聪慧，琴棋书画、诗词歌赋无所不能。可就是有个致命的缺点，很爱说话，经常是东家说话她也插一句，西家说话她也插一句，有些话不该说的她也随口而出，一张挤筒[1]毫无遮拦。对此，邻里看不惯，爷娘更是驼革[2]。有一天，她娘对她说："你一个囚姐嘎嘎哩不怕酡演[3]，一张挤筒霜都打不死，以后嫁到婆家去了，婆子会骂你，丈夫会打你不说，还会骂俺娘家冇教训哩。咯宁唧办[4]啊。"亲娘的一番话，她牢牢记在紫金肝[5]上。

不久，有个媒人给她说了个夫家。出嫁那天，她娘边哭边再三叮嘱："崽呀崽啊，记住娘的话，到了夫家安分守己，雷打头顶也不要多哇事[6]

① 方言，嘴的意思。
② 方言，担心、担忧的意思。
③ 方言，一个姑娘家也不怕害羞的意思。
④ 方言，怎么办。
⑤ 方言，心肝的意思。
⑥ 方言，说话

啊。”她含泪点头。

到夫家她果然接连两天不开口说一句话，怎样逗她都不出声，这下可急坏了新郎，心里暗暗埋怨媒人：“宁唧[①]给我牵个哑巴进门了？咯以后的逆子宁唧过啊[②]！”思来想去，决定写张休书送她回娘家。

到第三天早上，丈夫雇了一顶轿子，把她送回娘家去。她心里很难受。

快到娘家时，大家一起看到一个猎人正举着铳瞄准一只在树丫上鸣叫的野鸡，只听“轰”的一声，野鸡落地，漂亮的羽毛在空中飘舞。

这时，她禁不住在轿中感叹，吟诗一首：“花红柳绿好毛衣，君在青山谁能知。多言多语送了命，妾不言语送妾归。”

走在轿子边上的丈夫听到后感到十分惊异，心想：“她这三天以来都不吱一声、说一句，今天看到别人打死一只野鸡还吟诗作赋，原来是个才女呀！”丈夫开始后悔起来，可又觉得为时已晚，因为轿子快到她娘家门口了。突然，丈夫急中生智，想出了一个办法，吩咐随从速去速回买烟、酒、糖、蛋双份礼。

落轿后，丈夫牵着媳妇进门：“今年小婿携新媳妇回门，拜见岳父岳母大人，小婿这厢有礼。”

这岳父岳母总觉得事有蹊跷，这回娘家哪有空手的啊。新媳妇看出了父母的心思。于是，既给丈夫打圆场又带挖苦地说：“爷娘哎，礼在路上走哇。”听罢此话，丈夫十分欣慰，庆幸自己没有草率行事，否则，悔之晚矣！

从此，民间就有了新媳妇三天回门的习俗。

二、摸周的传说

很早以前，在永修县民间有一种家喻户晓的传统习俗，那就是给满周岁

① 方言，怎么。
② 方言，这以后的日子怎么过啊。

摸周图

的小孩过生日，谓之“摸周”。

到了小孩周岁生日这一天，家中张灯结彩，堂前的桌上点燃一对红蜡烛，中午时分亲戚朋友前来祝贺。这一天的小寿星穿戴打扮漂亮，头戴老虎帽，脚穿老虎鞋，身穿新衣服，从里到外，从头到脚都是崭新的，这套行头可全是外婆家送的。

这天，首先要祭拜祖先，由男主人抱着周岁小孩，手提祭祖的物品，来到祖先的坟前摆上供品，三跪三拜，告诉祖先小孩满一岁的信息，祈求祖宗保佑孩子健康成长。祭拜后，回到家里，接着邀请前来祝贺的亲戚朋友们共进午餐，午宴的菜肴十分丰富，有东坡肉、和菜、建昌米粉、鸡、鱼、蛋等，荤素搭配，样样齐全。亲朋于席间相互敬酒，同喜同乐。宴后就是摸周。事前准备一个特大米筛，里面放着书、印章、文房四宝、算盘、钱币、首饰等物品，接着让小孩坐在米筛中央，任其抓取，以此预测孩子将来会选择的行业与命运。亲朋们围在米筛四周观看。如先抓印章，则谓长大以后，必承天恩祖德，官运亨通；如先抓了文具，则谓长大以后好学，必有一笔锦绣文章，终能三元及第；如先抓算盘，则谓将来长大善于理财，必成陶朱事业。如是女孩先抓剪、尺之类的缝纫用具或铲子、勺子之类的炊事用具，则谓长大善于料理家务。反之，小孩先抓了吃食、玩具，也不能当场就斥之为“好吃、贪玩”，也要说成孩子长大之后，必有口福等吉利之语。总之，长辈们对小孩的前途寄予厚望，在一周岁之际举办此活动是对小孩的一番祝愿而已。

三、烧纸钱

相传很早以前，有兄弟俩在山上种了很多竹子，兄弟俩利用竹子分别学到了一门技术做生意。兄长有一手造纸的好技术叫竹兄；弟弟会做熏笋就叫笋弟。兄弟二人有了家室后就分家过日子，将竹山二一添作五，各得一半。他们兄弟俩一个做纸，一个做笋，可是，笋弟做笋的收入远远没有竹兄做纸赚的钱多，于是，笋弟便丢下做笋的这门活计请求哥哥教给他做纸的功夫。

光阴易逝，笋弟造纸不知不觉地过去了一年半载，满以为全学会了。便另立造纸棚，与哥哥分手，他一心想赛过哥哥，夫妻俩起早贪黑地干，不久就做了一大堆纸，整个屋内都堆得满满的。

有一天，笋弟挑纸去卖，人们一见他的纸就摇头，嫌他的纸做得粗糙，无人问津，笋弟只好全部挑回家。然而，他哥哥的纸不用挑出门，大家都争相到家去买。笋弟后悔自己没有学到硬功夫，他妻子见堆积如山的纸卖不出去，也非常着急。为了把纸卖出去，她想出了一个歪点子，和丈夫一起依计而行。

一天深夜，笋弟和妻子抬出一副棺材放在厅中，把盖揭开。他妻子跳进棺材假装死去。细心的笋弟怕弄巧成拙，在棺木盖间隙的四个角上叠了几重纸，使空气流通，不会把人闷死。做完了这些手脚后，笋弟便放声大哭起来，叫喊他妻子得了急病死去了。第二天，亲朋族友都过来吊丧，笋弟在众人面前装得更加伤心，不仅流泪，还在棺材前叩头、跪拜、作揖，并当着众人背来一大捆土纸，在棺木前燃烧。一会儿，棺木内突然打得“咚咚”直响，随后又传出了喊声：“快揭开，我要出来。”这一下，众人吓得大惊失色。笄弟听见喊声，赶紧把棺木盖揭开，他妻子一个翻身从内跳了出来，向众人说："我是人，不是鬼，是我丈夫烧了纸钱给鬼，才买回了我的性命，才使阎王没勾我的魂。"笄弟故意又问："是这种纸钱吗？"他妻子指着正在燃烧的纸说："没有错，就是这种纸。"

众人听说烧纸能把死人复活，都向笄弟买纸，准备给死去的人烧纸。此事一传十、十传百，没过几天他的纸全卖空了。他的骗局愚弄了群众，变成了迷信。从此，民间的人死了，都有烧纸的风俗，流传至今。

四、上灯

俗话说："三十的火、十五的灯。"在中国古代很多地区有"正月十五大似年"的说法。

民间的"上灯"是一种古老习俗，是春节的重要活动，也是"元宵节"的一个前奏，提前为元宵营造喜庆氛围。"元宵节"为何又叫"上元节"呢？传说袁世凯执政时，为了避他的讳，就下令把元宵节一律称上元节，理由是元宵与"袁消"谐音，不吉祥。

在中国古人的传统观念里，祖先为大，故而在元宵节前要先祭祖。由于祖坟的远近不同，致使各地风俗不同，祖坟近的，上午上灯；祖坟远的，早上出发，到下午或傍晚上灯。有的正月初十开始到十五，有的正月十三开始到十五,十六为"落灯"，就是停止上灯。虽说上灯时间不同，但仪式一脉相承：举家老小到祖宗坟上用小碗摆上鱼、肉、蛋，俗称"三鲜"(改革开放后有人嫌麻烦，干脆免去三鲜，只摆上三个水果)，燃烛、上香、作揖跪拜、放鞭炮。由于古代生火不便，在野外点不着蜡烛，于是就将蜡烛插在坟前，叫"长明灯"。这里说点与上灯有关联的题外话。古人点灯照明、烧火做饭经历了许多改进过程：木燧（即钻木取火）、金燧（即金燧取火）、石火（以石敲火）、发烛、火寸等，直到光绪初年，取火技术又进了一步，用一种叫“火镰”的工具，缝皮为包，安铁为刃，内装火石一片，火绒一团，如果要用火，取火绒豆许，放在石上，再用铁刃撞击，能发出火星，顷刻间就得火。近代火柴开始输入中国，当时称为“洋火”“自来火”，但进入中国半个多世纪依旧没有在民间普及，直到新中国成立后才普遍使用，改名为“火柴”。

说到上灯，还有个传说。宋朝有个叫田登的太守，因“灯”与“登”是同音字，所以他忌一个“灯”音，不准百姓说“灯”字，点灯只能说点火，上灯只能说上火。有年一个捕快上灯去了，可是地方发生了一个案子，太守派人四处找他，急得火烧火燎的。捕快回到衙署后，他问其上哪去了，捕快回禀“上火了”。太守说：你神清爽气的，看不出上火啊。捕快见说不明白，只好说上灯去了。太守原本窝着一肚子火，听了“灯”字，火冒三丈，责令下人责打了捕快20棍。又一年，元宵节到了，按民俗照例要放灯三日，太守贴出布告：“本州依例放火三日。”于是，人们就讽刺他是“放火州官”。这便是“只许州官放火，不许百姓点灯”的成语来历。

其实“上灯”的寓意是敬孝祖先，以示后继有人。“灯”字的偏旁由“火”与“丁”组成，“火”寓意旺盛，“丁”寓意添丁。中国古代，男孩为“丁”。不孝有三，无后为大，古代不生男孩或不孕不育，对于一个家族而言是件大事，妇女多遭被休之辱。她们除了敬香求观音送子外，还要于元宵节后的正月十六日晚上，偷偷到祠堂外面去摸门上的铆钉，取“添丁”之意，希望来年可生男孩。

在中国漫长的五千年文明历史进程中，上灯祭祖是报答先祖之德，重在传承孝道，感谢祖先赐予生命之恩。上灯的社会习俗，不仅对现代的少年儿童有现实的教育意义，对社会更具有深远的文化意义。虽然当代文明淡化了上灯祭祖的民俗，但其文化内涵包蕴着中华民族炎黄子孙重情感恩、不忘根本之美德。

五、吃硬饭的习俗

在鄱阳湖周边一些地方的农村，至今依然流传着“吃硬饭”的习俗。

其实，“吃硬饭”是指高龄老人去世后，亲友奔丧吃白喜事宴席的一个委婉的代名词，是一种含蓄的说法。

在鄱阳湖周边农村，高龄老人去世后，丧家都会大办宴席，宴席上人人都会吃一碗“硬饭”，饭是用大木甑蒸的，特意蒸得颗粒较硬，吃起来爽牙且有嚼劲。在这里，吃硬饭有几种寓意：一是吃后命很硬，可以抵御一切邪魔鬼怪的侵袭；二是吃了走路更有劲，尤其是小孩的腿有劲；三是吃后可以保佑人平安、长寿。所以，有的人自己吃过“硬饭”后，临走还要带一碗回家给小孩吃。

这种长期的农耕社会流传下来的生活习俗，是当时鄱阳湖区域农业经济力量薄弱，生产水平低下，人们害怕天灾人祸侵袭而产生的心理防御意识，从而形成的一种特有的乡土民俗风情。

吃新图

六、“吃新”的习俗

鄱阳湖周边区域自古以来都是水稻产粮区，水稻不但是人们的日常主食，还是一个农村家庭的主要经济来源，所以，至今还流传着“吃新”的古老习俗。

在农村，每年第一季水稻收割，为了庆贺丰收和栽种下一季水稻的丰产，也为鼓励众人勤劳发家，大家都要吃新米饭，俗称“吃新”。

具体是由宗里（一个祖宗下来的亲缘单位）到各家收一些份子钱买一头猪来杀，猪血煮熟后各家分一碗“旺子”（在农村，把猪血叫“猪旺子”，讨得来年兴旺的口气），以示望子成龙、六畜兴旺之意。各家在祠堂里聚餐，吃新米饭，喝酒吃肉，猜拳划令，有的还唱堂会，请戏班。多余的猪肉，每家割一刀带回去。这种“吃新”习俗在鄱阳湖周边区域已经延续了数千年。

七、吃红蛋的由来

生男孩子，吃红蛋，在鄱阳湖地区形成了一种风俗。谈起这种风俗，还有一个传说。

很久很久以前，鄱阳湖边住着一户人家，丈夫刘老汉，以打鱼为职业，妻子五十多岁了，尚未生育过。老两口互敬互爱、相依为命，在一起熬过了三十多年的贫苦日子。

刘老汉为人侠义，身体健壮。一天，他照常去打鱼，妻子在家做针线活。到了傍晚，妻子做好了饭，就站在门口盼望丈夫回家。可是，这天不同往常了，盼呀，盼呀，一直盼到天黑了，还不见丈夫回家。一时，心里忐忑不安，担心丈夫出事。等了很久，忽然听到门外传来鸭子叫声，渐渐地又听到脚步声。接着，大门“吱嘎”一声被推开了。丈夫抱了一只白鸭回来了。刘老汉兴奋地说：“收工的时候，江面上有只鸭子，被水蛇追逐着，为了救这只鸭子，耽误了时间。”妻子一面赶忙招呼丈夫洗手、吃饭；一面高兴地拿些丈夫打回来的小鱼虾，喂养鸭子。从此，白鸭子就养在家里，一直跟在妻子脚下，好像亲人一样，很有感情。

不久，妻子病了，卧床不起，刘老汉忙极了，家务、照顾病人、打鱼等事务全落在他一个人身上，忙得他是后脚跟打着后脑勺。这天，白鸭子生了一个蛋，他见了，心里更是嘀咕烦闷：“鸭子能生蛋，为什么我老婆不能开呙[①]呢？”老年无子的苦恼引发出来了。弄得他一个人五心不定、六神无主。第二天，他把白鸭子送到湖里，说：“鸭子你自己寻食去吧，跟着我会饿肚子的。你看，我自己吃饭都不能按餐了。”白鸭子也好像很懂人事，每天回来生了蛋，就到湖里去了。

妻子的病总不见好转，为了给她增添营养，刘老汉每天把鸭子生的蛋，煮给她吃。说也奇怪，妻子吃了鸭蛋，不但病好了，而且还生了一个白白胖胖的儿子。

六十多岁的刘老汉，晚年得子，格外高兴。儿子满月这天，亲朋好友都来祝贺，刘老汉把家里可以吃的东西，都搬了出来。为了喜庆，还将一种叫“月月红”的草煮成玫瑰色的汤，把鸭蛋放进去染红，端出来请大家吃，并讲了白鸭子的来历。大家都有认为这是神鸭，吃这红鸭蛋能沾仙福，因此，在许多好吃的食物中，对充满喜气的红蛋就更加感兴趣，有的人还偷偷地把红蛋藏起来，带回家里让妻子吃，希望也能生一个胖小子。

这事，很快传开了，且一代一代地往下传。以后有人家生了儿女，在满月的那天，总喜欢东家摽[②]几个、西家摽几个，请亲友吃红蛋，分享喜庆与快乐。

八、“咬春”与“建昌萝卜头”

据说从唐代起，在鄱阳湖地区，每到立春这一天都有吃萝卜、吃新鲜蔬菜的习俗，既防病，又有迎接新春的意味，后来人们就把这种习俗叫作“咬春”。古代建昌县农村每家每户的沙地田畈都种有大面积的萝卜，尤其霜打过后的萝卜，个大，脆甜，在江西一带声名远播。所以古有“建昌夹

---

① 方言，开怀的意思，妇女生第一胎即开怀。呙，歪的第二声读音。

② 方言，送的意思。

沙地，萝卜赛过梨”的说法。于是，建昌县的萝卜在立春前就被南昌、修水、武宁、铜鼓等地的萝卜贩子牛拉马驮地买空了。久而久之，人们便把建昌人叫“建昌萝卜头”。

在立春这一天，人们还有“躲春”的习俗。立春这天一般不外出，关起门来待在家里啃萝卜，尽量避免参加丧事，更不去看望身患重病的人。之所以有这样的习俗，是因为古人觉得立春这一天气候开始交替，很多病，如慢性支气管炎、哮喘、肺炎等很容易在这时出现，会对身体造成不利影响，因此要躲一躲，以避邪气。

九、春节倒贴“福”字的传说

每逢新春佳节，家家户户都要在屋门上、墙壁上、门楣上贴上大大小小的“福”字。春节贴“福”字，是鄱阳湖地区由来已久的风俗。

“福”字现在的解释是“幸福”，而在过去则指“福气”“福运”。春节贴“福”字，无论是现在还是过去，都寄托了人们对幸福生活的向往，也是对美好未来的祝愿。民间为了更充分地表达这种向往和祝愿，干脆将“福”字倒过来贴，表示“幸福已到”“福运已到”“福气已到”。

关于“福”字倒贴在鄱阳湖地区的民间有一种传说。明太祖朱元璋当年用“福”字暗作记号，准备杀人。好心的马皇后为消除这场灾祸，令全城大小人家必须在天亮之前在自家门上贴上一个“福”字。马皇后的旨意自然没人敢违抗，于是家家门上都贴了“福”字。其中有户人家不识字，竟把“福”字贴倒了。第二天，皇帝派人上街查看，发现家家都贴了“福”字，还有一家把“福”字贴倒了。皇帝听了禀报大怒，立即命令御林军把那家满门抄斩。马皇后一看事情不好，忙对朱元璋说：“那家人知道您今日来访，故意把福字贴倒了，这不是‘福到’的意思吗?”皇帝一听有道理，便下令放人，一场大祸终于消除了。从此人们便将福字倒贴起来，一求吉利，二为纪念马皇后。

鄱阳湖地区的民间还有将“福”字精描细做成各种图案的，图案有寿星、寿桃、鲤鱼跳龙门、五谷丰登、龙凤呈祥等。以前这里还有“腊月二十四，家家写大字”的说法，所写的字都是一个“福”字。

十、端午节插箕艾、菖蒲的来历

相传，有一年的初夏，楚王领着一帮人马出宫游猎，来到了一片林子里，突然，他在不远处看见一只梅花鹿，就高兴得惊叫起来：“追，追梅花鹿！”却忘记了把手中的箭放出去。

梅花鹿受到惊吓，拼命地朝着深山跑去。楚王他们拼命追赶。不知翻过几座大山，跨过多少溪流，就是追不上。一直追到天快黑也没追上，梅花鹿也不见了。这时，他们发现自己迷了路，就打着火把在山林里钻来钻去，到第二天太阳升起才钻出了林子。大家又饥又渴，这才发现夜里把带来的食物弄丢了。

可眼前是一片大荒原。前望不到村，后看不见店，荒无人烟，也不知这地方叫什么名字。楚王又累又饿又渴，随从们临时搭了个大帐篷，让楚王歇息，大家便分头去找水和吃的。

随从们在一个半是悬崖半是林子的地方看见有个人在采药，就把他带去见楚王。才知这地方叫艾地，采药人叫艾子。不巧，艾子已经出来几天了，携带的食物也吃光了。

艾子听说楚王两天没吃东西，有割股报恩的想法。原来艾子的父亲是楚国王宫里的御医，他精通医术，有割肉放血的功夫。后因遭奸人诬陷被打入死牢，那时的楚王还是楚公子，知道艾父身背冤情，就偷偷把艾父放了。艾父临终时嘱咐艾子两件事：一不要做官；二有机会代他报答楚公子，如果楚公子有难，就要以命相报。艾子铭记在心。

艾子家离这里很远，那些随从苦苦寻找食物也没找到，只摘了一些野果子来。楚王是金枝玉体，哪里能让他吃这些东西呢。眼看楚王饿昏了，艾子心急如焚，于是就走到没人的地方，从自己的腿上割下一大块肉，烧熟端给楚王吃，谎说是捉了一只兔子。楚王实在饿极了，吃得有滋有味。饱餐一顿后，楚王来了精神，决定上路，打道回宫。想把艾子也一同带上，准备封官加爵，这时，艾子却不见了。

回到王宫后，楚王总是不忘艾子的救命之恩，便派人去找回艾子，封他做高官。这时，有人进言："启禀陛下，你还蒙在鼓里呢，那时，艾子给你吃的是死人肉呀！他怕你事后知道，所以逃啦！"

这人就是当年诬陷艾父的宫医，心肠很坏。他见楚王要封艾子做高官，十分嫉妒，也怕遭艾子报复。楚王一听，十分震怒，立即差人捉拿艾子。

但差吏们心里有底，没有艾子献肉，就没有楚王。可圣旨难违。要是捉不到人，拿不到尸，他们的人头也要落地，他们只好上路。

他们来到当初艾子采药的地方，林子太深，没法找着人，后来，有人想了个办法，放火烧林子，艾子就一定会出来。他们一边放火烧林子一边喊："艾子出来呀，林子着火了，艾子出来呀，林子着火了。"

可是，林子烧光了，艾子也没有出来。他们漫山遍野地寻找，最后在悬崖的一处找到了艾子，只见他身体蜷缩着，手上还抱着一捆没有烧尽的箕艾和菖蒲。他们把艾子和箕艾、菖蒲一起运回了王宫。楚王见了，非常伤心，放声大哭："艾子呀艾子，你不愿做官就对我直说啊，何必躲着我呢？给奸人留下诬陷你的机会，是我听信了谗言，害了你啊！"

原来，楚王息怒后，有人向他禀报了艾子割肉给他充饥的事。楚王听后十分感动，想到自己太鲁莽，听了一面之词，险些误杀好人。可是等他差人去救艾子时，已经晚了。楚王懊悔不已，斩杀了奸人。

为了弥补过错，楚王厚葬了艾子，还把艾子采下的箕艾、菖蒲，插在宫门楼阁，以此来纪念艾子。并号召楚国家家户户都插箕艾、菖蒲，那天，正值农历五月初五。

就这样，每年端午节，家家户户房前屋后的门边上，都插上箕艾和菖蒲，一直流传至今。

十一、“呸嘻”的传说

在鄱阳湖周边县的百姓人家，凡小孩受到惊吓，大人都会情不自禁地将两手指捏住孩子的耳朵，轻轻地拉几下，脱口一声“呸——嘻——”似乎这一声“呸嘻”能把所有的惊恐赶走。其实“呸嘻”并非人们发出的声音那么简单，而是有个十分有趣的传说。

相传，很久以前，呸嘻就住在鄱阳湖周边的一个村子里。由于村里人多田少，百姓的生活非常清贫，而土地神却强占了三百多亩良田为自己养花种草。呸嘻为了百姓，用自己的智慧从土地神手中获得了村子周围的三百多亩良田，并分给了村里的百姓。从此，村里人过上了丰衣足食的生活。可土地神对此却怀恨在心，一心要致呸嘻于死地，于是跑到玉帝那里去告御状。玉帝不问青红皂白，立即命令阎王将呸嘻捉拿归案，打入死牢。

阎王回府后，随即派小鬼去捉拿呸嘻。得到阎王的命令，小鬼脚踏阴风，不一会就来到了呸嘻家门口。二话没说，便高叫起来：“呸嘻，快出来，阎王爷请你走一趟！”

一听阎王来请，呸嘻的老婆吓得面如土色。呸嘻却不慌不忙，从门缝里往外一瞧，见是一小鬼，便知他的来意，脑子一转，就有了对付他的主意。于是，呸嘻右手拿着一把尖刀，左手沾满猪血，笑眯眯地从里屋走出来，迎向小鬼：“阎王请我有什么事呀？”“去了你就知道。”小鬼催促呸嘻上路，见呸嘻手拿尖刀，满手是鲜血，不由好奇地问，“你这是在干什么？”“剥鬼皮！”呸嘻扬一扬手中的刀说。

“剥什么鬼皮，快上路吧！”小鬼有些不耐烦，就要用套魂索套呸嘻。

“等等，”呸嘻将手中的尖刀在小鬼眼前晃一晃说，“前天玉帝派托塔李天王来传旨，要我剥一百张鬼皮，如今已剥了九十九张，还差一张，正好你来了，等到剥完了你这张皮，我立刻到阎王那里去。”

小鬼一听，吓得甩腿就跑，飞也似的来到阴府，将捉拿呸嘻的经过一五一十地报告给阎王。阎王一听，气得把眼一瞪：“没用的东西，睐眼判官，”阎王叫来了头戴官帽的眏眼判官，吩咐道，“你去把呸嘻锁来！”

“好嘞！”眏眼判官答应一声就上了路。转眼来到了呸嘻家门前。

呸嘻早就料到阎王还会派人来捉拿自己，一瞧是位眏眼判官，就来了主意，立刻换上一身郎中装束，向眏眼判官迎来，问道：“找我吗？”眏眼判官问：“你就是呸嘻？”“没错。”呸嘻回答说。“跟我走一趟，阎王爷有事找你！”眏眼判官一副傲慢的样子。

“莫急，”呸嘻笑笑说，“我正在给人治病，请你稍等一下。”

“你还会治病？”眏眼判官将信将疑。

“别的不会治，专治眼疾，不瞒你说，就是千年瞎我也能治好。”呸嘻一副得意的样子。

“真的？”眏眼判官半信半疑。

“你不信，我老婆可是有名的双眼瞎，年轻时没人愿讨，可我不嫌弃，讨进门只一天工夫，就把她的双眼治好了。”呸嘻见眏眼判官还在怀疑，忙向屋里喊道，“老婆吔，出来见见判官老爷。”

“来了！”呸嘻老婆答应着从里屋走出来。眏眼判官一瞧，果然是一双水灵灵的眼睛，不由动心地说：“你能不能帮我也治治这眼睛。”眏眼判官试探着说。

“帮你治，你不是要押我到阎王那里去送死吗？”呸嘻讥笑着说。“不是！不是！”眏眼判官赶紧摆摆手说，心想，等呸嘻帮自己治好了眼睛再将来意说明。

“不是就好。”呸嘻仍是一脸讥讽地笑着说，“那我就帮你治治，保管药到眼亮。”眏眼判官高兴地坐下来让呸嘻治眼疾。只见呸嘻从屋里拿出一包药末，其实是辣椒粉拌石灰。说时迟那时快，不等眏眼判官反应过来呸嘻已把粉末倒在了眏眼判官的眼睛上。眏眼判官哪里受过这种罪，喊爹叫妈地一溜烟跑回到地府。

阎王一瞧眏眼判官那副狼狈样，心里就明白了一切，于是决定自己亲自去捉拿呸嘻。

自然，呸嘻也知道阎王会亲自出马，心中自有对付的办法。呸嘻晓得阎王的坐骑是一匹千里马，于是便心生一计。

片刻，阎王就出现在呸嘻的眼前，见呸嘻正在给一匹高大健壮的骡马涂脂抹粉，阎王不解地问："好好的一匹骡马，涂些脂粉做甚？"

"哎呀呀，你不知道，太白金星明天请我去赴宴，得骑这匹万里骡去。"呸嘻得意地说。

"你这是匹万里骡？"阎王的眼睛瞪得滚圆。

"不信？"呸嘻嘿嘿一笑，"我这匹万里骡呀，一鞭就是一万里，从太白金星那里来回一趟，也只需三鞭。"

"一鞭就是一万里？"阎王觉得好生神奇，心想，自己的千里马，要想走得快，还得不停地扬鞭，凡间一位普通的百姓能有如此神奇之物？

"不信你试试。"呸嘻见阎王已慢慢进入自己设计的圈套，便将缰绳递给阎王。阎王迫不及待骑一骑这匹万里骡，尝尝一鞭万里的滋味，接过缰绳，飞身上骡，挥手就要扬鞭，呸嘻赶紧阻止："慢，我这万里骡下鞭可不同你的千里马，马打屁股骡打头，而且越重越好。""打头？"阎王有些不解。"对，你只管重重地打！"呸嘻肯定地说。

阎王挥手朝骡马的头上就是狠狠一鞭，骡马哪里受过这等虐待，四蹄腾空一跃，将阎王抛出了几丈远。阎王被摔得半死，躺在地上一动不动。

呸嘻"哈哈"一笑，纵身跃上阎王的千里马，挥手扬鞭，转眼间就消失在阎王的视线之内……

从此以后，无论是小鬼，还是判官和阎王，只要一听到"呸嘻"声，就会吓得魂不附体。

十二、"啰啰"的传说

在鄱阳湖周边地区的农家，人们只要听到"啰啰啰，啰啰啰"的声音，便知那是在呼唤家养的猪。不管是一头猪，还是一群猪，只要听见主人的“啰啰”声，就会朝着主人奔跑而来。这是怎么回事呢？

相传很早以前，世上只有野猪，没有家猪。有一天，玉皇大帝出外巡游时，看见了一头体态圆浑厚重、外貌憨厚老实的野猪，觉得十分可爱，就令天兵天将捉拿到天庭豢养，不想这猪生长在仙人堆里，时间一长，修炼成精，加上猪有大智若愚、气量宽广的性情，被玉帝封为天蓬元帅，掌管天河八万水军。一次，王母娘娘举行蟠桃会，不想这猪精冒犯了嫦娥，被玉帝贬下凡间，择时投胎。

恰巧有个姓朱的员外，家财万贯，良田万顷，只是膝下无子。谁知年近花甲之时，员外夫妇却得一子，见后继有人，朱员外喜不自胜，便大摆宴席，合家欢庆，亲朋共贺。宴庆之时，有位相士路过门前，见院内喜气冲天，便知有不凡之人降临人世，就来到孩子面前，见这孩子宽额大脸，耳阔有轮，天庭饱满，又白又胖，便断言这孩子必是大富大贵之人。

这胖小子来到朱家后，真是福里生、福里长，自小衣来伸手，饭来张口，到了青少年时，根本不习文武，不修农事，只是成天游手好闲，花天酒地，认为自己命相已定，福贵无比，不必辛苦操劳。哪知长大成人之后，员外夫妇相继去世，家道衰落，田产典卖，家仆四散。这胖小子仍然过着挥金如土的生活，最后竟然饿死在家中。

这胖小子死后阴魂不散，到阴曹地府的阎王那里告状，说自己天生富贵之相，不能如此惨淡而亡。阎王见他是玉帝亲自打下凡间的，不敢擅自做主，就将他的阴魂带上天面见玉帝，请帝公断。玉帝招来人间灶神，问及这位一脸富贵相的人怎会饿死房中。灶神便将这胖小子不思学业、不务农事、坐吃山空、挥霍荒淫的行为一一禀告。玉帝一听大怒，说：“我当初罚你投胎凡间，本是让你修性思过，不想你变本加厉，不思悔过。此次定当不轻饶！”当即令差官听旨，要胖小子听候发落。玉帝道：“你命相虽好，却懒惰成性，今罚你还是投胎猪身，去吃别人剩下的糟糠败食，忍受着别人的指责辱骂。”胖小子的阴魂尽管不情愿，但也不敢抗拒玉帝的旨意，只得“喏”两声，古代的“喏”是应答声，天宫的差官见其无名无姓，不便叫唤，就奏请玉帝赐名，玉帝便以胖小子的阴魂刚才应答的“喏”声来取名，随口说：“就叫‘喏喏’吧。”差官当即边走边“喏，喏”，把这胖小子的阴魂带下人间，变成了一头猪。

从此，“喏喏”就成了人们专门召唤猪的声音，后来就逐渐演化成谐音“啰啰”。

十三、“闹洞房”的由来

闹洞房，是中国民间千年以来的一种古老风俗，无论如何变迁，如何移风易俗，如何新事新办，但闹洞房还是一直沿袭下来了。也许有人会问，男女结婚的当晚，为何要闹洞房呢？相传，很早以前，玉皇大帝派太白金星下凡了解凡间民情，这时，一支吹喇叭敲锣鼓的迎亲队伍迎面而来，好不热闹，可蹊跷的是，只见一个年轻女子，目露凶光，不紧不慢地尾随在迎亲队伍之后。这个举止异常的年轻女子引起了太白金星的警觉。仔细一看，原来是一只新修炼还未出道的狐狸精伺机作恶，这狐狸要想修炼成精，只有吸吮新婚当天青年男女的精血才行。于是，太白金星也悄悄跟着到新郎家，想看个明白。快到村口时，那女子摇身一变，化成一个丫鬟，已在迎亲队伍之前到了娶亲人家，躲进了洞房。新郎、新娘在厅堂欢欢喜喜拜完天地，只听司仪喊着“新郎、新娘入洞房——”话音未落，太白金星抬手拦住，悄悄告诉大家，洞房里藏着狐狸精，想来此作妖。大家以为是恶作剧，起初不信。当太白金星将事情原委一说，众人倒吸了一口凉气，胆小的人吓得当场撒腿就跑，而新郎、新娘更是吓得脸色由红转白。胆大的众人便请他指点除妖法，太白金星说：“妖精最怕阳气旺、人气多的地方，人多势众，妖孽就不敢行凶作恶了。”于是，原先只有小两口的私密洞房，便涌进了众多的亲友，大家在洞房里围着新郎、新娘故意不停地打骂嬉戏。而藏在暗处的妖精始终不敢出来伤人，到了五更时分，天快放亮，只好怏怏溜走了。

于是，以后凡有人家结婚，都由亲朋好友不分男女长幼来到洞房，为一对新人助威祛邪。久而久之，“闹洞房”便渐渐成了一种风俗。

十四、做屋上梁喝彩的由来

早先在鄱阳湖周边地区，凡是做屋上梁都要喝彩，木匠师傅披红挂彩，那架势就像领众合唱一样，首先由木匠师傅喊一声“呼要”，紧接着众木匠再齐声回应“呼要”，领唱师傅最后喊一句“千秋万代”。然后，鞭炮齐鸣，把欢庆贺。这是怎么回事呢？

相传木匠祖师爷鲁班带了一个徒弟，名字就叫“呼要”。这个呼要为人忠厚老实，手脚勤快，做事稳重。每天清早就起来烧好热水端给师傅洗脸，再去做工。晚上收工回来后，又烧热水端给师娘洗脚，夏天还给师娘端洗澡水、洗缠脚带。进门一句师娘，出门一句师娘。天天如此，月月这般。鲁班见徒弟勤快懂事，心下自然喜欢，师娘自然也很满意。

呼要做这些事，让那生着坏心眼的人看着就不顺眼，见呼要这样勤快，并且待师娘比待自己的亲娘还要好，猜他肯定是动机不纯，于是就无事生非，挑拨离间，时不时到鲁班面前拨弄：“鲁班啊鲁班，怪不得你这个徒弟对你老婆那样好，还不是跟你老婆有一腿子哟？”

鲁班起初听罢就是不信，他心想，我徒弟呼要很老实一个人，哪里会干这种事呢？还不就是那些人乱嚼舌根。可这样的话听多了，鲁班也开始耳根软了，不由得心里直犯狐疑，小人见自己的挑唆起了作用，就对鲁班说：“为了证明呼要是不是确有其事，我想出一个试探办法：你暗中把一碗水放到老婆床头边的凳子上，如果真有其事，呼要进入房间与你老婆亲热一阵后就会口干，口干了就会喝光碗里的水，只要碗里的水喝干了，就可证明呼要和你老婆有奸情，就可捉奸问罪。”

鲁班听后似觉有道理，就按照小人的计策，在房间里放了一碗水。观察几天，那碗水还在。不想鲁班家里养了一条狗，常常房里屋外摇头摆尾地进出。几天后，那条狗口渴，见凳上有碗水，就伸出舌头毫不客气地“吧嗒吧嗒”舔干了。这些鲁班哪里知道！

鲁班回家只见碗里的水没有了，就怀疑是徒弟进来搞的鬼。到这时，鲁班就完全相信了小人说的话，心里对徒弟顿起恶念。

一天，师徒俩又出去做工，呼要像平时一样，把锯子、刨子、凿子连同师傅的手斧全部收拢挑在自己肩上。不想鲁班独将那把手斧拿走自己来扛，呼要以为师傅是为他省力气。万万想不到师傅是想害他。

师徒俩出门走不远，就上了一座山岭，呼要挑担走在前面，鲁班从背后突然举起手斧，朝呼要头上用力劈下，可怜的呼要当场毙命。回到家里，老婆问鲁班，怎不见徒弟呼要，鲁班只得谎说徒弟在东家那里睡。鲁班老婆说：“相公啊，呼要这孩子很懂事啊，从小没爹没娘，我们对他要像对待自己的亲生儿子一样啊！”

从此，鲁班夜晚睡觉只要一眯眼睛，满脑子全是血糊糊的徒弟，呼要就在鲁班的床前哭泣诉说，埋怨师傅不分青红皂白把他劈死。每天夜晚都是这样，搅得鲁班寝食不安。

时间久了，鲁班沉静下来，才意识到自己鲁莽，听信谗言，错杀了徒弟。鲁班为此肠子都悔青了。后来，鲁班到呼要墓上去说：“徒弟啊徒弟，只怪师傅一时听信小人谗言，冤枉害杀了你，师傅在此认错，你莫再来搅我了，望你原谅师傅。今后做屋上梁，我会让人摆好三牲祭品，就先喊你来享用，千秋万代。”

于是，从那时起，鲁班不论在哪家做屋、上梁，都会举行一个隆重的喝彩仪式，开头一句总是要先喊“呼要”，那是他对徒弟的诺言，也是一种对自己过错的忏悔。据说只有这样喝彩，东家的房屋才会牢固，吉星高照。

十五、寒婆捡柴的传说

相传寒婆原是玉帝的贴身丫鬟，后因触犯天规，被贬下凡间。寒婆嫁给了一个姓韩的男人，生有三个儿子，大儿出戍边关，二儿镇守海疆，三儿为躲兵役被迫出走。从此，三个儿子音信全无，丈夫也为此抑郁而死，寒婆也成了一位孤贫老人，穷得连衣服也穿不上，没有遮羞衣也就不能出门，生活上全靠邻里接济一些米谷度日。为了少吃节食，她把乡亲送来的米谷磨成浆做成米粑蒸熟，每天切下几片充饥，可日子一长，米粑变质发酸。寒婆为此愁眉苦脸。突然有一日，寒婆想起自己年轻时用禾秆烧灰，再放进水盆过滤，然后用过滤水洗头，这样既清香又能去除污渍。于是，就将床上铺的禾秆抽出一把，烧成灰后再用水过滤，接着用过滤水和着米磨成浆，待成泥状，将蒸笼垫上纱布，把浆水舀入蒸笼里蒸熟即可食用。所以，永修民间用这种方法做成“碱水粑”，沿袭至今。

食物解决了，可每到冬天，寒婆就度日如年，因为她无衣遮体，非得外出捡柴烤火度过寒冬。那年冬天总是白天太阳，晚上月亮，屋外明晃晃的，让她羞于出门，只有等到月黑风高或者阴雨天才能出门，因为天气不好，就不会有人外出。这年正月十九日晚上，外面阴雨连绵，寒婆深夜就趁机外出捡柴，第二天如果天晴出太阳，她就将湿柴火拿到门口晒干，只要晒了半天一天就可，寒婆就过冬无忧。寒婆是个苦命的人，天气晴朗，她出不了门，捡不了柴火要受冻；天气阴雨，她即便捡到柴火但若第二天不出太阳晒不干柴火也要受冻。

民间传说，寒婆没有捡到柴，随后的天气就会晴朗月余，就是人们常说的“暖春”。寒婆捡到柴并晒干，随后的天气就会变冷且连续阴雨月余，就是人们常说的“烂春”。所以，民间在正月十九日这一天，不希望寒婆捡到柴。

十六、除夕之夜不扫地

相传，很早以前，建昌县有一对刘氏兄弟，哥哥叫福生，弟弟叫水生。父母亡故后，留下了一些家产，可是福生天性贪财，霸占了家中所有的财产，一栋宽敞的房子和五十亩水田全被他占去了。水生天生善良，只住在以前一间堆放杂物的破茅草屋里，靠乞讨过日子，生活非常穷苦。那年除夕吃年夜饭的时候，财神爷扮成老乞丐来到人间，先到哥哥福生家乞讨，结果被赶出门。转而到弟弟家，善良的水生热情地将财神爷请进茅屋里，端了碗热粥给他喝。财神爷非常高兴，就对他说："孩子，今晚家里没用的东西不要倒掉，地也不要扫，到明早都会变成宝的。"水生不知是财神爷来了，听后半信半疑，心想，天下哪有这等好事啊，但还是相信了财神爷的话。水生按照习俗守岁到午夜后，放了一挂小爆竹，也没扫地，就睡去了。

到第二天（初一）早上，水生打开茅屋门后，家里的一切全都变成了白花花的银子。水生就用大部分银子救济和他一样的穷人，留下一些修房子，买田产，娶了媳妇，过着美满幸福的生活。可是哥哥福生不久得怪病暴亡，没有福气享受霸占的财产了。

以后，人们在过年时，除夕之夜就再也不扫地了，这个习俗一直沿袭至今。

十七、春节话春联

春节由于有着悠久的历史渊源，其名称在不同时期亦有不同称谓。先秦时期称上日、元日、改岁、献岁；秦汉时期称三朝、岁旦、正旦、正日；魏晋南北朝时期称元辰、元正、元首、岁朝、履端；隋唐宋元明时期称元日、岁日、新正、新元；清代至近代基本上把春节固定在元旦、元日的称谓上。1912 年 1 月 2 日，孙中山通电全国，宣告中华民国改用阳历，以黄帝纪元四千六百零九年十一月十三日为中华民国元年元旦。于是旧历的元旦也就改为了“春节”，虽然民国禁止阴历节令的娱乐活动，但是由于民国四分五裂，人们还是习惯于过传统的“元旦”——“春节”。“春节”一词源于民国初年的官方称谓。1914 年，民国政府内务部上了一道呈文：拟请定阴历元旦为春节，端午为夏节，中秋为秋节，冬至为冬节。凡我国民均得休息，在公人员亦准给假一日。并获批准。从此，这个名称沿用至今，而“元旦”这个名称就让位给了公历年。

“春节”狭义上是指农历正月初一。广义上泛指正月初一至元宵前，民间习惯上把正月初一以后的十多天也叫春节。所以，就有“春节期间”一词。而赣鄱地区则将春节的年味延伸到更远的日子，拜年要拜到二月花朝。

春节是辞旧迎新的日子，是中华民族最隆重的传统节日，写春联、贴春联是春节习俗中不可缺少的组成部分，为春节营造出一种祥和、吉庆的气氛。为了喜迎春节，中国人用自己的智慧创造了独特而丰富的年（春节）文化。人们围绕着春节主题——团圆、祈福、避邪，创造了许多迎春方式——腊八节、小年、春联、年画、年夜饭等。其中春联有着突出鲜明的年文化韵味，它不仅能让人尽情表达对春节的祝福，更担负着对传统文化传承的责任。写春联最富于浓厚的年味，其包含的文化内涵颇多，有诗词文化、书法文化、美术文化、宗教文化等。于是，各种春联妙趣横生。

春联源出于古代的“桃符”。桃符，旧俗过年时人们在桃木板上画上传说中的神荼、郁垒二位门神或写上他们的名字，悬挂门旁以驱灾避邪。之所以选用桃木，是因为古代人认为桃木能镇邪。春联，又称“春贴”“门对”“对联”，是春节所贴的红色喜庆元素“年红”中的一个种类。由上联、下联和横批组成，上、下联竖写。横批起着领联的作用，横批从右往左读，春联读时从右往左；横批从左往右读，春联读时从左往右。张贴时仄声为上联，平声为下联。其特点是：讲究对仗，字数相等、词类相当；声律优美，抑扬顿挫、和谐动听。它以对仗工整、简洁精巧的文字描绘美好形象，抒发美好愿望，是中国特有的文学形式，贴春联是我国民间过年的重要习俗。过去的春联多是自己家人写的，也有请人代写，大户人家甚至专门请来当地书法名人到家里写春联，凡大门、中堂、正屋、卧室、偏屋、杂屋门都贴，有的在屋角贴上“童言无忌”。堂屋两侧柱上张贴“五子登科，双喜临门”，鸡鸭牛猪窝栏都要张贴“六畜兴旺，五谷丰登”。只要春联贴上去，家里就显得焕然一新，喜气盈门。春联内容丰富多彩、不拘一格，具有深厚的文化内涵，借景抒情，述志抒怀，各取所好，畅所欲言，皆有吉庆、祝福、励志的意思，往往表现户主家的文化修养。与春联一同张贴的还有秦叔宝、尉迟恭的画像门神。

不仅如此，在中国广大农村，家家户户有两副春联年年都有、春春不变。一是灶神联，二是天地神联。灶神联：上天言好事，回宫降吉祥。横批：一家之主。一副简单的灶神联，它在年年日日劝诫着人们：多言善事，多说好话，只有善口常开、善心常存，才能吉祥常临。天地神联：敬天地富贵，孝父母平安。横批：天地之主。“敬天地富贵”，告诫人们要敬畏天地自然之道，人不可逆天地自然而动，应顺自然、遵从天地，才是走向富贵之门。这多么符合我们现代的环保理念。“孝父母平安”，看似平淡，所谓百善孝为先，人的一切善念必由“孝”而始，由“孝”而发。孝则善、善则仁、仁则寿。

如果家中有长辈亲人去世，第一个春节的春联只能用白联，表示家有丧事；第二年用黄联，表示对逝去亲人的追思；第三年用蓝联或绿联，表示祭祀故人进入第三年，思念渐淡，大地泛绿，还在世的人们也要回归正常生活。总之，三种不同颜色大都表达思亲的内容，统称孝联。为何有蓝绿之分呢？这有男女之分的讲究。《易经》说，世间万物，有阴阳之分。天为阳，地为阴；男为阳，女为阴。既然天代表阳，而蓝天自然是阳，故而亡者是男性就贴蓝联；而地为阴，绿也自然是阴，所以，亡者是女性就贴绿联。过了三个年头，才可用红纸。这便是孔子提倡守孝三年的遗风。

有的春联还有典故出处。我国最早的一副春联，出自五代后蜀国君孟昶亲笔在桃木板上所书“新年纳余庆，嘉节号长春”。宋徽宗年间，有位富家子弟花钱买了个县令，自己胸无点墨，过春节只好请人写春联。被请来的秀才知道这位县令不仅贪财，而且乱施刑罚，所以就替他写了一联："爱民如子金子银子皆吾子也，执法如山钱山靠山尽我山矣。"这个纨绔子弟一听，又是"爱民如子"，又是"执法如山"，一高兴就把这副联贴在了大门上，引得四邻哄堂大笑。明万历年间，因长期实行八股取士，全社会盛行八股文，"读死书、死读书"成为学界风气，当时的大学者顾宪成与一些开明贤士反对这种社会现状，大力倡导读书要切合实际、关心社会，所以为书院题春联："风声雨声读书声声声入耳，家事国事天下事事事关心。"一副春联用五个"声"五个"事"，准确地表现了作者关心国家民族命运的高尚情怀。"风声雨声"一语双关，"家事国事"都是大事，简朴的语言，深刻的思考，不愧是千古传颂的妙联。清嘉庆年间，两江总督陶澍九岁那年除夕夜，祖父出上联让他应对："除夕月无光，点数盏灯，替乾坤增色。"陶澍听后兴冲冲搬来一面鼓，没等放稳，便猛擂猛打，震耳的鼓声招来全家人，大家不知所以，连祖父也摸不着头脑，陶澍仰头笑着对出了下联："新春雷未动，擂三通鼓，代天地扬威。"后来他任两江总督励精图治、勤政爱民，终成一代名臣。民国初期，军阀混战，税如牛毛，国贫国弱、民不聊生。四川著名的奇才、谐联大师刘师亮题联："民国万税，天下太贫。"此联用两个谐音字，把"岁"改为"税"，把"平"改为"贫"，将颂语变为讥讽，寥寥八个字，生动鲜活地记录了当时中国的情状，该联当时在全国影响很大。

自古以来，我国各行各业都有春联，如商业："生意兴隆通四海，财源茂盛达三江。"银庄："开源能引千泓水，节流可聚万盘金。"交通运输："缩千里为咫尺，联两地成一家。"邮电："千里春风劳驿使，三秋芳讯寄邮人。"药店："药圃无凡草，松窗有秘方。"旅馆："共对一樽酒，相看万里人。"理发："虽云末毫技艺，却是顶上功夫。"澡堂："金鸡未唱汤先热，旭日初临客早来。"茶馆："香分花上露，水汲石中泉。"酒肆："一川风月留酣饮，万里山河尽浩歌。"粮行："谷乃国之宝，民以食为天。"弹棉：“新花雪色晴能舞，古调琴声静可弹。”裁缝店：“匠心独运，花样翻新，人人温暖，妙手不停，裁剪入时，件件称心。”鞋店：“步月凌波去，登堂入室来。”扇子店：“影动半轮月，香生一握风。”木器店：“佳木由来堪作器，良工自古不遗材。”等等。

春联的对仗与七律、五律一样，有着严谨的对仗格式，名词对名词，形容词对形容词，动词对动词，副词对副词，数词对数词，颜色词对颜色词，方向词对方向词，如，细雨对和风，桃红对柳绿，蓝天对碧水，地北对天南，神州对大地，海角对天涯，雨雪对风霜，春风对秋雨，漫山对遍野，旧岁对新年，鸟语对花香，明月对清风，舒眉对开口，山光对水色，等等。

总之，写春联、贴春联的传统习俗，从形式到内容都保持了一定的文化品位。

十八、除夕横放拦门棍的习俗

每年到了除夕，吃完年夜饭，每家每户在最后一个人入睡前，都会在自家屋内的门口横放一根棍子，还是横着的棍子，这是为什么呢？民间有三种传说。第一种，拦门棍是拦住邪气。用来驱灾避邪，防止凶神恶煞、邪魔鬼祟进入家里，破坏新年好运。第二种，拦门棍意为新年的坎。人的成长难免会遇到一些坎，而除夕是一年的交接时点，一夜连双岁，五更分二年。大年初一早上醒来后，跨过这道坎，就意味着进入了新的一年，祈求新年平安。第三种，源自一个典故。在明朝时期，朱元璋派出胡大海和常遇春去讨伐北国。在两国交界处有一个村庄，这个村庄混居着南国和北国的百姓，南国的人家挂着南国的牌子，北国的人家挂着北国的牌子。明朝规定，凡是在这里挂南国牌子的视为良民，放过不杀。如果是挂北国牌子的，通通绞杀。随后，村民准备了两种牌子，南国官兵来了挂南国的牌子，北国官兵来了挂北国的牌子。有人将此事禀报皇上，皇上下令不许放。遂再次出征，路上遇见一个壮汉背着母亲外出乞讨，明朝士兵本想下手，但将军为壮汉的孝心感动，放过母子俩。但命令他们回到家中，在门口安放棍子，官兵见到棍子就不杀。壮汉背着母亲绕道返回村里，将消息告诉全村人，于是，每家每户都放根棍子在门口，最后，全村都躲过一劫。后来，随着人口南迁，这种习俗就带到了南方。

十九、吃年夜饭的习俗

相传，古时候有一种凶恶的怪兽叫“年”，它长时间住在海底，每到一年的最后一天才爬上岸来，吞噬牲畜，伤害人命。所以，每年除夕，村里的人就带着家眷躲避年兽。时间长了，人们发现“年”虽凶猛，却也害怕三样东西：鲜红的颜色、明亮的火光、巨大的声响。

于是，每到除夕，家家户户在门上都挂上两块红色木板，后来演变成春联；家里烧一盆火炉，永修素有三十夜的火、十五夜的灯之说；拿出锅碗瓢盆通宵敲敲打打，后来演变为放鞭炮。“年”见状，吓得再也不敢出来。第二天清早，全村的人聚在一起相互道喜，欢庆平安。这样代代相传，“过年”的习俗就形成了，为了庆祝平安过年，于是吃年夜饭的习俗就此流传下来了。

在永修，吃年夜饭的时间不一样，有的在晚上，有的在深夜，还有的在大年初一凌晨。据说，在深夜吃年饭的是商人，一年到头都在外地做生意，到了除夕这一天，全家人都在等着他们吃年饭。由于古代交通不便，加之路途遥远，等到商人回家，时已深夜，久而久之，做生意的人家就定在深夜吃年饭，沿袭至今。在下半夜吃年夜饭的人家，祖先是古代从军者，他们吃过年夜饭后，就赶早出征打仗，后人沿袭至今。

二十、“跑马年”的传说

永修有一个说法，吃年夜饭俗称“跑马年”。春秋时期，楚国灭了蔡国（今河南上蔡县），三年后，有人恢复了蔡国，迁都新蔡（今河南新蔡县），后蔡国又被楚国所灭。蔡国的老百姓对楚国恨之入骨，国人为了纪念自己的故国，全改为蔡姓。谁也想不到，这蔡国旧人中有个义士，他一心想为蔡国报仇，以帮助蔡侯复国。一天，他打听到楚王行将择日出巡，就砍来一根手腕粗细的竹子，截成自己个头高的一节，捅穿里面的竹节，将佩剑藏在竹筒里，看似一根打狗棒，装扮成乞丐，在必经之路准备刺杀楚王。

终于等到楚王出巡的这一天。只见他手持打狗棒，迎面走向楚王出巡的队伍，慢慢靠近，谁知楚王防范严密，前后左右的卫兵把楚王的车驾围在中间，蔡国义士根本近不了楚王的身。义士不甘就此罢休，冲进队伍奔向楚王。卫兵见状慌忙招架，义士本事再大，还是敌不过群雄，只得趁机抽身逃离。

于是，楚王举国通缉义士，交通要道人人盘查。义士早知原地待不下去，带着家人辗转逃亡，昼伏夜行，历经河南、湖北、江西、福建等地。有一天在逃亡途中，正好是腊月除夕，就马歇人停，偷偷地在路上吃年饭，吃过年饭又要趁月黑风高，打马赶路。走到天亮时分，就在山上树林中躲避，白天也不敢起烟烧饭，大大小小一直等到天黑才又赶路。从此，他们吃年饭叫“跑马年”。后来有一支后裔来到建昌县修河边建村立户，因此地有一块沙洲，形状见方，村人就叫它“洲方”，后来谐音“周坊”。

永修周坊蔡村吃年饭时间不但在凌晨，而且不接受异姓客人到家，叫“畏客”，就是怕见客人（包括三亲六故）。他们至今还沿袭着这种古老的传统民俗。

二十一、大年初五的风俗

正月初五，俗称“破五”，是中国民间“迎财神”的日子。南方人在正月初五祭财神，每到过年，人们都在正月初五零时零分，打开大门和窗户，燃香放爆竹，点烟花，欢迎财神。接过财神，大家还要吃路头酒，往往吃到天亮。大家满怀发财的希望，但愿财神爷能把金银财宝带来家里，在新的一年里大发大富。正月初四子夜，备好祭牲、糕果、香烛等物，并鸣锣击鼓焚香礼拜，虔诚恭敬迎财神。初五日俗传是财神诞辰，为争利市，故先于初四接之，名曰“抢路头”，又称“接财神”。除了年夜饭要吃饺子，正月初五叫“破五”，也要吃饺子。

有好多地方，在除夕夜是要把祖宗请回来过年的，在堂屋的正中，高挂祖宗牌位，烧香上供，意为请祖宗过年，吃好的，不忘祖宗的意思。到了初五，就要送祖宗“回去”了，所以，这一天要烧香、烧纸钱，恭送祖宗。

有一种说法是，从初一到初五几天之内禁忌较多，人们不可“轻举妄动”。初五，要送穷神、接财神，所以这一天，家家户户都要放鞭炮，避邪免灾的同时，把“晦气”“穷气”“霉气”从家中赶走，还要吃饺子祝贺。江南一带的百姓还有在这天吃财神糕、下面条。因为面条长得像古时候串钱的绳子，下面条寓意给家里添“钱串子”，财源滚滚来。

因此大年初五有以下几点讲究：

祭财神 祭财神不仅是南方的传统，在我国北方有很多地方都会在正月初五祭财神。民间传说财神也称五路神，即祭户神、灶神、土神、门神、行神。所谓五路，指东西南北中，意为出门五路，皆可得财。

扫房子 大年初五，人们黎明即起，放鞭炮，打扫卫生。打扫卫生是一种彻底的大扫除。从每间房屋里把垃圾扫出门外。腊月三十到正月初五之前，一般是不允许搞卫生的，就连扫地只能在屋里扫，垃圾只能先放在屋里的拐角处。特别大年初一，那是一扫帚也不能动的，说是动了就将好运气扫掉了。

放鞭炮　初五这一天，家家户户都要放鞭炮。人们要将鞭炮从每间房屋里往外放，边放边往门外走，意思是将一切不吉利的东西、一切妖魔鬼怪都轰出去，让它们离我们远远的，越远越好，尤其放“二踢脚”称“崩穷”，把“晦气”“穷气”从家中崩走。

吃饺子　大年初五这天，民间通行的食俗是吃饺子，俗称“捏小人嘴”。因为包饺子时，要用手一下挨一下地沿着饺子边捏。据说，这样可以规避周围谗言。此外，妇女们在这天还要找出几件旧衣服来拆拆，谓之“拆小人”。这样可以免霉运。

按照旧的习惯要吃“水饺子”五日，北方叫“煮饽饽”。如今有的人家只吃两三天，有的隔一天一吃，但没有不吃的。初五这天，有些地方饺子里还要包上硬币、蜜枣、红糖等，寓意发财、好运早来、甜蜜和美。

开岁市　旧俗春节期间大小店铺从大年初一起关门，而在正月初五开市。民俗以正月初五为财神生日，认为选择这一天开市必将招财进宝。

忌串门　大年初五是不能串门、走亲访友的，人们害怕这天出门碰到穷神，被“穷气缠身”，所以就避而远之。人们都会把串亲戚的日程放在前几日，以免自己沾了晦气，带到亲戚家中，让亲戚觉得忌讳、不高兴。初五这天也不能搬家、乔迁，同样会给新的一年带来不吉利。现在已不流行了。

二十二、建昌东坡肉的故事

在赣北的永修一带，每逢酒席宴会，桌上就有两大碗用稻草捆扎的大块猪肉。丰盛的酒宴上摆着两碗这样的猪肉，倒显得别有风味。拿起剪刀，剪断稻草，再仔细地品尝，肉色清清爽爽，入口香酥绵糯。肉香味中还夹杂着一股稻草的清香味，沁人肺腑，确实是余味无穷。这种肉就叫“东坡肉”。

相传宋朝著名的文学家苏东坡，云游四海，走遍天下。一年夏天，他

建昌东坡肉

来到建昌县府寻访挚友李公择（李常）。一天中午，他正走到艾城附近。此时，正是三伏暑天，天气炎热。恰好路边有棵参天大樟树，树荫蔽日，真是个乘凉的好地方。苏东坡坐在树下石凳上，一边纳凉，一边读书。读着读着，突然传来一阵哭声。他抬头一看，只见一农夫抱着个孩子急急忙忙朝这边走来，后边跟着个哭哭啼啼的妇人。东坡心想：八成是孩子得了什么急病，自己对医学虽不在行，但医书倒也看过不少，常见病症略知一二。于是叫住农夫说："让我给看看吧！"原来这对夫妇中年得子，把儿子生命看得特别宝贵，所以给孩子起名叫"金崽俚"。金崽俚今天突然得病，神志昏迷，不省人事，两口子吓得要命，急忙抱孩子去找郎中。农夫看苏东坡的打扮不俗，又如此热忱，立即把孩子递给他。东坡接过一看，孩子紧咬牙关，手足抽搐，正合医书上中暑之说。于是招呼农夫把孩子平放在地上，顺手摘了一把樟叶，搓了搓放在孩子的鼻孔下。随后又按医书上的做法，这里揉揉，那里掐掐。一会儿，金崽俚"哇"地哭出声来。两口子真是喜出望外，抱起金崽俚，拉住苏东坡就往家里走。苏东坡见农夫谢恩心切，也只好跟着去。来到农夫家一看，家虽不富，却也十分整洁。农夫为了报恩，留住苏东坡热情款待，一晃就是三天。

这天清晨，农夫兴冲冲从集市上买了两斤猪肉，用一束稻草捆着提了回来。他一边走，一边想：肉买回来了，我还得去问问先生口味。于是就去问苏东坡。

这时，太阳刚露出半边笑脸，朝霞满天，露珠挂在田间的稻叶上，如一颗颗明亮的珍珠。苏东坡被这美丽的大自然景色迷住了，他面临东窗，诗兴大发，正在赋诗填词，推敲词句呢！农夫在门口轻声问道："先生，你看这肉怎样弄着吃？"东坡作诗入迷，口中琅琅念着："荷——上——珍——珠——透心香……"农夫听了一愣，先生这是什么意思？仔细一琢磨：对了，他是叫我把肉和着稻草整煮，并要煮透心，那样吃才香，所以说："和草整煮透心香。"这先生和我们作田人真不一样，说话开口是诗，连吃肉都特别。想到这里，农夫把肉拿到厨房，按苏东坡讲的和自己想的，叫老婆和着稻草把猪肉整块地放在锅里焖煮，煮得透烂。

到吃饭时，菜端上桌来，苏东坡见一块整肉，没斫没切，还用稻草捆着，想来想去，不知什么原因。想问，又不好意思开口，要吃嘛，一整块肉，稻草还捆在上头，不知如何动手。农夫见苏东坡望着肉出神，也挺奇怪，就对他说："早上我去问你，你不是说'和草整煮透心香'吗？我是按照你的意思给弄的，先生怎么不吃呢？"

苏东坡恍然大悟。原来农夫把自己的诗句给听岔了。既然如此，也只好顺坡下驴，于是剪开绳子同农夫一家高高兴兴地吃起来。真没想到猪肉掺杂着稻草香味，十分清香可口。吃完饭，农夫夫妇出门去了。东坡想：主人如此盛情款待，打扰几天了，十分过意不去。几次要走，主人都不肯，今天还是走了吧。主意一定，从包袱里取出五两纹银，放在桌子上，留下一张字条，上写着："主人盛情难却，东坡不辞而别。"农夫夫妇回来，看见条子大吃一惊，原来救自己孩子的恩人竟是鼎鼎大名的苏东坡先生。

这事一传十，十传百，大家都学着用稻草扎肉煮着吃，果然香酥可口。乡亲们便把这种肉称作"东坡肉"。因其味道鲜美，做法别致，成为建昌县宴饮上的一道特色菜，一直流传至今。

二十三、建昌和菜的传说

在永修县农村，无论婚丧节庆，还是上屋造梁，只要是办酒席，桌上就免不了有一道爽口的菜肴——“和（wó）菜”。和菜是一道素菜，是将白萝卜刨成丝条状后再掺进些许的红萝卜丝，放进开水锅里焯一下，滤起来，舀上东坡肉锅里的油汤汁，撒上些盐、茴香、蒜叶等拌匀，即可食用。每当人们饮上一口酒、吃过一块肉，筷子随手夹上一叉和菜，那酥绵的口感，立即起到解酒、解腻的功效。

建昌县自古盛产萝卜。那时，出产的萝卜大而白，甜而脆，生吃可当人参果，熟吃可比鱼翅粉，因此，远销省府，深得南昌人喜爱。所以，南昌人叫建昌人为“建昌萝卜头”。在建昌，有很多关于萝卜的日常用语：上床萝卜下床姜；塘里洗萝卜，一个一个来；萝卜发沤——变心；吃截萝卜剥截皮。就是儿歌童谣也与萝卜有关：“白萝卜，红萝卜，娶个老婆来栽禾。”

提起“和菜”，还有一段故事来历。

建昌和菜

相传在元朝初年，建昌县张村的健生娶了郝村的秀英做媳妇。秀英进了门后，十分孝敬贤惠，重事不让婆婆沾手，家务不让夫君挨边，进门一口茶，出门一笑脸，一家人的日子过得实在和谐。这健生娘夜里睡觉都是张嘴笑的。

村里人都叫健生娘年嫂，她人也老实。二十岁嫁过来，二十一岁生了健生，二十二岁老公就病故了，留下孤苦伶仃的母子两个人相依为命。年嫂守了二十几年寡，勤做苦撑，盖了一栋三间三拖的屋，又跟崽讨了一房老婆，刚过一年，就得了个胖孙子。年嫂喜得合不拢嘴。从此，把这个媳妇当作掌上珠、心头肉，就连媳妇身上穿的衣、裤、鞋、袜、短裤头也都抢着洗。总之，重事不让媳妇沾手，家务不让媳妇挨边，里里外外的家务事自己一人抢着干。这媳妇也会讨好卖乖，进门喊得“姨呀[①]”奶甜，出门使得“姨呀”罗转[②]，年嫂心甘情愿为媳妇做牛做马，就是要割身上肉给媳妇吃也是舍得。

俗话说，亲搁久了会变淡，人闲久了会变懒。这秀英自从坐月子做娘后，婆子年嫂一径地让她养尊处优，皮肤养得白里透红，手脚养得不愿务农，心性养得黑咕隆咚。就是孩子把屎尿，洗帕片[③]，都是“姨呀”长、“姨呀”短的整日使唤，稍不及时到，就会遭到她背地的贱骂：“蚕死[④]收魂去啦！”婆子没听到也就罢了，听到了起初也只得忍气吞声。

时间一长，这婆媳俩就起摩擦了。秀英因为闲得慌，也开始打扮起来，凡是出门，总要擦点胭脂涂点口红，那婆婆就看不顺眼，背后说她什么“年画擦屁股，臭美！”“不是小姐人，倒是小姐身。”想不到这些话七转八转被多嘴多舌的人传到秀英耳朵里。于是，便在老公健生面前唆怂着要分家，数落婆婆这不是、那不是的一大堆。这健生也是在中间吃夹烧饼，一边是亲娘，一边是媳妇，何况娘是守着寡把自己拉扯大，哪能让娘独自过呢！秀英见老公不顾自己也不同意分家，就三日不了，四日不休，骂他是个窝囊货，还连张家娘娘崽崽祖孙三代一起骂个底朝天。健生气不过，随手操起一根扁担横扫过去，又捏着劲轻轻落在她的屁股上。这还了得，娘家指头没上脸，婆家扁担就上身。秀英不肯了，哭咧着嘴巴奔出门跑回娘家去了。

---

① 方言，娘的意思。

② 方言，打转转。

③ 方言，尿片。

④ 方言，自己找死、寻短见。

秀英在家是独女，上下有六七个兄弟，加上堂兄堂弟一干几十人，听说她在婆家受了欺遭了打，就个个摩拳擦掌，便要七手八脚摸刀操棍上张村讨说法，那阵势，像要打大阵[①]。秀英的父亲是个明事理的人，也知道自己女儿的性子，分析事情的起因，看见眼前的架势，就喝住子侄们休要莽撞乱来。郝村在当地是个望族大姓，但张村在当地也是望族大姓，一旦打起大戍，彼此无疑会有伤亡，到时真是难以收场。何况这也就是一点家务事，何不大事化小，小事化了呢！于是，就留秀英吃过午饭，老夫妻俩就家长里短地陪着女儿歇息消气一下午，趁着太阳还没有落山，父亲就同着秀英到张家来。

一到张家，问明原委，那秀英仗着父亲做主，嘴巴不停地数落婆婆，咒骂老公，这婆媳两个你言来我语去地斗骂起来。秀英爸劝不住女儿，就随手操起门角落的扁担朝着女儿就要劈头盖下来，说时迟那时快，健生娘的身子猛地朝着媳妇一扑，扁担重重地落在她背上，当场昏了过去。大家手忙脚乱按人中，灌茶水，这才醒来。

秀英见状，猛然醒悟，在自己受到灾难的时候还是婆婆挺身舍命护着自己。她哭着喊着跪在婆婆面前赔礼道歉。婆婆拉着秀英的手，也不言语，双眼只流着惭愧的泪。

年嫂起身要去烧饭给亲家公吃，说："今天只给孙子喂了点米糊糊，我们冇心事吃饭，家里冇有菜，就灶房有几个剩下的白萝卜、红萝卜。"

秀英爸听后说："亲家母，我们今天就把白萝卜、红萝卜和在一起吃，表示你们婆媳俩和好如初，也表示我们以后的日子和和美美，和气生财，家和万事兴啊！"

"嗯，家和万事兴！"年嫂笑着附和。

这时，秀英就抢先到灶房烧饭，把白萝卜丝和着红萝卜丝炒成一盘菜。

从此，这道菜就叫"和菜"。

① 方言，村庄与村庄打架。

二十四、热冻豆腐[1]

在建昌县北乡驿南区[2]有一条驿南古街[3]，此处是江西历史上第十个官马大道驿站，简称江十驿（后谐音为江益）。街东有一座贞节牌坊，乃乾隆帝题名，历经数百年风雨，20 世纪 60 年代被毁，但它背后的一段传说，让人听了咋舌不已。

热冻豆腐

相传乾隆皇帝携随从微服私访到江南。一天，路经建昌县北乡驿南区，突然乌云密布，狂风乍起，电闪雷鸣，霎时下起了倾盆大雨，乾隆帝便慌忙跑到路边一户农家檐下避雨。

农家屋门洞开，里面收拾整洁，只见一年轻女子手拿两把油布雨伞正要出门接那正在私塾授业的夫君，忽见檐下站着一行人，知是避雨人。但见其中一位气宇轩昂，眉宇间透着高贵的气质，不像平常富贵人家那般粗俗，加之女子本就心善贤良，忙将他们让进堂屋看座奉茶。彼此寒暄之时，才知他们乃商贾之人，为首的叫四爷，自浔阳路经此地前往豫章。女子吕氏，乃宋代宰相吕蒙正后裔，适本邑罗秀才为妻。

吕氏见时将近午，大雨不停，就主动挽留他们暂歇，吃罢午饭再行。随从听命四爷，四爷求之不得，立即应诺。说罢，吕氏便到后屋灶房下厨去了。

这乾隆爷风流成性，眠花睡柳，习以为常，人人皆知。今见吕氏貌赛

---

① 永修民间一种蒸蛋。
② 永修县原江益镇。
③ 江益镇江益村。

绝代佳人，身如出水芙蓉，禁不住龙心泛春，双目含色。便按捺不住跟到灶房，上前搂抱吕氏柳腰，欲要调戏，吕氏生死不从，遂扬起手中菜刀，含笑正色道："妾非水性杨花之人，四爷好自尊重！"乾隆见状，心想，自己身为皇上，虽对眼前女子青睐，然在民间不能失态。只得罢手，站在一旁观赏吕氏弄厨。

适逢吕氏夫君冒雨回家，全身湿漉漉，原本指望妻子送伞，不想家中来了几个陌生面孔，妻子竟然在家与人打情骂俏！见得此情，他妒火醋意万丈交融，但思忖人多，不便言状发作。罗秀才强装笑脸询问来客，吕氏脸上泛起一阵桃红，赶忙将此事这般那样介绍一番缘由后，忙将夫君拉进厢房，辅其更衣。

厨房事毕，菜上春台，乾隆对其中一碗色泽金黄，状似鱼冻的菜肴甚觉稀奇，宫廷吃遍山珍海味，从未见此等奇菜，顺口问道："此乃何菜?"吕氏俏眉轻扬，灵机一动，随即回复："此乃本地特色，名曰建昌热冻豆腐。"

乾隆用调羹略勺入口品尝，这道菜看之如嫩玉化琼浆，闻之有江南豆腐卤淡香，食之又有浓浓蛋味，吞之润滑爽口，味道极佳，赞不绝口，就讨问了大概的制作方法：破蛋入碗，渗入适量夏季豆腐卤，掺入适量水后，以竹筷划匀，隔水蒸熟即可。

饭毕雨停，乾隆一行告辞上路。临走，留下一枚玉佩以表谢飨之物。

一年后乾隆微服私访回宫，每日依旧啃山珍、嚼海味，甚觉烦腻。一日，用膳之时，忽然想起一次雨天在江西建昌县驿南街吃的"热冻豆腐"，即下圣旨，命御膳房按他说的大概方法去做，那些平日做惯满汉全席、吃得肥头大耳的御厨从未听说还有什么"热冻豆腐"一菜，急得抓耳挠腮，也只得按照乾隆爷所知一二硬着头皮来做，可做出来的不是水多如稀汤，就是水少似饼干，乾隆尝后，不是滋味，龙颜大怒，当即感叹："百味不及驿南女。"就下诏传旨，即令宫廷侍卫八百里加急到江西巡抚、九江知府、建昌县令直到北乡驿南区，欲要把那女子请进宫来做"热冻豆腐"。谁知一打听，那女子数月前已经死亡。原因是，自从一个叫四爷的商贾以避雨为借口来后，罗秀才疑妻吕氏与四爷有染，甚至还以玉佩为信物。自此情感生隙，存有芥蒂，进门责她不守妇道，出门骂她有悖礼数，平常说话也总是指桑骂槐，打篱笆惊雀子，使得吕氏百口难辩，委屈心堵，便自缢而亡。不久，罗秀才也抑郁而死。

侍卫回宫如实禀报，乾隆听罢原委，深为叹惜与内疚："一对原本相敬如宾的恩爱夫妻，因自己一时冲动，致使他们家破人亡，再说那吕氏心慧腹秀，外柔内刚，真乃江南烈女也！"遂派人为吕氏建造贞节牌坊，并亲题匾额赐之。

二十五、建昌米粉的传说

建昌米粉出自建昌县大南乡（今立新）塘浒郝村，因其手工精细，口感怡人，自古以来深受食客的青睐。

相传建昌县有个秀才进京赶考。由于家里穷，也没什么东西好带，家人就让他带着一袋自制的米粉上路。他风餐露宿到了京城，投宿后饥肠辘辘，就取出米粉扳开几列，请店里伙计帮忙炒熟。那伙计没有见过米粉为何物，自是不会操弄，秀才只好自己掌勺，下锅炒好。秀才将米粉端上堂桌，正要拿筷子叉入口中，正遇皇帝微服出巡，作一身商人打扮进得店来。皇帝看见米粉，甚觉好奇，加之闻到米浆香气，不禁食欲馋心，口水直流，遂问秀才可否让其分享一二。秀才虽穷却是个有胸襟的人，便欣然邀其入座。"商人"尝罢，滑润爽口，酥韧养牙，比北方面条更有嚼劲，惊喜问道："此物出自何地？"秀才答道："江西建昌县，曰'建昌米粉'是也。""商人"连连点头示以赞赏。于是，就着这碗米粉，两人推杯换盏，谈得甚是投机，不觉已到打烊时分。"商人"辞别之时，秀才取出一扎米粉送与"商人"。皇帝暗自喜欢。金榜题名时，皇帝见他颇有文采，钦点榜眼。后来秀才方知，那天与自己谈天说地的乃当今皇上。穷秀才此后荣华富贵不说，那建昌米粉也一时风靡京城。

二十六、藜蒿炒腊肉

藜蒿炒腊肉

据传，元朝末年，朱元璋同陈友谅在鄱阳湖大战月余。当时，朱元璋被陈友谅的水军围困在鄱阳湖吴城境内的康山草洲上长达15天之久，朱军船上所携带的蔬菜全都吃光。多日来，朱元璋没有吃上一点青菜，口干唇裂，精神萎靡，食欲大减，人也消瘦了不少，这下可急坏了伙头军。当船启航时，船锚从草洲泥土中带起一簇簇白白嫩嫩的结草根，伙头军便随手拣起洗净，放进嘴里慢慢地嚼了一下，觉得有一股菊花的清香，十分可口。伙头军对这一发现欣喜异常，赶紧将其洗净切碎放入锅内，同时将剩下的一块腊肉也切条与之同炒，撒上辣椒粉、食盐，几分钟后船上香气扑鼻，一盘味醇色美的野菜上了餐桌。朱元璋吃着清爽可口，齿颊生香，食欲大振，连声叫好，就每天吃着这道菜度过危机。一日饭时，朱元璋想，吃了许久的草，竟不知吃的是什么，便唤来伙头军问菜名，伙头军也不知其名，只知是鄱阳湖的草。朱军解围后，经打听当地人，此草名叫“藜蒿”，当地人并不食用，平日只割来喂猪。伙头军回来如实禀报朱元璋。朱元璋诙谐地笑着说，看看，在我被围困的时候，就连天都在助我，长出此草专为我“朱”姓度过灾荒。从此，藜蒿炒腊肉传到民间，成为江西一道名菜。

二十七、“二来子”的传说

“二来子”是一种早点食品，在吴城历史悠久，流传数百年，是吴城人爱憎分明个性的体现。

岳飞是南宋抗金名将，奸臣秦桧以“莫须有”的罪名将岳飞父子杀害于临安府风波亭后，招致国人一片痛骂。吴城人为解心中之恨，用面团做成秦桧形象丢入油锅里炸，称之为油炸桧，后来演变成炸油条。时至南宋末期，抗元英雄文天祥为奸臣贾似道压制，后为抗击元兵被俘，在押解送往大都（北京）的路上，路过吴城，留宿在吉安会馆（文天祥是江西吉安人）。当夜，重来吴城的文天祥感慨万千，随之赋诗一首，在墙上挥笔疾书：

“二来子”

被俘北归路过吴城

凌云披雾望湖亭，屹立赣水修河滨。

历尽沧桑罹万劫，饱经风雨度千春。

此日登亭神气爽，百代名胜载酒兵。

六朝古迹招诗客，几忘囚服束吾身。

文天祥被押解后不久，于北京英勇就义。噩耗传来，吴城百姓伤心不已，在悼亡抗元英雄文天祥的同时，更加憎恨贾似道。为了解恨，就把已经炸好的油条当作贾似道再次放入油锅去炸，以示秦桧、贾似道共入油锅，不得超生。于是，人们就把这种第二次入锅烹炸的油条叫成“二来子”，后来成为吴城一道有名的食品。

二十八、吴城油香的故事

早在明清时期，吴城就是江西的重要商埠，南来北往的人络绎不绝。其中不少人长期在这里经商、创业、定居。由于不同习俗的人群聚集，聪明的吴城人在保持自身特点的基础上，吸收各地特色，汲取各方精华，创造了风味独特的吴城饮食文化。

吴城油香

吴城的饮食，尤以小吃闻名。仅樊家垅一条街上就密密麻麻开满了茶铺、酒楼，如五凤楼、云鹤楼、怡心园、福启茶社、陶陶酒楼、徐老五茶铺等，数不胜数。包子、馍馍（馒头）、花卷、麻花、麻圆、油条、烧饼、清汤（馄饨）、合子粑、油香、二来子、白糖糕等，应有尽有。食客们每每踱进店里，一边喝茶，一边品点心，一边闲聊，一坐就是一两个时辰。

在众多的特色小吃中，“油香”算是一朵奇葩，在吴城独领风骚。这种食品在别的地方难得一见，在吴城往往是食客们的首选。店主们为了招徕顾客，有时还会请来说书艺人进行表演。艺人一手执板，一手敲鼓，谈天论地，说古道今，店里好不热闹，生意十分红火。

话说五凤楼茶铺有个嘴馋的白案（在民间，白案主要负责面食制作，红案则主要涉及肉菜烹饪。）学徒。一天下午，他趁着师傅在前台有事，就偷偷舀了一碗精面粉，倒入一些菜油，放到锅里炒熟，再掺上一点水，揉成面团，正要接着做下面的事，突然听见师傅走来的脚步声，就慌忙将面团藏了起来，直到打烊也没有机会做。他心想，反正明天早上自己要比师傅早到揉面团的，到时提前来做。第二天大清早，他拿出头天做好的面团，随手裹上白糖和黑芝麻粉，用手捏着做了几个巴掌心大小的长形面团，放入油锅里炸熟，当他拿起一个刚送进嘴里，就听见师傅进门的声音，他吓得急忙咬了一口，由于用力过猛，里面灼热的芝麻糖汁溢了满嘴，烫得他赶忙吐在地上，师傅进来后和他说话他也不回答，只见他满嘴水泡。师傅想上前看个究竟，不料踩在他刚吐出的热面团上滑了一跤。师傅一边摸着摔疼的屁股一边看，原来脚下是一个油裹的面团，他立即意识到徒弟嘴馋偷吃，当即火冒三丈，爬起身来狠狠打了徒弟一巴掌。师傅打过徒弟后，火气消下去了许多，这时他闻到了一股诱人的油炸香味，就用筷子把徒弟油炸好的面团夹起一块尝了一口，绵软可口，香气扑鼻。师傅脸上露出了灿烂的笑容，忙问徒弟是怎样做出来的。徒弟高兴极了，就一五一十地向师傅作了讲解。随后，师傅也照着这样的方式做了，并取名为“油香”。

油香这种特色面食，用料十分考究，需精工烹制。制作油香的关键是第一道工序——配料、和面。头天下午，师傅们会将精选的面粉加入适量的菜油用热锅慢火炒熟，掺水揉成面团。这个过程很讲究，是一个很有技术的活儿。第二天，师傅们在现场将揉好的熟面裹上糖馅（绵白糖掺上黑芝麻粉），一个个捏成椭圆略扁、类似橄榄状的半成品，放入沸油中炸至焦黄鼓起，此时一定要掌握好火候，待炸到一定程度，捞出后滤油即成。炸好的油香色泽金黄，绵软可口，香气扑鼻。

油香最好是现炸，现买，现吃。倘若等它完全冷却后再吃，味道就大相径庭。吃法也很有讲究，有句歌谣说得很形象：“轻轻咬，慢慢移；先开窗，后吸糖。”先轻轻咬上一小口，慢慢吮吸里面的糖液，一股甜丝丝的清香流进嘴里，沁人心脾，那滋味简直妙不可言。所以，吃油香决不可狼吞虎咽，否则，易烫伤喉咙或皮肤。

时至今日，古镇吴城昔日不少老字号食品都湮没在历史的尘埃中，而油香这道传统特色小吃能有幸保存下来，实属不易。假如你有机会到吴城，可一定要去尝尝哦，包你吃了一辈子也不会忘记。

二十九、白槎豆渣粑的故事

豫章郡建昌县的白槎以前叫梅州，是修河边上的一个古镇，早在隋唐时期就很繁华。小镇靠着水运，商铺茶楼鳞次栉比，小贩叫卖日夜不绝，当然，豆腐坊的生意无疑也蛮红火。据说，梅州豆渣粑就出现在那个时期。

相传，那时梅州有一户熊氏豆腐坊，做出的豆腐十分可口，闻名十里八乡。这家豆腐坊雇了一个叫水根的长工，平日做些推磨、挑水、喂猪、砍柴之类的杂事。水根家里人多嘴也多，全靠他一副肩膀养活全家人。豆腐坊做豆腐、豆干剩下的豆渣平时都用来喂猪，但水根有时偷偷抓几把，用禾草包着放进兜里带回给家里人充饥。有一年重阳节，很多人都要买豆腐给家里的老人喝，豆腐坊的生意特别好。那天，水根正抓着豆渣用禾草包好，不想老板在喊：“水根，去挑几担水来，把缸挑满。”他就赶忙把豆渣埋进禾草堆里，忙着忙着就把这件事给忘了。等过了重阳才想起禾草堆里的豆渣，打烊时趁没人，水根掀开草堆把一包豆渣放进兜里带回家。

第二天早上，他媳妇准备做早饭，打开放在灶上的禾草，只见豆渣已经变色，还长出了很多白色的细毛，闻起来还蛮香的，她也舍不得丢掉，于是，就洗干净切成条状，放进锅里倒点菜油边浇水边炒，还放些辣椒粉，越炒越香，弄得左邻右舍闻到香味后，问他家烧炒什么，为何是从未有过的香味？大家都凑着热闹进来看个究竟，于是，你一块、他一块地品尝，味道好极了！问是什么做的，水根就说是豆渣。

这件事最终传到豆腐坊老板的耳里，老板就叫来水根问，水根是个老实人，就把如何拿豆渣、如何放进草堆里、如何过几天再拿回家、如何炒熟的，全告诉了老板。这老板也是个生意精，照着水根说的试着做，还捏成包子形状，隔几天也用菜油烧炒，放进一些辣椒粉，做出来的食物味道特别可口。以后老板就挑出精豆渣成批量制作，取名豆渣粑。

这一年，恰逢江州司马白居易乘槎（古人称木排为槎）逆修河而上，来到一片梅林之地，见天色将晚，也听见岸边市井一片鸡鸣狗吠、人嬉市闹声，想在这里借宿一夜，正好水根到河边挑水，白居易拱手作揖问道：

“敢问仙家，此乃何处？”

水根回答：“这里是梅州太平镇。”

制作白槎豆渣粑

“哦，此乃梅林之州。”于是就上岸请水根带路在吟诗巷（今白槎有“吟诗巷”，是因白居易来此而起名）一家客栈住下。晚饭时，白居易问店家有什么特色菜，店主说是豆渣粑。白居易说就来这个。谁知，大诗人吃后赞不绝口。

此事一传十、十传百地传开了。梅州人庆幸有这样的大名人到小镇一游，而且还吃上了这里的土特产豆渣粑，岂不传为佳话！为纪念此事，后人就将梅州太平镇改称白槎，豆渣粑也取名为“白槎豆渣粑”。

三十、灶里炆肉的传说

永修马口自古一直有奉新、安义到建昌（永修）、九江的驿马大路，又是修水、武宁、建昌抵南昌的驿马大路要口，古时报马商贾者络绎不绝，故名“马路口”，后简称马口。灶里炆肉的故事就发生在马口化里杨村的一户人家。

据说，马口杨氏乃宋代杨家将杨继业的后人，也不知从何时起，拉弓射箭的祖传变成了背弓弹棉的能手。话说村里的杨财树有五兄弟，他是家中的老大，父亲早亡，寡母含辛茹苦把五个儿子拉扯大，让儿子们都学得一门弹棉（弹棉絮）的手艺。还给他们张罗着各自娶了一房亲事。杨财树的妻子是杨泗湖陂熊村（今立新乡）的茶英，这女子不但长得秀气，而且贤惠乖巧，里外能干，很得婆婆的喜爱。

马口杨氏弹棉原是游走四方的生意，自明末以来，就开始走向南昌市场，有的逐渐租借铺面，在万寿宫、洗马池一带形成了棉花一条街，弹棉人都是清一色的建昌县马口杨氏。杨财树兄弟也在南昌租了铺面。男人外出谋生计，家里只剩下茶英婆媳操家务农，带养孩子。古代农村都是土灶，俗称老虎灶，烧饭时先把米和水煮成半熟，再把饭捞起，饮汤（米汤）滤在锅底，饭在上面隔着蒸熟。人吃米饭，饮汤喂猪。茶英操持家务十分节俭，又怜惜婆婆年老体弱，她就把米饭盛给婆婆吃，自己偷偷喝着饮汤。时间久了，茶英面似桃花，婆婆却皮黄骨瘦。邻里议论纷纷，说她虐待婆婆，人面狐心，把婆婆折腾得不像人样，真是妲己转世，狐精害人。这些话传到财树耳里，他似信非信。心想，妻子茶英平日贤淑孝悌，敬老爱幼，今日听到这般传言，莫非她真是两面三刀之人？于是，他半信半疑地回家一趟。当看到母亲骨瘦如柴，茶英面色红润，不由怒火中烧，劈面一个巴掌，甩得茶英丈二和尚摸不着头脑，满含冤屈的泪水直愣愣盯着丈夫。

婆婆见状，随手操起一把扫帚，边追着儿子打边说："你这不知好歹的东西，这么好的新妇打着灯笼也难找，你一回来不问青红皂白就打，我打你个不知好歹的东西！"毕竟上了年纪，她哪里追得到儿子。就这样气得卧床不起，几天不沾米水。茶英虽说照旧悉心伺候婆婆，操理家务，但心里还是怨恨丈夫无缘无故打她，夫妻俩背靠背几天也互不理睬。婆婆想，一家子这样闹下去不是办法，就悄悄请人带信到娘家，让自己的弟弟来一趟。财树的舅舅急忙赶来了，他是一个明事理的人，把事情原委问个清楚才明白，米饭虽好吃，但它是过滤了米渣，营养全在饮汤里。所以就出现了饮汤养人、米饭瘦人的现象。但茶英是出于一片孝心，舅舅直夸她这好那乖的，责骂财树不明事理，逼着财树给茶英赔不是。娘亲舅大，外甥哪敢不听舅舅的话？就这样，舅舅一来，息事宁人了。

灶里炆肉

正在灶房煮饭的茶英，见舅

舅从老远来，家里除了从菜园里撇来的几把青菜，就再也没有招待的菜了。情急之下，拿起一个送饭的瓦罐洗干净，从壁上取下半刀腊肉，切了几块，又抓了几把黄豆放进去，撒上一撮盐，把水倒满，塞进灶膛里炆，吃饭时，从灶里勾出瓦罐，倒进汤盆，一股腊肉豆质的清香飘溢扑鼻，肥肉炖成豆腐水一样的细嫩，油而不腻，绵绵的黄豆稍稍咀嚼吞下，余香绕口。就这样一家人围着灶里炆肉，欢欢喜喜，谈笑风生。灶里炆肉不但年轻人认为是一饱口福的佳肴，就连没有牙齿的老人也觉得十分可口。从此，灶里炆肉成为建昌县民间的一道美食。

三十一、陈氏洞藏酒的由来

晚清时期，在温州苍山脚下的楠溪江畔，有一户陈姓人家。主人好酒，但不胜酒量，高度烈性白酒一喝就醉，其他低度酒喝了又不过瘾，醉酒后常常耽误事情，家人指责，自己也很苦恼。有一次，他又喝醉了，睡梦中遇见一位酒仙，他说出自己的烦恼，希望酒仙给他法力增加酒量。酒仙哈哈大笑，说酒量再大也会喝醉，干脆我传授你一种喝不醉人酒的做法，让你既过足酒瘾，又不醉人。主人大喜，认真记下酒仙告诉他的酿酒技艺。醒来后，立即按照酒仙教的方法酿酒。果然，做出了一种淡黄色的米酒，喝了浑身温热，不上头，不醉人，只是口感有些酸酸的，有点后劲，他便用蜂蜜调味，味道相当不错。由于温州山区粮食不足，每年做的酒，当年就喝完了，几乎没有储存。

当时，苍山尖上有一个山洞是土匪窝。土匪们经常下山抢百姓的东西。有一次，土匪把陈家新做的酒一缸缸地全部抬走了，并藏在山洞里。到了民国初期，国民革命军围剿土匪，把山洞里的土匪都赶跑了。官兵们发现山洞里藏有几缸酒，打开一闻，芳香扑鼻，倒入碗中，呈琥珀红色。官兵们开始有些顾虑，小心地抿了几口，感觉甘甜如饴，两腮生津，便不由大口猛饮，顿时感到浑身温热，却不上头。众人兴奋地叫起来，好酒好酒！一看酒缸上写着“陈记”两字。

消息传到山下，陈家人立即明白了。此酒放入山洞久藏，颜色变红，味道更佳。从此，陈家人不再喝当年做的新酒，而把每年的酒放在地窖里或埋入菜地，若干年后再取出饮用，不需要蜂蜜调味，芳香四溢，口感醇厚、甘美而恰到好处的有一丝丝酸甜，味道美好独特。因储藏山洞，色如紫旗，清澈透明，便取名为“洞藏红”。

村里人纷纷向陈家人讨教制酒方法，陈氏慷慨献出秘方，并手把手教大家学习掌握。于是，“洞藏红”就这样传开了。

20 世纪 50 年代，一名叫陈国科的温州人考入位于南昌北郊的江西共产主义劳动大学总校（江西农业大学的前身），后因家庭变故而辍学，跟随乡人学做手艺，并在永修县军山安家落户，随后将妻子和岳母陈花蕊姆从楠溪江畔接了过来。陈花蕊姆有一手祖传的洞藏红酒酿造技艺，传到她这里已是第四代了。地处鄱阳湖西岸的永修相对温州来说，物产更加丰富，稻米品质更优良。但在那个粮食紧张的年代，陈花蕊姆每年只能做一缸洞藏红酒，用于待客、送隔壁邻居品赏；其酒糟可以做菜料或腌鱼等。她把贫困的家境操持得很有生机，厨房里不时飘出的香气，引来左邻右舍的羡慕。但是，当她表示要将洞藏红酒的酿造技艺传授给他们时，却没有人愿意学习。

改革开放后，粮食丰富了，本可以做更多的酒，而陈花蕊姆却老了。她把酿造技艺传授给了女儿郑宝英。女儿得到母亲的真传，将洞藏红酒的酿造技艺发扬光大，逐渐成为永修民间传统手工技艺。如今，郑宝英也已八十多岁了。她又将这门祖传的传统技艺教给了儿子陈光来，让陈氏洞藏红酒酿造技艺一代代传承下去。

三十二、永修香米的故事

在赣北地区的建昌县有一个盛产水稻而闻名遐迩的乡镇——白槎镇。据史料记载，白槎原名梅州，后因白居易乘槎而来，便更名为白槎。永修香米，就出自白槎，史称建昌贡米，因这里有一期中季水稻为唐时贡米而得名。这种水稻是用传统的有机肥发酵浇灌，生态环保，脱谷成米后，颗粒饱满，色泽洁白，形质油润。于每年农历六月十日至十五日播种，到农历九月下旬收割，生长期 115 天至 120 天，比其他水稻早成熟半个月，亩产一般只有 300 斤，好则 500 斤，是难得的米中珍品。

相传，白居易被贬任江州司马后，有年秋季，带书童乘槎来到建昌县梅州古渡，就上岸到镇上寻酒家吃饭住宿。虽是掌灯时分，但见梅州镇上街市木楼、货店酒肆，鳞次栉比，家家灯火，映衬一派繁荣景象。此时，白居易主仆二人，已是饥肠辘辘，可临街的酒肆猜拳饮酒、吆喝之声不绝于耳，白居易嫌太闹，便进得一家僻静客栈，因生意清淡，店家正要打烊上铺板，伙计见有客来，就赶忙盛情迎候，招待茶水。白居易小斟几盅后，店家盛了米饭来，只见碗中饭粒晶莹剔亮，清香扑鼻。白居易将米饭扒入口中，顿觉甘绵弹滑，软糯爽舌，不禁出口赞声："好米！"白居易心想，若得元稹与刘禹锡在此同尝多好。白居易一生交游很广，但真正的挚友只有元稹和刘禹锡两人。

永修香米

话说白居易赞赏米饭之余，便叫来店家称了两小袋带回去。事也凑巧，不久，时任监察御史的元稹正好来江州办公务，也顺道看望久违的好友。白居易便将大米转送给元稹，元稹也觉得此米珍奇。返回长安后，为让白居易能得以早日召回长安，元稹就借白居易之名将大米转呈皇帝御尝，皇帝吃后，也觉得此米乃稀世之品。因此，皇帝便下令命建昌县每年以白槎大米进贡朝廷，于是便有了建昌贡米之说。从此，当地人自己也吃不到这种米了。

朱温灭唐后，再无人提及建昌贡米，当地人担心又会被官府征收作为朝廷贡米，便代代相传地在白槎一带悄悄播种、收割，其米质口感也一直受到祖祖辈辈的青睐。一千多年过去了，这个故事还在当地流传。

三十三、云居山攒林茶

永修云居山攒林茶，早在古代已属江西名茶。其起源于唐代道容禅师肇基云居山之时，道容坐禅，以茶“惊睡”，是以山茶常供道伴。自此，云居山方有茶事，至今已有1300多年。永修攒林茶，因茶树与林木混杂相生，故名攒林茶。又名“攒林云尖”，俗呼“云雾尖”，也称“云居禅茶”又称“赵州茶”，产于森林苍苍、秀雾茫茫的云居山中。攒林茶为何又名“赵州茶”？赵州毕竟远在千里的河北赵县。原来唐代有个著名的高僧从谂禅师，人称赵州从谂，他是个行脚和尚，在110多岁时从河北赵州千里迢迢跋山涉水来到云居禅院，于明月湖前夜合山下与当时闻名遐迩的云居禅院住持道膺禅师彼此机语相对，至为倾慕投契。两位高僧一同开堂演法，摄众无数。从谂禅师酷爱饮茶，几近成瘾，后从谂禅师在赵州圆寂，噩耗传来，道膺悲痛万分，于公元900年在莲花山的中心隘口兴建关楼纪念，名为“赵州关”。

赵州关内有数万亩茶林，时称“攒林茶”，从谂法师每天除了品茶论经，还到山中观茶采茶。佛门弟子为了纪念大师，又把赵州关内的攒林茶尊称为“赵州茶”。攒林茶在南宋时就被列为贡品。

唐宋以来，举国文风兴盛，许多文人雅士皆以尚茶为荣，尤以永修禅茶吸引历代文人墨客游历于此，留下名篇佳句与趣闻轶事。茶可吟诗，宋代李彭有记：“永夜不眠茶作祟，一灯明暗鸟呼风。”《游云居三首（其一）》

“幽窗多僧气，颇带山茶香。”(《雨坐遣心》)“充虚解战天皇饼，破魔惊睡赵州茶。”(《游云居歌》) 明代朱谋垔“只因寻药来欧岭，悟倾茶到赵州关”；明代另一位文人汪应娄吟诗：“佛印竹枝符古汗，赵州茶叶发春晖。”

相传清代的康熙、乾隆两位皇帝都曾把它当作长寿珍品。据《建昌乡土志》记载：“攒林茶俗名云雾茶，此茶不由人莳，产于林木中，吸取精华，饱食云雾，山人披荆采之始得，色香味皆佳，常州阳羡、浙江龙井、君山银针无以过焉！”这里把攒林茶列为与江苏宜兴的阳羡茶、浙江杭州的龙井茶和湖南君山银针茶齐名。阳羡茶早在唐代已经著名，并被列为贡品。可见攒林茶的品质非常，能与茶界精品“龙井”媲美。

第三章

方言俗语

第一节

方言

永修县地处江西北部吴头楚尾地带，位于鄱阳湖西岸，自古水陆交通十分发达，北接德安、星子，西连武宁、靖安，南邻安义、南昌市，东与都昌隔鄱阳湖相望，亦是多地域移民区。由于其特殊地理位置及历史渊源，造就了永修多元方言文化，不仅方言种类较多，且差别较大。其语言种类主要有地方方言、河南话（河南光山、罗山方言）、普通话、南昌话、浙江话、湖南话、安徽话（安徽芜湖一带）、四川话。河南话流行区域为虬津以上乡镇，主要有白槎、梅棠、三溪桥、柘林、江上等地；普通话流行区域主要为云山集镇、军山集镇、星火、柘林集镇、江玻、八角岭及县城；南昌话流行区域为恒丰、永丰等地；浙江话流行区域为分布在上片乡镇的浙江移民村（20 世纪 50 年代修新安江水电站移民）；安徽话流行区域为分布在云山、永丰、八角岭等原农垦企业（20 世纪 60 年代初逃荒过来）；四川话流行区域为分布在各乡镇的三峡移民村。

永修本土方言差异颇大，大体分为三种：一是以涂埠镇口音为代表的涂家埠话（包括三角、九合、立新、艾城、虬津、滩溪、燕坊）；二是以马口镇口音为代表的马口话；三是以吴城镇为代表的吴城话（后两种话音更接近南昌话）。

永修县方言属赣方言，与普通话存在较大差异，如“如果”念成“卢果”，“石头”念成“萨头”，“舌头”念成“色头”。有的声母、韵母与普通话的声母、韵母大相径庭，如普通话的“虾”（xia）念成“哈”（ha），“鞋”（xie）念成“孩”（hai），“限”（xian）念成“汉”（han），“慌”（huang）

念成“方”（fang）；有的无法用普通话的声、韵母结构读念。如普通话“罐”（guan）永修本地话就会念成酷似“俺”的前鼻音（ean），“水”（shui）、“非”（fei）、“回”（hui）均念成（fi）；有的与普通话拼音声韵母同，但此字非彼字，如：“拳”（quan）念成“宽”（kuan）、“去”（qu），“跪”（gui）念成“傀”（kui），“遮”（zhe）念成“咋”（za）；有的前鼻音较重，如“爱”（ai）念成“eai”，“晚”（wan）念成“ean”，“吹”（chui）念成“欺”（qi），“人”（ren）念成“您”（nin）等。总之，永修县方言的特点是古浊音声母均转变为清音声母，几乎没有普通话的卷舌音。多数语音稍带前鼻音。

a

俺即～我们；癌藤～傻子；哎的～外面；暗哆～天黑了；盎（eang）尸～哭泣（骂人）；拗捩（烈音）～固执，不好说话。

b

不吁寂～不做声；博士～木匠；扒开口透气～张开口喘气；不鹿为～不舒服，不高兴；不斗～关系不好、合不来。

c

出方～拜年；嚓霍闪～闪电；蹉麻哩～昨天；挫扇～坐船；蚕死～自己找死、寻短见（走路、离开）；撮圾～装垃圾的盛物（有篾质、木质、铁质）；嚓气～大声叫喊；锉（co）气～生气；糙格（go）～做人情、打点、公关；残嘎～程家；菜好寒～菜好咸；搓妈哩～昨天。

d

打弯箍纠哩～打转转；打破气～打击别人的积极心、打消别人原定的主意；打酱油～买酱油；打乱哇哩、打糊哇哩、打瘪色～乱说话、说胡话；打皮寒～患疟疾、作冷；打壳棍～打瞌睡；打哦唉～（小孩）打瞌睡；打失破、打个失破～权当没发生，权当没有这回事；打寝寝哩～全身颤抖；搭伙～合伙，合在一起；打骚胯哩～赤条着身子；打擦脚（jio）～打赤脚；蹬士～人力三轮车；断犽～骂人；电发～电话；堕衣向～穿衣服；

断夜～傍晚、黄昏；断夜边子～接近傍晚的时候；到站～手肘、胳膊肘；搭一高～摔一跤；搭火～烤火；逗饭～昼饭、午饭；端筒～舀水竹筒；东挤、粘挤～亲嘴、亲吻；到葛吐切～到这里住一夜再去；剁柴～砍柴；剁衣服～穿衣服；屌哩～鸟；滴壳～的确；斗霸～作对。当咯～注意、小心；当嘎～张家；兜嘎～周家，都嘎～朱家；低低兜兜～不顺利；兜凝噶～不好说话；兜筋～闹别扭、吵架；搭高～摔跤；豆耳～霉豆腐；东哩～小酒杯；冻田～种田。

e

嗯能～你；嗯出面切武担来～你出面去做好来；恶好～很好；恶（eo，永修方言拼音）喉凝嘎～很吸引人、令人很馋；恶错～不得了（惊叹语）；恶兜凝嘎～很麻烦、不讲道理，很不好办；恶恰尬～非常好；鞥妈～婆婆；嗯菜～空心菜；鹅戏鸭叫～很吵闹；鹅罗骨子～刮头；鹅头鹅脑～半傻子人，二百五一样的人；阿（ea）婆～外婆；eang（永修方言拼音）哩～小陶罐；昂 eang（注音）丧～哭丧。我（eo）即～我们；俺（ean）即～我们；嗯即、嘿即～你们，他们；鞥嘎～吴家。

f

发阿（ea）恰～快点吃；发阿（ea）切～快点去；发阿滴子～快一点；发阿走～赶快走；翻兜～调皮；发颈～公牛发情；发走～母猪发情（或赶快走）；发鸭（ea）子～赶快；发绵癫～说梦话；犯困～打瞌睡；发沤～哮喘；fi-ean（拼音）fi 臭～臭到极点；发佛（读音入声）、佛（读音入声）点子～心里胆怯；翻兜且灭～调皮到顶了；凡四眼（读音 ean）哩～身上要穴；fig 嘎～许家；扶嘎～胡家。

g

隔槽～跳蚤；个哩～这里、那里；葛哩～这里；葛样子～这样子；过雅～吃夜饭；刚哈子～刚才；公（geng）嘎～公公；甘雀子～麻雀；该勒，该见嘞～该怎么办；给子～锯子；旮子～窗户；过雅～吃夜饭；该见、开见～现在；歌啰～蝉。给挂、给起来～藏起来；嘎沙高～半拉子货的人、没头脑的人；刮头～鹅罗骨子；好革凝嘎～好急人；革死凝～急死人；刚鸽、刚鸽子～刚才；告一哈～试一下；嘎嚓～小气，吝啬、不舍得；哈嘎～夏家、谢家。

h

黑哩～那里；鞥哩～那里；黑气～漂亮；嘿～他（她）；黑即～他们；嘿您旮～冰凉；寒津～蚯蚓；和好～学校；好嘞～好热；好朗～好冷；好猫～手气不佳；好嗦～好差劲；好三仔嘞～注意、小心啊；好三仔啰～注意、小心嘛；好哚么～好了吗；好郎～很短；好莽～很长、很高；哼黎～打雷；哈的～下面；好果～效果；好佛嗯（第四声）～好怕你；好嘿凝～好冰人；好吸凝嘎～好痒痒；好三仔～要小心、注意；哈豆～下午、下昼；好山子～小心、留神；后麻哩～后天；葫哩～葫芦；还有咧咕咧～还没到时间、早得很；哈吗唧当～林林总总。

j

将才～刚才，将一脚～刚刚；结嫩（len）冻～结冰；今麻哩～今天；降哩～镜子；吉利～瓶塞子；叽咕搭黑～很黑、一片黑；斤挂～扔掉；椒子～叔叔；脚（jio）骨打伐伐～两腿发软颤抖；结实额好～确实很好；结赖～麻烦，不好办；结结赖赖～很麻烦，很不好办；急得打头头传哩～急得团团转；桀（接音）赖～不讲道理，不好说话，或很麻烦。

k

凯见～现在；快切～快去；快嗲子～（速度）快点；快嗲子切～快点去；快嗲子啰～（速度）快点嘛；揩刮哆～擦掉了；口条～猪舌头；看得袜现咯～看得很清楚；瞌（ko）棍～瞌睡。

l

朗子～矮个子；佬喂～小孩啊；列斜～邋遢；落勠（fi或落委）～下雨；落实咯～是真的、的确是；落平～老人去世；老虫～老鼠；芦秀～高粱；笼头～梳子；老哟～毒药；烙死人～毒死人；佬享福哆～小孩睡着了；朗得伏震～冷得发抖；哩（雷）天辣地～响彻云霄（声音很大很响）；

宁朗咯～怎样的；叻世搞个～怎么搞的；唧该～逛街；喽钻、尖钻～挖空心思钻营占便宜、心眼多；腊作～专指老人身强体健；腊球～泥鳅；卵俚卵蛋～轻浮、不正经；喇咯晓得～谁知道；咧哩咧斜～不整洁，好邋遢；列时列刻～临时，马上；鹿凝咯～骗人的。

m

莽子～高个子；毛呀子～婴儿；冇～没；冇有～没有；茅公～厕所；麻苟、麻苟溜哩～草帽；骂头骂老～做事很慢，不利索；明麻哩～明天；莫自寂～不要做声；蜢哩～蚊子；冒一眼、啥一眼（ean）～看一眼；冇高眼～没睡着；摸哆好嘿您～摸一下感到冰凉；姆妈～奶奶；苗子～红缨枪；灭开～扳开。

n

宁郎咯～怎样的；宁郎办～怎样办；涅（戏）一哈～玩一下；恁～女；宁打子～女孩；逆头～太阳；捏光～月亮；逆哩、逆上～白天；牛牯哩～公牛；囚姐嘎嘎哩不怕酡演～一个姑娘家也不怕害羞；您噶到嘿哩切嘚嘞～人家（我）明明到那里去了嘛；扭就～浑身不自在；鸟嘎～饶家。

o

哦唉～（小孩）睡觉。

p

鼻公～鼻子；皮丢、侧米～荸荠；撇脱～干脆；撇嗒撇脱～干干脆脆；撇脱哆呀～干脆点；炮咕里～汽球；旁壳（ko）哩～蜻蜓；盘跄～晒米谷的篾竹盘；庞七庞八～横行霸道；庞嘎～彭家。

q

前麻哩～前天；切哆～去了、完了；恰饭～吃饭；恰哆磨～吃了饭吗；切货～完了；切货哚～彻底完了；切归～回家；切刮哆～丢失了；擒到哆～找到了；齐到～站到；齐哩～锤子；齐开～一边去，站到一边去；起哼哆～刮风了；恰片哩～尿布；切捏一哈～去玩一下；恰尬～很好；且兜且灭～坏事做绝、没有后代（骂人话，如：且兜且灭咯人家哩）；且寿咯～绝寿的，短命的；且根老哩～绝后的人（骂人）；齐嘎～徐家。

s

烧宁旮～很烫；啥光～手电筒；啥一哈～看一下；上该～上街；杀墙～泥匠；杀火～厉害；三木椒～辣椒；上豆～上午；手捏子～手帕；啥哩～什么；稍啊哩～小竹条；噻面～洗脸；设孤设法或设骨道法～奇思怪想或想方设法；筛茶～倒茶；是葛酿咯啰～是这样的嘛；神囊搞个～怎么搞的；鞘呱～赶走；琐细～啰嗦；速进切～缩进去；失破～权当是；死一七冇埋～木讷，办事拖拉；三担茅柴弹不入～用三担柴火都烤不进去，表示性子很慢；唆泡～吹牛；森嘎～孙家。

t

太～大；塔豁闪、闪霍闪～闪电；条帚～扫帚；调羹、挑哩、匙哩～羹匙；痰嘎子～隔涎布；酡演～害羞；驼革～担心，担忧；涂母～妯娌；特骨～突然；摊尸～躺在床上（骂人不起床）；讨奶～喂奶；唐婆～丈母娘、岳母；唐年～岳父；头绳袄里～毛衣；头世恰多了头罐粥～冤家对头；头世作多了恶～上辈子做多了坏事；蹄花～猪腿；谈嘎～郑家。

w

瓦～说；瓦一哈～说一下；屋堂～村庄；我该嗯咯～我欠你的；王啊条哩～小竹鞭；王啊条哩炒拗丝～小竹鞭打屁股；我不切咯嘞～我不去的；汶死～淹死；弯鸡～刚孵化出来的鸡；歪呀吔～哎呀；卧错～无耻、下作、肮脏；乌七八弓～又黑又脏；武赞哚～做好了；袜袜现现～清清楚楚。

x

细～小；细鬼～小孩子；县党～县长；向～看；细呀（ea）子～小孩；相公～光看不做的人；洗猪～杀猪；洗面～洗脸；想些哆～化雪了；新妇～新媳妇、媳妇；显蛃～蛤蟆；香一个、香一下～亲一个（嘴）、亲一下（嘴）；消骂～指人体或物件脆弱，不经用；相屋～看守房子；雄几～猪鼻嘴；心里骂姜～心里害怕，惊怵。

y

呀～爸；邑咃、邑呀～妈啊；咿呀～哎呀（惊叹语）；意呀～母亲；姨呀～姨父；烟筒管～烟囱；亚哩～晚上；鸦（ea）鹊～喜鹊；亚火同～萤火虫；蝇哩～苍蝇；央牛～放牛；一嗲吁、一滴噶子～一丁点；一哈子～一下子；一乜丫子～很少，一点点；秧俚大咯宁～与秧苗一般大的人；样鸡～公鸡；样饭～糯米饭；腰子～肾；哟一哈～指一下；拥嘎～熊家；细嘎仔～小时候；细啊仔～小孩。

z

灶房～厨房；浙捏～鲫鱼；猪牯哩～公猪；作噻～洗澡；占、占子～蒸笼；灶箩～洗菜篓；仄头～歪头；装醒、装鬼醒～以为自己了不起；招菜（谐音招财）～猪舌头；猪荷包～猪肚子；猪腰子～猪肾；猪旺子～猪血；灶鸡婆子～蟑螂；栽迷哩～钻进水里；扎火～烤火；赞哚～好了；作故正经～假装正经；好则磨凝～好可怜，让人心疼。

永修地处吴头楚尾，赣方言语音较浓，而且一些语音的发声与普通话有着很大的差异，如爷、也、野、夜（ye）说成牙（ya）音；写、斜、谢、邪、泻等（xie）说成 xia 音。

另外永修县农村尚有方言“香便”之词，系谦辞。以前正吃饭者见同村亲朋路过门口见面首问一句：“恰（吃）了（饭）吗?”答者就随口回道：“香便，恰（吃）了。”此乃倒装句，意即：“我吃了，您的饭很香，请自便吧。”后即使不吃饭时见面，亦有此问彼答之语。

第二节

俗语

人物类 人～丁；鹰爪孙～官府；糕～老人；翅子顶罗～官帽子；豆儿～姑娘；托线孙～保镖人；芽儿～小伙子；并肩子～即朋友之意；老宽、空（倥）子～外行；点子～对象、敌人；捏班～尼姑；线上～以某个地域为势力地盘，该地域即称“线”。简单地说，“线上的朋友”就是“地头蛇”，如西路川陕这趟线上、衡山这趟线；合（黑）字、老合～贼（通常非称呼在帮者，而纯粹指称一般盗贼）；吃飘子钱的老合～水贼；总瓢把子～在江湖上指称首脑、老大，瓢（把子）原为头、脑袋之意，此处为引申意；马眼子～专门四下探访名马的人，凭着一双饱具经验的眼睛，再加上一张油滑善辩的嘴，无往而不利。“马眼子”周江曾企图说服寇英杰将宝马黑水仙卖给玉观音郭彩绫，却碰了一鼻子灰。（见萧逸《长剑相思》）擦子～男流氓；串女～女流氓；姑～女流氓；姑爷～男流氓；雀子～女流氓。

数字类 流、月、汪、则、中，神、心、张、爱、足，牌、节、万～一、二、三、四、五，六、七、八、九、十，百、千、万。

生活类 老瓜、居米～银子；亮子～照明用具，如千里火等；莲花子～碗；钵子～大碗；划十子～筷子；搬梁～拿筷子；水牙子～汤匙；扣盅～喝水；穿通子、顺腿～袜子；提头子、踢土～鞋子；飞蛾子～马挂；叉叉子、蹬空～裤子；通衫子～大挂；顶天～帽子；小罗考～衬衣；护脸～眼镜；海砂子～私盐；海砂窑～盐仓；姜片、马蜂子～肉；马牙～饭；番张子～饼；细苗条～鱼；拖条～睡觉；黏肤～擦脸；蹦火～吸烟；蹦台～上炕；领甲～

烤火；卖鸡～跨门槛；遛狗～跳窗户；摆丢子～刮风；照相、朝相～见面；安了根～吃饭了；眩里圆～吃了；捏子攒～还没吃；东、西、南、北～倒、列、阳、漠；捕子～捕鱼的水禽；皮娃子爆豆子、皮子串～被狗咬了；火窑～店房；打尖～意指旅人中途吃饭；踏青子、斩盘带推包～串茶馆，相面带治病。

器官类 瓢（把子）～头、脑袋；摘瓢～割脑袋，另可引申为一组织之首脑、领袖，称“总瓢把子”；招子～眼睛（古代指招贴、告白。如《永乐大典》：“今早挂了招子，不免叫孩子出来，商量明日杂剧。”大抵眼睛为一个人的招牌，故引申而称“招子”。武林中，下手歹毒者常直取对方双目，意欲废掉对手的招子。另眼睛亦可称“湖”。招子不昏：眼睛不亮）；顺风子～指耳朵；海子、江子、樱桃子（女）～口；金杠子～腿；南子～肚子；踢杞～脚；蚕子、定盘子～心。

对人体各部位的称谓 头～枣木子，也叫瓢儿；脸～盘儿，容颜俊美为盘儿亮；眼～照罗，亦称招子；鼻～闻罗；口～食罗；耳～听罗；手～五爪龙。

武器类 蛇儿～把兵器比作叫花子手上的蛇；暗青子～暗器；青子～兵刃；片子～刀；海青子～大刀；月牙锋～戟；挺子～匕首；花条～花枪；小黑驴～洋枪；喷子～鸟枪；串蔓子～买枪；串非子～买子弹。

对器械的称谓 红缨枪～长虫；虎头勾～捧挂；棍～条子；刀～亮青子，又名劈水；宝剑～翅股。

江湖过招类 万（儿）～名头；红货～指走镖时押护的银钱类货物；踩盘子～指事先侦查要劫的对象；羊牯～抢劫的对象；递门坎～动手过招前自报师从门派；结梁子～指结仇；缺点子～无人之意；盘道～套话；挂桩～对上头；对盘～遇上（动手）；剪镖～劫财；淌进～潜进；醒攒～被识破；七寸子～要害；新上跳板～刚出道；合吾～大家都是江湖同道；水漫了～人家杀来了；挂彩～受伤；土了点儿～死了人啦；碎了～死了；清了～杀了对方；叫鞭土～打死人啦；风紧～情况危急；扯呼（活、滑）～逃跑之意；松人～赶快逃走之意；亮盘～照面亮相；上线开爬（扒）～在这一带下手作案；摘瓢～割脑袋；开山（安窑）立柜～以一地为根据地。

对话应用类 并肩子，念短吧！火窑外可有鹰爪孙淌过来了～弟兄，别说话，店房外有官人过来了；马前点，喂暗青子～赶快预备暗器；合字上的朋友，一碗水端来大家喝～道上的朋友，把你刚抢到的财物拿出来大家分分（黑吃黑）；并肩子，可是风子万儿么～弟兄可是姓马么？捏班扎手，并肩子扯活（呼）～尼姑厉害，哥们逃吧！并肩子们念短吧！云棚上，梁子孙粘上啦～弟兄伙伴们别说话，顶子上有仇人绷着啦！招子放亮点！把合住刁枝子，我有法子教猴崽子亮相的～眼睛亮点，看住了那株树，我能教他出来；朋友踩宽着点，进来是条子扫，片子咬～（对进屋窃贼发话）朋友放过了吧，否则进来就用枪扎你、用刀砍你！朋友们，灯笼扯高一点，我们这是个黄草窑子～（对进屋窃贼发话，南省用法）朋友们，将眼光放远一点，我们这是无钱财的人家！并肩子，托线孙可灵了，亮青子，招呼吧～弟兄们，保镖的察觉了，亮兵刃，动手吧！并肩子，念短吧！棵子里面伏着不少点儿了～弟兄们不要说话，草里藏着不少敌人；并肩子，这个托线孙既是没挂老居米子了，我们马前点接应“阳向”的弟兄，看从那里走了货～弟兄，这个保镖人不是我们想拦劫的人，身上没带着多少财货，赶紧接应南路的弟兄，怕从那里走了人；撸扣～吐赃，就是交出抢来或偷来的赃物；（高级黑话：化霜）肚白～绑架案中拿赎金的人；黑皮～衙役，官差；边汉～卖膏药用铁锤子打者；蹲竿、护院模杆～江湖卖艺为生的人；条子～捕快钩子、密使；卧底注意～打尖是指旅人中途吃饭，而不是歇脚。

古玩行话 古玩行业历史悠久，目前所知最早的古玩行话要算“骨董”一词，“骨董”初见于唐代开元年间张萱的《凝耀》。“骨董”二字系方言，初无定字。“骨董”后演变为“古董”，直到清乾隆年间才把“古董”改为“古玩”，取“古代文玩”之义。

古玩行对某种藏品都有特定的叫法，各专业、各地区的叫法也不同，且是随着社会发展而变化，不断推陈出新，丰富多彩。如现玩、今玩～当今制作的藏品；纸儿、片儿、纸头～书画；绿头～翡翠；老种～老翡翠；新种～新翡翠；石头～玉器；石头帮～做玉器生意的一伙人；生玩～新出土文物；水货～境外走私来的收藏品；爬山头～把损坏的古玩修补好；做旧～把新品做成旧品；装棺材～以新画做旧后，找来不值钱的旧书画去掉原来的画心，套上旧裱边（即所谓“装棺材”）的一种做旧方法；下蛋～复制品；高仿～做旧做得好；判眼～做旧做得不好；老仿～民国以前的仿旧；铲地皮～挨家挨户上门收购；洋庄～做外国人生意；本庄～做国内人生意；捎做～代销；打仗～以物易物；天价～漫天要价；一枪打～批货好坏一起卖；开冲～第一笔生意；吃仙丹～低价买进价值高的古玩；漏掉～好东西以极低的价格卖掉；吃药～买进假货；分～元；角～10 元；块～100 元；一只数、一桶水～1 万元；打一～按成交价的 10% 付回扣。

如果有人对你说，我们的日常用语中有许多是“江湖黑话”，你肯定会大吃一惊。但这的确是事实。在社会生活中，有一些我们不懂或者感觉神秘的“语言”和“文字”，比如符号、图语、咒语、占卜语、人体语、江湖语……但是，当我们了解了它们的起源、构成、作用、表意和内涵以后，我们就会恍然大悟。原来神秘语言并不神秘，我们不仅能懂，而且经常有意无意地运用于我们的日常生活中，它原本就是中华文化不可或缺的一部分。

谚云：“江湖话走遍天下，黑咕语寸步难行。”可见江湖语是流行于全国各地三教九流、各行各业，覆盖面极广的一种通用隐语，是中国汉语中的社会方言。它的一个最大特点就在于它的群体性和隐秘性。除了江湖中人和少数专家、学者之外，一般人是难以通晓的，行家称之为“春点”或“切口”。

江湖上讲究八大门，即金、皮、彩、挂、平、团、调、柳。“金”指算命看相的；“皮”指行医卖药的；“彩”指耍魔术变戏法的；“挂”指习武练拳的（故称“挂子行”）；“平”指说评书相声的；“团”指乞丐、卖唱的；“调”指搭棚子吹、拉、弹、唱的；“柳”指唱传统戏的。在八大门中，“挂子行”位列第四。虽然地位较低，然而江湖语却多出自社会贤达及文化名人之手，有着极其深厚的文化内涵。

由于历史的原因，江湖语作为一种特殊的语言，不仅丰富了中国的语言文化，而且在冷兵器的特殊年代，对于武林人士的思想沟通、技艺交流、走镖护院，甚至对于发展一方经济均发挥过特殊的作用。老一代武林前辈对江湖春点极其珍视，不肯轻传。谚云：“能送十吊钱，不教一趟拳；能送一锭金，不吐半句春。”话是拦路虎，有时候话比拳还重要。

譬如说，你是看家护院的，晚上看到房顶上有个人，那人说：“好美一池水。”如果你答不上来，近期必然出事；如果你懂得这是一句试探软硬的话（江湖上称院子叫作“池子”，“好美一池水”意为这个院子里有不少钱财，可以来抢），只要正确应对就可以避免一场灾难。正确的回答是，贼说：“好美一池水。”你应回答：“水里没有鱼（意即这个院子里没有多余的钱财让你拿）。”贼又说：“水里鱼不少（意为院子里钱财不少，我有足够的能力在这里抢很多东西）。”你又答：“鱼身上有刺（意为即使有多余的钱财，因为我有高超的武功，有我在这里看护，你是拿不到的）。”这样，贼人一听就“扯活了”（意为跑了）。

对武林中人的称谓　练拳的称为“挂子行”，细分为：支挂子～懂点武术，胆子大、敢护院的人；拉挂子～当保镖的人；戳挂子～设场教徒的人；清挂子～打场卖艺的人；点挂子～卖艺又卖药的人；暗挂子～专指武德败坏、恃强凌弱、偷盗抢劫、打架斗殴的人；祖父～东日；祖母～东月；父亲～日宫；母亲～月宫；外祖父～东白；外祖母～重月；岳父～外日；岳母～外月；丈夫～盖老；妻子～底老，也称为才，小老婆叫偏才，无妻为底空；哥哥～上部；弟弟～下部；儿女们～铃铛；儿子～勾花子；姑娘～斗花子；儿媳妇～欠才。亲人去世称之为“念”，父亲去世叫“念日宫”，以此类推。

对形形色色之人的称谓　当官的～冷点；外国人～色唐点；木匠～森

丘；演员～柳点；和尚～念三；道士～念四；尼姑～念把；算命的～金点；暗中人～马子；明中人～射果日；好色的～臭子点；死人～土点；商人～贸易点；掌柜的～门息点；顾客～点儿，容易接待的顾客称正点，难缠的顾客称花点，多次上门的顾客称回头点，只看不买的顾客称水点，客主称点王；老头～苍才；老婆婆～苍果；姑娘～朵花子；小女孩～尖斗花；妇女～果衫尖；有钱人～火点；无钱人～水点；当官的～冷点；大霸～大官；小霸～小官；走江湖的～老海；算命的～金点；唱戏的～柳点；容易做生意的人～正点；不容易做生意的人～花点；书家～捌黑；画家～捌彩生；主人～点王；门卫～坎子；好色之徒～臭子点；卖饼子的～下大棋的。

对自然现象的称谓 天～乾盖；地～坤宫；太阳～常圆；下雨～摆线；下雪～摆银。

对烟、酒、茶及饭菜的称谓 烟～草山；抽烟～啃草山；酒～火山；茶与黄酒～金山，喝茶～押淋；解手～摆淋；水与白酒～银山；菜～苗食；饭～坑儿，也叫山，吃饭～搬山或挡坑儿；喝醉酒了～火山串了。

对部分姓氏的称谓 姓氏在江湖上称为“万儿”。若问师傅或者来人贵姓，要这么问：“挑什么万儿？”如来者姓刘，则回答“顺水万儿”，若姓李，则回答“规矩万儿”，姓王答“虎头万儿”，姓田答“糖根万儿”，姓郝则答“煤锭万儿”等。赵为灯笼万；钱为楚头万；孙为随意万；张为背弓万；石为山根万；白为雪花万；周为沿头万；冯为补钉万；郭为草梢万；冀为对面万；彭为遮天万；庞为桌面万；梁为冰凌万。

对动物的称谓 老鼠～穿梁子；牛～春义子；虎～爬山子；兔～月宫嘴子；蛇～海条子；马～风子；猴～跟头子；鸡～尖嘴子；狗～路径嘴子；猪～黑嘴子；鸭～扁嘴子；虾～长枪手。

对某些行为的称谓 杀人～摘瓢儿把子；看人～把法；打人～鞭；练枪～盘盘长虫；练刀～打打劈水；骑车～驾尖轮子；骑马～驾风子；入宅抢东西～摸池子；唱戏～算柳；喝酒～搬火山，喝醉酒为火山串了；上床

~拿攀；卖艺~打地皮。

其他说法 书~垛子；念书~咬垛子；人死~土点了；漏子~八大门同行；空子~外行；好~照福；不好~不照福；十岁~一丈；二十岁~中果；年龄大了~太岁海了；理发~扫苗；打电话~挂线日；钱~楚头；钱多~楚头日海哩。

四大名山 在江湖上行走，不免有人要问，你靠什么吃这碗饭？如果你是保镖的，千万不能说“我的一身功夫”，那样会引起麻烦。按江湖规矩应回答：“在下靠的是四大名山。”“何为四大名山？”你应回答：“朋友来了有金山银山，我看朋友重如泰山，朋友相会如到梁山。”

江口行话 骂东家男人不好：差劲~斗毛好皮；骂东家女人不好：差劲~凤冠好皮；很好~好杠；小孩~显毛；拢族~把族人组织在一起、聚拢。

卖菜行话 一~兵老；二~田罐；三~桃园；四~罪罐；五~磨佬；六~点罐；七~操罐；八~些罐；九~羊罐；十~文字。

卖鱼行话 一~文字；二~哦罐；三~石罐；四~罪罐；五~点罐；六~楼罐；七~操罐；八~协罐；九~羊罐；十~梅子。

饭庄行话 鱼~摆水；吃鱼~吃摆水；吃鸡~吃油佬冠；吃猪肉~吃滑老馆；猪舌头~口条、招财；猪耳朵~顺风；猪嘴~熊儿；猪内脏~下水；猪血~旺子；猪脚~猪蹄；三鲜面~吊面；肉丝面~油面；蛋炒饭：蛋多饭少叫金包银，蛋少饭多叫银包金。

喝酒令 亦称猜拳令、划拳，是清末河南信阳、南阳移民传入永修的一种民间游戏。两人或两人以上喝酒时，为助兴或分酒量高低，以猜拳方式定输赢，输者喝酒。规则如下：其一，两人或两人以上，在喊出“哥俩好”后，伸出手指，手指相加，为自己喊出数字，为赢者；如相加没有喊出数字和均为喊出数字为平，继续猜拳。如果其中一人叫出的数字低于手指出的数字即犯规，是为输者。其二，猜拳令的叫法，是猜拳的一种艺术技巧，一般出一不叫一（叫宝，一是出拳头为零，零叫宝），出二不叫二，以此类推。一叫一品高，二叫哥俩好，三叫三桃园，四叫四季发财，五叫五葵手，六叫六六顺，七叫七仙女，八叫八仙过海，九叫九九顺，十叫全到。划拳词是：“好哇好哇，一品高哇，哥俩好哇，三桃园哪，四季发财呀，五葵手哇，六六顺哪，七仙女呀，八仙过海呀，九九顺哪，全到哇。”

第四章

民间谚语、歇后语

第一节

谚语

永修县的民间谚语、歇后语丰富，是劳动人民通过生活生产总结的口头语言，在民间口口相传，至今流播千年，历久弥新。永修县民间谚语大致分为农谚、气象谚、生活谚，加上歇后语，共有 800 余条。

一、农谚

白露摇摇，正好种荞。

白露天气晴，谷子如白银。

白米饭好吃，五谷田难种。

不怕种子旱，就怕秋苗干。

不怕天旱，只怕锄头断。

不怕迟种，单怕迟锄。

不怕苗小，单怕虫咬。

不种百亩，不打百担。

不治病和虫，秋后一场空。

不怕三月雨，但怕四月风。

不犁又不耙，种上打不下。

锄头口里吐黄金。

锄头响，庄稼长。

春旱不算旱，秋旱减一半。

春天粪堆密，秋后粮铺地。

春肥满筐，秋谷满仓。

春风不进屋，养牛崽俚冷得哭。

春打六九头，备耕早动手。

春旱不算旱，秋旱减一半。

春旱谷满仓，夏旱断种粮。

春雪填满沟，夏田全不收。

春插时，夏插刻，春争日，夏争时。

春来无雨不种田，秋来无雨莫翻园。

春不耕，秋不收。

柴多火焰高，粪足禾苗好。

除虫如除草，一定要趁早。

插秧过小满，做死无一碗。

大暑到立秋，积粪到田头。

大雪飞满天，来岁是丰年。
大雪兆丰年。
大暑小暑，遍地开锄。
冬至不挖薯，再挖变烂土。
冬草肥田，春草肥禾。
冬雪一条被，春雪一把刀。
冬天多刨地，春天苗子齐。
冬天打坝修岸，春天涨水无患。
冬天比粪堆，来年比粮堆。
灯无油不亮，稻无肥不长。
地靠人来养，苗靠肥来长。
底肥不足苗不长，追肥不足苗不旺。
伏里一天一曝，坐在家里收稻。
买种百斤，不如留种一斤。
富学田打脚，累学田当头。
翻深一寸土，多收一半粮。
肥料虽是宝，无水长不好。
肥不过春雨，苦不过秋霜。
过了小满十日种，十日不种一场空。
锅底无柴难烧饭，田里无粪难增产。
谷雨前和后，种瓜又种豆。
禾怕盖头风，人怕老来穷。
灰里荞麦泥里豆。
孩要奶足，田要水足。
好田不种成草窝，庄稼不锄成草坡。
好树开好花，好种结好瓜。
寒婆捡柴空手回，天上落雨地上泥。
寒露收谷忙，细打又细扬。
寒露下葡萄，白露打核桃。
蛤蟆开口早，早禾一定好。
交秋打霜，一年瞎忙。
浇粪养地，农田得利。
鸡早宿窝天必晴，鸡晚进笼天必雨。
今冬大雪飘，明年收成好。
棉花不打杈，光长柴火架。
麻雀围食要落雪，蚂蚁垒窝要落雨。
芒种不种，过后落空。
芒种麦登场，秋耕紧跟上。
立春三场雨，遍地都是米。
立夏种油料，同时插水稻。
立冬不砍菜，受害莫要怪。
立夏到小满，种啥也不晚。
立夏刮阵风，小麦一场空。
立秋处暑云打草，白露秋分正割田。
立秋有雨样样有，立秋无雨收半秋。
立秋雨淋淋，来年好收成。
立秋下雨万物收，处暑下雨万物丢。
六月南风不歇脚，稻禾田里干成壳。
六月不热，五谷不结。
粮食冒尖棉堆山，寒露不忘把地翻。
漏秋漏伏，年成大熟。
人勤地不懒。
人勤地有恩，锄头挖黄金。
人要吃饱，地要种好。

人要饭养，稻要肥长。
人误地一春，地误人一年。
人骗地皮，地骗肚皮。
人热了跳，稻热了笑。
人不勤，地不灵。
人怕胎里瘦，苗怕根不肥。
人怕老来穷，禾怕寒露风。
人治水来水利人，人不治水水害人。
若要粮满仓，鸡叫便起床。
耙田插秧莫迟延。
三耕四耙五锄田，一季庄稼吃两年。
三分种来七分管，十分收成才保险。
三年不选种，增产会落空。
三月桃花天，走路要人牵。
社前蛤蟆叫，社后冷得跳。
上流乱开荒，下流要遭殃。
山上开荒，山下冲光。
深耕一尺，耐旱五日。
霜降快打场，抓紧入库房。
水荒一条线，旱荒一大片。
水荒百日，旱荒一年。
天干三年吃饱饭，虫害一时饿死人。
土是本，水是命，肥是劲。
土地深耙如上肥。
土垫一寸，强似上粪。
土地耕深，赛过上粪。
土是摇钱树，粪是聚宝盆。
土闲三年如粪，粪闲三年如土。
头伏芝麻二伏豆，早粟还在三伏后。
田不翻冬，来年草凶。
田里不上粪，吃饭要断顿。
田深耕一寸，春天省堆粪。
秋后不深耕，来年虫子生。
秋分已来临，种麦要抓紧。
秋风镰刀响，寒露割高粱。
秋分不割，霜打风磨。
秋分谷子割不得，寒露谷子养不得。
清明前后，种瓜种豆。
清水下种，浑水插秧。
蜻蜓飞得低，出门戴斗笠。
一场秋雨一场寒，十场秋雨要穿棉。
一分耕耘，一分收获。
一粒粮食一滴汗，粒粒都是金不换。
云遮中秋月，雨打上元灯。
月光长毛，晴也不牢。
月光照泥，晴不到鸡啼。
万物土中生。
万事农为本。
晚霜伤棉苗，早霜伤棉桃。
未秋先秋，踏断蛮牛。
下秧太冷怕烂秧，小秧出水怕青霜。
小暑吃园，大暑吃田。
小寒三九天，把好防冻关。
小满前后，种瓜种豆。

夏至无雨，囤里无米。

夏至未来莫道热，冬至未来莫道寒。

夏至进入伏里天，耕田像是水浇园。

小暑不种薯，立伏不种豆。

小暑风不动，霜冻来得迟。

雪闹十五灯，来年一地参。

蓄水防旱，积谷防饥。

作田不上肥，土地脱层皮。

作物不认爷和娘，功夫不到满地荒。

作田不上粪，地里根根棍。

做瓦靠坯，种薯靠灰。

做田不做角，边做会边缩。

早起三朝当一工，莫在人前落下风。

早浇萝卜晚浇菜。

早种三分收，晚种三分丢。

种怕水上漂，禾怕折断腰。

种子不选好，满田长稗草。

种子经过筛，幼苗长得乖。

芝麻不撞叶，一棵收一碟。

庄稼是枝花，全靠肥当家。

二、气象谚

北风无露定有霜。

百日连阴雨，总有一朝晴。

处暑里的雨，谷仓里的米。

处暑下雨烂谷篓。

重阳无雨看十三,十三无雨一冬干。

大雁南来天将寒，大雁北飞天将暖。

地返潮，雨进楼。

地返潮，防屋漏。

冬冷多晴，冬暖多雨。

冬雪米，春雪水。

东杠（虹）晴，西杠（虹）雨，南杠（虹）北杠（虹）涨大水。

东北风，雨太公。

东风是只鬼，住风就是雨。

东风急溜溜，半夜雨稠稠。

龟背潮，下雨兆。

谷雨冇雨，后来哭雨。

谷雨有雨兆雨多，谷雨无雨水来迟。

寒潮过后多晴天，夜里无云地尽霜。

久晴大雾弱，久雨大雾晴。

久晴大雾阴，久阴大雾晴。

鸡迟宿，鸭欢叫，风雨不久到。

芒种刮北风，旱断青苗根。

芒种火烧天，夏至雨连天。

立春三日雨淋淋，阴阴湿湿到清明。

立秋无雨，秋天少雨；白露无雨，百日无霜。

冷得足，晴得长。

冷得早，暖得早。

雷公先唱歌，有雨也不多。

露水重，天气晴。

腊雪如盖被，春雪冻死鬼。
南闪火门开，北闪有雨来。
泥鳅跳水，天要落雨。
鸟往船上落，大雨要经过。
鄱湖水倒撑，圩堤要成囊。
开门风，闭门雨。
日头晒夜，泡犁泡耙。
日晕朝朝雨，夜晕风头起。
日落胭脂红，无雨便是风。
日落西北满天红，不是雨来就是风。
日落西山一点红，半夜起来搭雨棚。
上东下西，打马送蓑衣。
霜重见晴天。
霜后南风连夜雨。
霜夹雾，旱得井也枯。
水缸穿裙，大雨淋淋。
秋前北风秋后雨，秋后北风干河底。
秋后北风紧，夜静有白霜。
蚯蚓爬上路，雨水大如注。
墙上出汗，云要找伴。
清明要明，谷雨要沉。
清明断雪，谷雨断霜。
清明雨纷纷，植树又造林。
清明要晴不得晴，谷雨要雨不得雨。
蚯蚓路上爬，雨水乱如麻。
太阳现一现，三日不见面。
一场雾露三场雨，三场雾露晴到底。
一光一暗，大水上涨。
月穿蓑衣，天要下雨。
雨中歌啰叫，明日太阳笑。
雨打清明节，干到夏至节。
鱼跳水，有雨来。
鱼起跳，雨来到。
燕子低飞要落雨。
燕子窝里垫草多，一年雨水流满河。
有雨山戴帽，无雨云拦腰。
雨前有风雨不久，雨后无风雨不停。
萤火虫飞过屋脊，禾田要发坼。
要知明天热不热，就看夜星密不密。
雾重见晴天。
乌云接日头，半夜屋檐流。
五九六九，河边看柳。
乌龟背冒汗，大雨要上岸。
五月南风涨大水，六月南风干到底。
乌云接日头，半夜雨稠稠。
五月南风落大雨，六月南风海要枯。
雾里日头，晒破石头。
夏至刮东风，半月水来冲。
夏至三朝雾，出门要摸路。
夏至有风三伏热，重阳无雨一冬晴。
夏至无雨三伏热，处暑难得十日阴。
早晨雨，落不起。
猪衔草，寒潮到。
灶烟往下滚，不久雨来临。

三、生活谚

熬薯糖不甜，做酒糟又酸。

白狗吃肉，黑狗当斋。

白酒红人面，黄金黑人心。

别人求我夏天雨，我求别人秋月霜。

别人老婆别人妻，看得眼饱肚中饥。

不当和尚，不知头冷。

不动扫帚地不光。

不听老人言，吃亏在眼前。

不怕路长，只怕志短。

不怕山高，就怕脚软。

不怕怒目金刚，只怕眯眼菩萨。

不怕红脸关公，就怕抿嘴菩萨。

不怕虎狼当面坐，只怕人前两面刀。

不怕黑李逵，就怕笑刘备。

不怕衣服有补丁，就怕心里有污点。

不图金子多少，只要郎儿心好。

不想柴火烧，还不得斧头脱。

把身上肉割给别人吃，都说是酸的。

鼻子底下就是路。

拔出萝卜带出泥。

长短是根棍，轻重是个礼。

长哥当父，长嫂当母。

吃遍天下猪好，走遍天下书好。

吃遍天下盐有味，走遍天下钱有味。

吃蛇不吐骨头。

吃盐菜，报肉账。

吃了对门谢隔壁。

吃饭伸懒，做事没影。

吃截萝卜剥截皮。

从小拿蛋不管，到大偷牛已晚。

出门看天色，进门看脸色。

草若无心不发芽，人若无心不发达。

丑了莲花坏了藕。

初学剃头，碰到个络腮胡子。

重打锣鼓重开张。

除了栗树无好柴，除了郎舅无好亲。

船小好调头。

船上不挤岸上挤。

秤砣虽小，能压千斤。

愁人苦夜长，志士惜日短。

春天的大雁，头一直朝北。

当面锣，对面鼓，三当六面说清楚。

当家才知柴米贵，养子方知父母恩。

腹中饥饿无人知，身上破衣受人欺。

读书不吃苦，老来要人扶。

打蛇要打七寸。

打笆篱惊雀子。

打公骂婆，拖老公下河。

大夫门前病人多。

大雁回家，总要有“人”样。

大河大港水飘飘，好夫好妻要命招。

到什么山上唱什么歌。

豆腐花肉价。
灯草打人虽不痛，惹得别人心里恨。
低头不见抬头见。
胆大骑龙骑虎，胆小骑猫骑兔。
刀伤易治，口伤难医。
饿死莫做贼，气死莫告状。
粪壅地里臭，饭吃口中香。
各人儿女各人疼。
高不成，低不就。
过路不长草。
干手沾芝麻。
狗咬破衣人，燕筑富家窝。
狗骂千般不嫌主，雁飞万里能识家。
狗咬骨头自然香。
狗肉朋友，柴米夫妻。
跪都跪了，还在乎这一拜。
喝井水，屙硬屎。
后上船的先上岸。
火要空心，人要实心。
火炙胸前暖，风吹背后寒。
好狗不挡路。
好人不听狗唆。
好男不争财和产，好女不争嫁时衣。
好猫难抵雨引诱，人不交往看不透。
好药难治冤孽病，好话难劝糊涂虫。
黑毛猪子家家有。
虎瘦雄心在，人穷志不短。
口里叫哥哥，背后操家伙。
口吞胡椒暗闭气。
看亲看娘，看屋看梁。
看看水情再撒网。
困前洗脚，胜吃补药。
刻薄不赚钱，忠厚不折本。
客来扫地不算勤快。
靠壁壁倒，靠门门斜。
懒人有懒人福。
懒人屎尿多。
浪大河难过。
浪再高，也在船底；山再高，也在脚底。
饿鬼投胎不知饱。
郎中门前病人多。
雷公不打吃饭人。
六月不借扇，腊月不借凳。
龙配龙，凤配凤，跳蚤配臭虫。
老人不说古，后生会失谱。
萝卜上了街，药铺不用开。
看人打瓜，看米做粑。
看佛警僧，看父警子。
萝卜盐菜，各有所爱。
量别人九尺九，量自己一尺一。
宁死做官的爷，不死叫花子娘。
宁在世上挨，不在土里埋。
宁毁一座庙，不拆一桩婚。

宁添一斗，莫添一口。
宁可身骨苦，不叫面皮羞。
宁救百只羊，不救一条狼。
宁可荤口念佛，不可素口骂人。
宁做蚂蚁腿，不学麻雀嘴。
宁吃开眉粥，不吃皱眉饭。
宁叫钱吃亏，不叫人吃亏。
宁给君子提鞋，不和小人同财。
宁给好汉拉马，不给懒汉作爷。
宁打金钟一下，不打破鼓千声。
宁做穷人脚下土，不做财主席上珍。
宁愿挺胸折断骨，不愿低头受人辱。
宁跑自己的菜园，莫走富家的瓜田。
宁愿隔壁宿黄牯，不愿隔壁做知府。
宁愿荒地，不可荒人。
宁饿不吃三月鱼。
宁喝朋友一杯水，不吃仇人半口蜜。
娘亲舅大，爷亲叔大。
娘死了压断路，爷死了无人抬。
牛角总往内弯，弹子总往外弹。
牛不知角弯，马不知脸长。
牛眼识草，慧眼识宝。
鸟贵有翼，人贵有志。
鸟惜羽毛虎惜皮，为人处世惜脸皮。
鸟美在羽毛，人美在勤劳。
哪家锅底没有黑。
男怕入错行，女怕嫁错郎。
男好不怕女子烈，酒好不怕巷子深。
男也懒，女也懒，下雨落雪翻白眼。
逆子无义，孝子可交。
庙小菩萨大。
蚂蟥听水响。
冇钱挨饿，有钱摆阔。
冇有不吃腥的猫。
明吃胡椒暗憋气。
猫头上留不住干鱼。
卖鱼的吃鱼肠，买鱼的吃鱼王。
木尺虽短，能量千丈。
木匠篾压床，石匠棍顶房。
猫叫灶房香，燕知富家梁。
麻雀落田要吃谷，狐狸进屋要偷鸡。
满瓶不动半瓶摇，有才不语无才叫。
人是铁饭是钢，一天不吃饿得慌。
久晴雨如油，人情大似债。
人穷志还在，心穷事逆来。
人随王法草随风。
人强不如业强，业强不如心强。
人倒霉，盐罐生蛆。
人敬我一尺，我敬人一丈。
人是三节草，不知哪节好。
人要衣衫，货要堆山。
人要实心，火要空心。
人跟势转，狗朝屁转。
人起心发，树起根发。

人怕放荡，铁怕进炉。
人怕伤心，树怕剥皮。
人牵不拐弯，鬼拉直打转。
人奈不命何，船奈不舵何。
人前若爱争长短，人后必然说是非。
人老无人情，天干无露水。
人无远虑，必有近忧。
人不学不懂，木不凿不通。
人情礼节是把锯，有来有去。
入山不怕伤人虎，只怕人情两面刀。
让礼一寸，得礼一尺。
日日三片姜，不用开药方。
肉烂在锅里。
肉坏碗里臭，酒好杯子香。
肉香千人口，出事一人担。
锐刀割肉疮易合，恶语伤人恨难消。
求人不如求己。
亲戚是把锯，有来也有去。
亲隔久了变淡，人闲久了变懒。
千事万事，吃是大事。
千拣万拣，拣个烂眼。
千靠万靠，不如自靠。
千里烧香敬菩萨，不如在家敬爷娘。
妻贤夫祸少，子孝父心宽。
拳要天天打，字要天天写。
穷家难舍，故土难离。
穷光棍富寡妇。
穷家富路。
穷不走亲，富不回乡。
穷不离猪，富不离书。
穷家不怕出汗，富家就怕出懒。
起手不打笑脸人。
清油炒菜，各有所爱。
请客不问酒，添客不杀鸡。
请客不如撞客。
强敌不可畏，弱敌不可轻。
强弱在于力，胜败在于计。
夫妻打架不过夜，摸摸屁股又说话。
放屁怕打破裤子。
久煮的鱼好，久识的人好。
今生不读书，来生变头猪。
今朝有事今朝做，莫将今事推明天。
鸡多不下蛋，人多不做事。
家人不和外人欺。
家有千口，主事一人。
既然怕屙尿，就要少喝水。
酒肉朋友，柴米夫妻。
叫花子赶走庙主。
叫你拜神你就接鬼。
九个进赌场，十个不认娘。
近邻不可断，远友不可疏。
井淘三遍好吃水，人从三师武艺高。
积钱不如教子，闲坐不如看书。
十分聪明用七分，留下三分给子孙。

三分长相，七分打扮。
三日不害人，走路冇精神。
三岁打娘娘会笑，三十打娘娘上吊。
上山容易下山难。
上床萝卜下床姜，不用郎中开药方。
上梁不正下梁歪。
上山不怕伤人虎，人前就怕两面刀。
守着鱼肉吃白饭。
守着鸡汤吃干饭。
受气吞声，吃鱼吞刺。
是蛇一身冷，是狼一身腥。
伸手借钱，缩手不认账。
蛇有蛇洞，鼯有鼯洞。
少年不惜福，懒人不惜时。
树怕烂根，人怕无志。
树叶不是一日黄，人心不是一日凉。
树靠人修，学靠自修。
神仙打架，人间遭殃。
水清不养鱼。
水大船高，人抬人高。
水退石头在，好人说不坏。
水不流发臭，人不学落后。
水浊有泥沙，长赌无赢家。
山中树木有长短，荷花出水有高低。
山高水高，人心更高。
山高有攀头，路远有奔头。
山路问樵夫，水路问艄公。
世上只有第七，没有第一。
死秤活人扶。
死在地上狗都不吃。
说理不论亲疏，弹墨不拘曲直。
说得水都能点着灯。
手掌手背都是肉。
烧得香多，惹得鬼多。
石头抛再高，终究落原地。
师傅领进门，造化在个人。
脾寒打瘦鬼。
脾寒带发伤寒。
脾寒不打，打伤寒。
破窑出好瓦，茅屋出秀才。
破窑出好瓦，富贵养娇莲。
贫居闹市无人问，富在深山有远亲。
平时不烧香，临时抱佛脚。
撇菜看园，相亲看娘。
朋友要铁锅也打，朋友要秧禾也扯。
天上无云不下雨，地下无媒不成婚。
天无一月雨，人无一世穷。
兔子不吃窝边草。
娘想崽，长江水；崽想娘，扁担长。
坛口封得住，人口封不住。
偷个鸡蛋吃不饱，一个坏名传出了。
头脚喝酒，二脚翻脸。
头世作多恶，今生打赤脚。
头顶磨盘，不知轻重。

桐子开花就下种，穷人莫听富人哄。
田不插秧空起早，地不播种何须忙。
田不栽，地不种，口吃别人心不痛。
偷吃人不肥，做贼家不富。
偷吃瞒不了舌头。
弟兄不和邻里欺，将相不和邻国欺。
唯愿爹娘羡儿女，莫教儿女羡爹娘。
我打瞌睡，他送枕头。
晚上开窗，一觉都香。
一山出虎，百家无猪。
一娘生九子，九子九般样。
一瓶水不响，半瓶水乱晃。
一个鸡蛋吃不饱，一身臭名背到老。
一床被服不盖两个人。
一手难遮两耳风，一脚难登两只船。
一手难捉两条鱼，一眼难看两行字。
一年木头一年船。
一日不吃饭则饥，一月不读书则愚。
一日省一把，十年买匹马。
月缺不改光，剑断不改钢。
有点不论年高，无谋空活百岁。
有样跟样，无样看世上。
有借有还，再借不难。
有心烧香，不怕晚拜。
有山必有路，有水必有渡。
有礼不亏本，舌头打个滚。
有买棺材的钱，冇有看病的钱。
有势不可用尽，有福不可享尽。
有多大的脚，穿多大的鞋。
油多不坏菜，话多不值钱。
牙齿和舌头总有打架的时候。
要知山中事，须问砍柴人。
要想惊人艺，须下苦功夫。
野鸡躲头不躲尾。
远走不如近爬。
鱼煮千滚，菜爆一火。
鱼要千滚，人要百识。
与子千金，不如与子一艺。
愿为众人死，不为一人亡。
圆木家坛挑水，篾匠家秆洗锅，
木匠家冇凳坐。
圆木上坡放不稳，方木下坡自动滚。
养儿一百岁，长忧九十九。
养儿不孝害自己，养女不孝害别人。
严厉出孝子，懦弱出妖精。
眼大肚子小，屋矮门槛高。
痒要自己抓，好要别人夸。
雾天捉雁，雨天晒被。
未晚先投宿，鸡鸣早看天。
小人记仇，君子长志。
小人记仇，君子记恩。
小洞不补，打洞吃苦。
心正不怕影歪。
心坏无人医，人穷有人欺。

行为不正经，舌头短三分。
香花不一定好看，会说不一定能干。
响鼓不用重槌，乖人不用重言。
稀泥巴扶不上墙。
细工出巧匠，细泥烧好瓦。
学好三年，学坏三天。
学从书中会，人从书中贵。
雪中送炭少，锦上添花多。
秀才饿死不卖书，壮士穷途不卖剑。
修树趁早，教子趁小。
喜菜连园带，爱花连盆爱。
崽卖爷田心不痛。
子不嫌母丑，狗不嫌家贫。
早起三朝当一工，莫在床上当懒虫。
早餐饱补肠，晚餐饱压床。
造烛求光，读书求理。
只怕栽老秧，不怕告迟状。
只看无眼金刚，不看低眉佛祖。
只给君子看门，不给小人当家。
只有修桥铺路，没有断桥绝路。
只拿射光射别人，不拿镜子照自己。
只要有斧头，不怕砍不倒树。
知过不难改过难，嘴善不难行善难。
再饿不吃下蛋鸡，再富不忘结发妻。
桌面上笑嘻嘻，桌底下用脚踢。
自己做错不算数，别人做错打屁股。
猪困长钱，人困卖田。
猪怕进厨，铁怕进炉。
装香撞倒壁头。
栽花一年，赏花一日。
嘴巧不如手巧，手巧不如心巧。
住惯了漏屋，见到讨饭的也是亲。
做事不怕慢，就怕骨头懒。
众人里面有圣贤，土石里面有金银。
门前有马非为富，家中有人不算穷。
邻居失火，不救自危。
兵不离队，鸟不离群。
好狗不咬鸡，好夫不打妻。
要吃好肉就养猪，要吃鳜鱼下鄱湖。
大雁春去秋归来，好女不挑娘家柴。
学好三年，学坏三天。
天凭日月，人凭良心。
皮鞭伤肉，恶语伤心。
滴水穿石，不因力大，而因常滴。
一句话说得人笑，一句话说得人跳。
船稳不怕风大，人稳不怕雾大。
只可救苦，不可救赌。
痛牙怕酸，媚骨怕官。
宁吃桌上小鱼干，不看湖中大青鲩。
只有千年名声，没有百年威风。
日长事多，夜长梦多。
路走长了空担子也重。
腰直扁担弯。
歪长不成材，娇养难成人。

勤人歇久会变懒，好屋关久会发霉。
有书不去翻，隔久如搬砖。
不怕做得慢，就怕人前站。
开头做不好，结尾就糟糕。
迟到总比不到强。
一日无二晨，时过不再来。
捡漏趁天晴，读书趁年轻。
把握一个今天，胜过两个明天。
人在世上学，刀在石上磨。
千学不如一看，千看不如一练。
多个朋友多条路，多个仇人多堵墙。
花谢不再开，时去不复来。
好记性不如烂笔头。
学问学问，边学边问。
常说嘴里顺，常写手不笨。
饭来张口，衣来伸手。
挂羊头，卖狗肉。
办酒容易请客难。
要捕鱼，先织网；要搭桥，先打桩。
药不治假病，酒不解真愁。

夏吃大蒜冬吃姜，不用郎中开药方。
积善三年人不知，作恶一日远近闻。
明眼看世事，醒眼看醉人。
一朝经蛇咬，三年怕草绳。
家有千口，主事一人。
偷来钱两三日，血汗钱用一辈。
有上坡必有下坡，有进路必有出路。
美言美语受人敬，恶言恶语伤人心。
要知父母恩，怀里抱儿孙。
先礼后喝茶，先笑后说话。
人怕冇志，树怕冇皮。
穿戴珠宝惹人妒，熟读经书明人心。
人前教子，枕边劝妻。
只要肌肉骨架好，不搽红粉也风流。
鱼知千里水，不知自己何日死。
吃了别人的鸡，要到自家笼里偿。
肥水不外流。
亲娘好打崽，亲崽好嗔娘。
宁可借屋停丧，不可借屋停双。
晚年苦不苦，就看五十五。

第二节

歇后语

案板底下伸懒腰——挺不起胸。
白娘子喝雄黄酒——得意忘形。
白酒兑水——清（亲）上加清（亲）。
冰块落进怀里——心寒。
冰山上画画——好景不长。
半夜吃黄连——暗中叫苦。
扁担上睡觉——翻不了身。
扁担挑葫芦——一心挂两头。
磅秤上种芝麻——无足轻重。
不叫的狗——阴得很。
败家子做生意——不亏都不行。
抱着婴儿拔河——出人不出力。
白水煮白菜——淡而无味。
背鼓上门——讨打。
草棚里换大梁——变新（心）。
陈友谅遇到朱元璋——大打出手。
窗口吹喇叭——鸣（名）声在外。
茶壶装饺子——有嘴倒不出。
葱拌豆腐——一清二白。
裁缝打老婆——有分寸。
裁缝丢剪刀——尺（吃）货。
擦屁纸遮羞——臭不要脸。
穿钉鞋拄拐棍——稳当过分。
蚕豆开花——黑心。
程咬金的斧头——就这三下子。
豆腐掉进炉灰里——吹不得摸不得。
灯线发霉——芯（心）不好。
冬月烧枯竹——干脆得很。
冬天吃杨梅——寒酸。
地头蛇请客——假买单。
凳脚矮子戴高帽——冒充大汉。
杜麻打结——乱成一团。
肚皮上切菜——好险。
笛子吹火——心眼太多。
掉进灰缸照镜子——只顾眼前。
戴斗笠亲嘴——靠不拢。
端午节贴春联——跟不上形势。
到石灰店买雪花膏——走错门了。
饿肚子拉稀——只出不进。
饿鬼投胎——饭量大。
飞机上钓鱼——够不着。
飞机上点灯——高明。

坟头上捡纸钱——要不得。

坟上烧花纸——糊弄鬼。

饭桌上打哈球——不便发作。

放了气的猪尿泡——软了。

富寡妇嫁人——只赔不赚。

肥猪跑进屠夫家——送上门的肉。

凤毛换鸡翅——不合算。

刘备招亲——弄假成真。

老九的弟弟——老实（十）。

老虎拉牛车——谁赶（敢）。

老虎遇到壁虎——不一样的种。

老农堆禾草——找杈（岔）子。

老鼠啃书——咬文嚼字。

老鼠啃蜡烛——无所味（谓）。

老鼠进书箱——咬文嚼字。

老鼠挑谷箩——担当不起。

老鼠弹棉——一直很（啃）悬（弦）。

老鼠捏猫胡子——作死。

老鼠喝酱油——放屁都咸（闲）。

老公给老婆打扇——凄凉（妻凉）。

烂肉上生疮——坏到一起了。

萝卜发沤——变心。

郎中作痧——一针见血。

留级生烧纸——书（输）光了。

落雨挑棉花——越来越重。

落雨天走泥路——一步一个脚印

落雪生子——冻（动）手冻（动）脚。

落雪洗棉袄——不识时机。

蜡烛晒太阳——软了。

癞蛤蟆想吃天鹅肉——痴心妄想。

癞蛤蟆坐椅子——假正经。

李枝搭到梨树上——两厢情愿。

懒子砍柴——慢慢来。

木匠戴枷——自作自受。

门缝里看人——把人看扁了。

篾篮打水——一场空。

麻布袋装钻子——个个想出头。

麻布袋绣花——底子太差。

麻雀虽小——五脏齐全。

蜜罐里倒黄连——同甘共苦。

煤气掺水——倒霉透了。

抹上黑脸照镜子——自己吓自己。

茅坑里的石头——又臭又硬。

茅坑发大水——奋勇（粪涌）前进。

冇缰绳的野马——无拘无束。

毛线穿铜钱——有板有眼。

蚂蚁啃象鼻——不识大体。

火炉里的蜂窝煤——心眼多。

花圈出店——不是好事。

黄瓜打鼓——一锤子买卖。

黄连抹在猪头上——苦恼（脑）。

黄连树下弹琴——苦中作乐。

黄连泡在井里——苦得深。

黄连水泼在胸口上——枉费一番苦心。

黄鼠狼告狐狸——都是偷鸡（投机）的货色。

黄鼠狼戴礼帽——装斯文。
黄鼠狼生老鼠——一代不如一代。
猴子穿衣——装人样。
猴子穿鞋变把戏——蹩脚货。
猴子吞口水——自己吃自己的。
猴子戴草帽——闹着玩。
猴子上摇椅——坐不稳。
猴子吃辣椒——抓耳挠腮。
猴子爬树梢——到顶了。
猴子当红娘——媒（没）人了。
禾场晒谷——明摆着。
喉咙管的痒——抓不起来。
蛤蟆跳在戥子上——自称（秤）自赞（站）。
荷包给（藏）牛角——里外不直（值）。
河马打哈欠——口气大。
牛尾巴上的苍蝇——一哄而散。
牛头边告状——不起作用。
年三十养猪——来不及了。
年画擦屁股——臭美。
年糕裹芝麻——黑心。
娘头边告爷状——不起作用。
娘家怪、婆家怨——两边受气。
泥鳅戏水——掀不起大浪。
泥捏包公反成猴——不会做人。
泥菩萨过河——自身难保。
纳鞋底不用锥子——真（针）行。
拿着凤凰当鸡卖——贵贱不分。
拿着鸡蛋滑冰——小心翼翼。
肉煮稀饭——装穷。
鸡毛遇到风——身不由主。
鸡汤喂石狮——油盐不进。
鸡蛋放进滚筒里——经不起摔打。
鸡蛋壳上凿字——刻薄。
金龟子吃雪花膏——放屁都是香的。
金牙漱咸水——满口谎（黄）言（盐）。
进了锅的蛤蟆——任人摆布。
进火神庙求雨——走错门了。
借钱进棺材——死不认账。
脚下的毽子——任人玩耍。
脚底抹猪油——溜之大吉。
建昌老表唱戏——南腔北调。
救火泼油——帮倒忙。
酒盅里煎蛋——施展不开。
借了一角还十分——分文不差。
假和尚念经——有口无心。
镜子照镜子——谁都知道谁。
啃了甘蔗又吃蜜——嘴甜。
看完西医捡中药——何必。
口干喝热水瓶——太急了。
空中挂袋子——装风（疯）。
空肚子挑担——不上劲（进）。
看人打瓜——势利眼。
快刀切葱——两头空。
裤裆里插扁担——自己抬高自己。
裤裆里的稀泥巴——说不清楚。

孔子搬家——尽是书（输）。
孔夫子的徒弟——贤（闲）人。
开发票冇盖章——不足为凭。
瓜藤爬上葡萄架——纠缠不清。
甘蔗吹火——一窍不通。
甘蔗地里种香瓜——从头甜到脚。
甘蔗地里栽黄连——有苦也有甜。
光头顶西瓜——滑头对滑头。
棺材里伸手——死要。
棺材店老板咬牙——恨人快死。
关帝庙求子——拜错神了。
光屁股点灯——自己献丑。
过年娶媳妇——双喜临门。
狗不吃屎、猪不吃潲——不可能。
狗咬尿泡——惹一身的臊气。
锅烟掉进石灰箩——刷（说）不清楚。
隔了年的皇历——看不到新日子。
公鸡戴帽子——一副冠（官）样。
谷仓里的老鼠——不愁吃穿。
快镰收晚稻——完了。
穷罗汉找寡妇——将就。
秋皮梨子——好看不好吃。
千里送鹅毛——礼轻情意重。
掐着喉咙说话——失真。
请老虎看小孩——谁敢做主。
敲锣撵麻雀——起哄。
聋子的耳朵——摆设。
勒（刺）堆里摘花——难下手。
腊月吃醋——寒酸。
腊肉炒酱干——有盐（言）在先。
腊肉桌上吃斋——难熬。
十五个吊桶打水——七上八下。
三加二减五——等于零。
三只脚的凳子——不稳当。
三十夜晚赚钱过年——来不赢了。
上下都是装假牙——一套一套的。
生成的牛角——直不了。
生衫鬼哩——不认亲疏。
舌头舔鼻子——高攀不上。
石匠砌砖——两面三刀。
石板当镜子——冇影。
石灰水刷屋——白手起家。
屎壳郎戴手表——有（屎）始有终（钟）。
屎壳郎打哈欠——臭嘴。
手电筒照前面——灯下黑。
手电筒照别人——自己不光。
叔嫂看戏——令人怀疑。
书生戴着犬皮帽——人模狗样。
失群的大雁——孤单。
瘦账房肥算盘——积少成多。
深秋的枫叶——老来红。
山中无老虎——猴子充霸王。
水牯牛打架——钩心斗角。
孙猴子的脸——变得快。
馊汤灌进葫芦里——一肚子坏水。

肉包子打狗——有去无回。
剃头刷脖子——差不多了。
剃头掀隔布——完了。
太监娘娶媳妇——不可能。
头顶磨子——不知轻重。
头顶生疮脚底流脓——坏透了。
套上铁箍的猴子——由人玩耍。
脱裤子放屁——多此一举。
塘里洗萝卜——一个一个来。
抬着屋梁比门框——高低不分。
鄱阳湖舀水——不得干。
铁路警察——各管一段。
推小车上台阶——一步一个坎。
鄱阳湖打鱼——大小都要。
破袋子漏米——只出不进。
砒霜撒辣椒——毒辣。
螃蟹过街——横行霸道。
一根线穿两根针——多个心眼。
一根筷子捡花生米——挑来拨去。
一个人拜兄弟——你算老几。
一副渔网——全身是心眼。
一年四季锄黄连——专门挖苦人。
一根筷子吃藕——专挑洞（痛）处。
丫鬟做嫁妆——替别人欢喜。
丫鬟坐上太师椅——不像样子。
渔网里的脚鱼——任人摆布。
雨点滴在香头上——正巧。
野鸡挂社——不可能。
盐缸里倒酱油——咸（闲）得要命。
阎王贴告示——鬼话连篇。
阎王脸上搽粉——色鬼。
鱼肋哽在喉咙管——上不了，下不得。
鱼翅当粉丝卖——不识货。
羊肚子长虎胆——面善心狠。
燕子走缝家——嫌贫爱富。
萤火虫照明——有多大亮（量）。
遇到姑婆喊姐姐——长幼不分。
样式雷图档——有模有样。
样式雷上梁——一锤敲定。
小偷说梦话——不打自招。
小鬼耍弄关公刀——不像样。
阎王爷满脸的痣——鬼点子多。
细伢子学走路——一步一步来。
细伢子摸周——看他玩什么。
细伢子掰竹笋——拔尖。
下雨挑棉花——越来越重。
媳妇恨、爷娘怨——两头受气。
戏台脚下困觉——图热闹。
戏台上死娘——假伤心。
戏台上瞪眼——假生气。
向和尚借梳子——找错了对象。
稀泥巴上墙——糊（扶）不起来。
宣纸裹砚台——白皮黑心。
宣纸当旗挂——经不起吹。
选举前送礼——收买人心。
秀才遇到兵——有理说不清。

袖子和裤筒长草——慌（荒）了手脚。
西瓜皮钉鞋掌——不是那块料。
咸菜打汤——不必多言（盐）。
许真君斩蛇妖——专打七寸。
秀才遇到兵——有理说不清。
我起帆，你撑船——顺水人情。
文盲学书法——八字还有一撇。
乌龟吃扁担——横了心。
乌龟吃秤砣——铁了心。
乌龟被牛踩——心里痛。
乌龟打翘——只听壳响。
乌龟骂王八——都不是东西。
乌龟穿盔甲——背景硬。
乌龟找王八——一路货色。
乌鸦笑猪黑——自丑不觉。
外甥打灯笼——照舅（旧）。
捂着肛门放屁——假斯文。
王字和玉字算笔画——只差一点。
王八肚子插鸡毛——龟（归）心似箭。
王母娘娘来例假——神经。
正月初一贴门神——晚了。
竹子歪着长——变节。
竹篮打水——一场空。
竹筛子晒芝麻——不行。
芝麻拌萝卜——黑白分明。
张飞放屁——响当当（裆裆）。
煮熟的面条——硬不起来。
做梦娶媳妇——想得美。
猪蹄戴手表——臭显摆。
猪八戒戴耳环——自鸣得意。
周颠仙拜佛——太平无事。
周颠仙画画——一统天下。
灶膛里的拨火棍——越拨越短。
猪脸搭上鱼头卖——凭面子吃饭。
猪头上撒花椒——肉麻。
猪婆拱门——全凭一张嘴。
猪八戒的脊梁——悟（无）能之辈（背）。
猪八戒剪彩——出头露脸。
钻子掉进醋坛里——尖酸。
嘴上涂石灰——白说。
猪朝前拱，鸡往后爬——各有各的门路。
灶神爷冇柴烧——慌了神。
蟑螂碰到鸡——在劫难逃。
走路踩在鸡蛋上——塌（踏）糊涂。
榨油坊的老鼠——吃香。
槌子打牛皮鼓——声大肚子空。
船头上跑马——走投无路。
草绳做灯——粗芯（心）。
抱鸡窝不出仔——坏蛋。
打鱼人回家——不在乎（湖）。

第五章

民间歌舞

第一节

民间音乐

据传，永修县于唐宋时期就出现了民间歌舞，起初以山歌、儿歌、小调、号子、风俗歌为主，是劳动人民生活生产过程中的文化结晶。后来，受移民带入的风俗文化影响，在节庆活动中渐渐衍生了载歌载舞的灯歌和戏曲。它们均在民间流传至今。

音乐在永修县早期以民间歌曲为主，分牛歌、山歌（田歌）、灯歌、号子、小调、儿歌、风俗歌等类别。牛歌、风俗歌旋律古朴淳厚，抑扬顿挫；山歌、田歌高亢悠扬，音域宽广；劳动号子刚劲有力，节奏性强；亦歌亦舞的灯歌欢快活泼；生活小调时而婉转忧伤，时而轻扬欢畅。明清前开始流传，内容大多反映永修县劳动人民男耕女织、祈盼丰收、其乐融融的田园生活。经过许多年的口头加工制作，从而成为世代相传的民间艺术成果。

一、锣鼓

永修县明清前村村皆有锣鼓，多用于嫁娶、庆典、祭祀、接谱等喜庆之事。一般事庆锣与鼓同时用，亦有单一用锣之时，常见农村丧事送葬鸣锣开道。民国前永修有锣鼓戏班，尤以建昌锣鼓为最，配有辅助器乐，组成9人班，在四村八乡演出，“文化大革命”期间在民间禁演，改革开放后复出。20世纪90年代后，锣鼓少用，只在春节期间县境乡人用于村族接谱、祭祀。2012年10月27日至28日，江西省第十五届“修河之波”艺术节在永修举办，民间音乐“建昌锣鼓”获创作、表演三等奖。

二、山歌

永修两面环山，属半山区。劳动人民在深山田野劳动、生活，为缓解疲劳，在山野中即兴唱歌，当地人叫“打山歌”。永修山歌有高腔、平腔之分。高腔音调较高，旋律悠扬婉转，节拍自由，有的字句拖音很长。《打不到鱼不收网》开始起音高，拖音长，歌手要用说嗓唱：唱两拍后，紧接着是八度大跳，而且连续延长音，音调高亢优美，难度大，从音起要用假嗓唱。平调山歌旋律进行比较平稳，节奏较规整，完全用真嗓唱。《恋姐歌》为情歌。亦有即兴填词和唱古人流传下来的山歌。在田野旁劳动时，齐唱、独唱或一领众和。田歌与山歌的音调近似，难以区别，故本书统称山歌。

三、号子

由于地理环境和劳动条件所致，永修县有排工和搬运两种劳动号子。劳动号子产生于劳动之中，是由劳动者发自内心的呼喊声逐渐演变而成的劳动歌，它可在集体劳动中起到统一步伐、鼓舞情绪、调剂精神的作用。永修吴城自古是水上交通枢纽，从上游各江河而下的船只及竹木排，均要经吴城入鄱阳湖，至湖口再入长江。古有“装不完的吴城，卸不完的汉口”之说。

吴城排工号子，是在劳动过程中形成的一组歌，内容按工序铺展，分别为《捞排》《倒梁》《杠排》《拉排》《传缆》《跤车》等，与清江、南昌的排工号子大致相同。这些号子基本上只有衬字而无内容，亦可见景生情，其演唱形式是一领众和，均为一段和二段体，有宫、商、徵、羽等多种曲式，风格独特。其曲调劳动气氛浓，节奏性强。

永修县是水运的重要节点，货物多要上下搬运，便自然产生了搬运号子。搬运号子有《扛包》《拉木头上车》两种，亦是一领众和，领导者叫号，众人呼应，曲调简朴，铿锵有力。词是根据工种的内容而唱。领唱者犹如部队指挥员发号施令。音调口语化，近似说话。如《拉木头上车》，又如《扛包》，领号者除衬词外完全是下令式的说白，无音乐旋律。以上两种搬运号子的主要特点是，节奏感强，衬词多，字句短，音调高亢急促。

2012 年 10 月 27 日至 28 日，江西省第十五届“修河之波”艺术节在永修举办，民间音乐《吴城排工号子》获创作一等奖、表演二等奖。

四、灯歌

正月十五元宵节，亦称“上元节”，永修县历来有“年小月半大”之说，元宵节前数日，即作灯市。“设火树放花炮，拖船踏歌，锣鼓送奏，称上元”。各种灯彩有龙灯、狮子灯、走马灯、蚌灯、船灯、蛤蟆灯、花灯、茶灯……竞艺斗巧，炫人耳目；农村中举行灯彩“游坂”，观者如堵，通宵达旦。

各种灯彩大致分为锣鼓灯、歌舞灯两类，锣鼓灯即以锣鼓伴舞，无唱词，如龙灯、狮灯、蚌灯等；歌舞灯则载歌载舞，如茶灯、船灯、花灯。

玩灯时所唱歌曲称灯歌。唱词多为欢庆丰收、新年贺词，亦有歌唱青年男女间爱情生活的内容，词曲短小，音调律动性强，适于边歌边舞，如《船歌》《谢茶歌》《卖花调》，有些灯彩有时亦用有人物情节的大段唱词，如《桃花岭》《卖杂货》等，因假于戏曲，亦称灯戏。

五、小调

永修县流行的民间小调甚多，分布面广，分为两大类，即生活与坐唱小调。生活小调与山歌、灯歌、风俗歌有密切联系。

小调内容很丰富，有描述男女间真挚爱情的，有歌唱历史故事和英雄人物的，更多的是以自己的劳动生活为题材。旋律柔和优美，生活气息浓厚，富有地方风格。曲体较定型，上下句较规则，多为四句式的单段本，亦有少许两句式和五句式的，四分之二拍子居多，以徵调式为主，自调式次之，曲调易唱易记，流传甚广。

六、儿歌

儿歌属于低腔山歌一类，亦称牛歌，为孩童在山中放牛时戏耍、逗趣、赛歌所唱，多以对唱形式，亦有独唱，曲调短小精练，口语化强，多见于三音列，旋律古朴，风格独特。一般唱古人，亦有互相对骂逗趣。

七、风俗歌

永修县流行的风俗歌，主要有《哭嫁歌》《崽呀崽，娘呀娘》《上轿》，旋律婉转抒情，乡土味极浓，似哭似歌。哭嫁是永修人民的传统风俗。每逢婚嫁，在喜庆祝贺、开怀畅饮的欢笑声中，人们都会隐隐听到妇女们的悲切哭声。可谓悲喜交集。哭嫁，一般是在新娘出嫁前，亲人抱头哭诉，表达即将分离的痛苦，亦似乎是越哭越伤心，于是，形成了哭嫁的习俗。昔日，闺女出嫁，要坐轿，在上轿前，母亲手持纸卷沾桐油，围绕花轿边哭边唱，这是永修独特的“上轿”仪式，俗说是陈邪兴发。

八、民歌集成

永修县民歌的采录、集成工作，始于1978年，历时数载，采访了民歌手数十人，采录了各种风格的原始民歌200余首。本着“去伪存真、去粗取精”原则，经筛选整理106首，先后编辑了《永修民歌选集》《永修民歌集成》。民歌整理成册后，《中国民歌集成》中央卷选入6首，江西卷选入21首，九江分卷选编30首。

附：部分民间歌曲篇目表

歌名	发源、流传地	传唱人	记录整理	备注
唱古人	燕山	吴传发	李国玺	打鼓歌、锄山歌
三姐不把穷人欺	涂埠	罗会印	李国玺	耙田歌
我笑秧把插满田	燕山	司谋义	李国玺	栽禾歌
靠道槐树望郎来	白槎	沈久友	李国玺	车水锣鼓
打不到鱼不收网	云山察溪	熊修增	李国玺	耙田歌
念姐歌	云山峡坪	蔡冠文	李国玺	山歌
秀得满坂飘稻香	吴城	叶远火	李国玺	扯秧歌
英雄还出少年人	白槎	沈久友	李国玺	耘禾歌
河港打鱼只只香	吴城	程家启	李国玺	过山丢
打柴歌	白槎	沈久友	李国玺	山歌
和尚生来没老婆	涂埠	罗会印	李国玺	山歌
卖花调	云山察溪、艾城、立新	熊修增	李国玺	灯调
贩茶	滩溪	吴学善	李国玺	灯歌、茶灯歌
道喜茶	滩溪	吴学善	李国玺	灯歌
谢茶歌	云山察溪	熊修增	李国玺	灯歌
十月谢茶	滩溪	吴学善	李国玺	灯歌、花灯
十绣（一）	云山察溪	熊修增	李国玺	灯歌
十绣（二）	白槎	沈久友	李国玺	灯歌
十把扇子	艾城	周义清	李国玺	灯歌
三月桃花杨柳青（一）	云山察溪	熊修增	李国玺	灯歌戏姨娘
三月桃花杨柳青（二）	九合	徐贵金	李国玺	灯歌戏姨娘
月季花开月月红	艾城	刘显华	李国玺	灯歌、对歌
打起锣鼓来拜年	云山察溪	熊修增	李国玺	灯歌、船灯歌
打破旧缸补新缸	云山察溪	熊修增	李国玺	灯歌补缸

续表

歌名	发源、流传地	传唱人	记录整理	备注
补碗	云山察溪	熊修增	李国玺	灯歌
蛤蟆歌	梅棠	邱光云	李国玺	灯歌、花灯
瞧相	涂埠	罗会印	李国玺	灯歌、花灯
卖杂货	云山察溪	熊修增	李国玺	灯歌
桃花岭（一）	九合	徐亨甫	李国玺	灯歌
桃花岭（二）	艾城	熊培来	李国玺	灯歌
撇芥菜	艾城	熊培来	李国玺	灯歌
拉木头上车	吴城		李国玺	搬运号子
打包	吴城	郭火苟	李国玺	搬运号子
捞排	吴城	程其福	李国玺	排工号子
扎排	吴城	程其福	李国玺	排工号子
拉排	吴城	程其福	李国玺	排工号子
倒梁	吴城	程其福	李国玺	排工号子
扛排	吴城	程其福	李国玺	排工号子
绞车	吴城	程其福	李国玺	排工号子
七节	涂埠	陈盖和	罗艺峰	排工号子
斗古人	滩溪	吴学善	李国玺	儿歌、牛歌
云居岭上一块砖	滩溪	吴学善	李国玺	儿歌、牛歌
拖山歌（一）	马口	蔡玲茹	徐嘉琪	儿歌、牛歌
拖山歌（二）	云山察溪	赵敬启	李国玺	儿歌、牛歌
鸦雀尾巴拖是拖	云山察溪	熊修增	李国玺	儿歌、牛歌
背后园里菜吃牛	云山察溪	熊修增	李国玺	儿歌、牛歌
看大细佬细狗捡田螺	云山察溪	熊修增	李国玺	儿歌、牛歌
倒欠两块洋	白槎	陈爱莲	李国玺	长工歌

续表

歌名	发源、流传地	传唱人	记录整理	备注
爱郎歌	梅棠	张秀良	李国玺	小调
想郎歌	滩溪	吴学善	李国玺	小调
等郎歌	云山大源	沈传柏	李国玺	小调
看郎歌	白槎	杨秀英	李国玺	小调
送郎歌	九合	徐友菊	晏衡琴	小调
五更劝郎	云山峡坪	蔡冠文	李国玺	小调
十月相送郎	白槎	张火秀	李国玺	小调
闺女选郎	云山察溪	熊修增	李国玺	小调
情姐爱我我爱姐	燕山	戴春凤	李国玺	小调
乖姐容貌赛鲜花	艾城	刘才横	李国玺	小调
五更里	吴城	李秀英	李国玺	小调
十杯酒	梅棠	张秀良	李国玺	小调
十月怀胎	吴城	程家启	李国玺	小调
只爱仓里打鼓郎	涂埠	袁火炮	李国玺	小调
十月想郎	吴城	叶远大	李国玺	小调
赛过祝英台	滩溪	吴学善	李国玺	小调
情哥来了喝酒酿	涂埠	张礼移	李国玺	小调
办碗茶汤哥请尝	吴城	程家启	李国玺	小调
思想小冤家	吴城	冷长林	刘传先	麻城歌
姐在房中哭啼啼（一）	云山察溪	熊修增	李国玺	小调
姐在房中哭啼啼（二）	吴城	冷长林	李国玺	小调
牛驮灯草马驮油	云山察溪、燕山	司梅海	李国玺	小调
数麻雀	吴城	冷长林	李国玺	小调
懒婆娘	吴城	叶远大	李国玺	小调

续表

歌名	发源、流传地	传唱人	记录整理	备注
望出嫁	白槎			
海棠哭嫁	云山察溪	熊修增	李国玺	小调
摘黄瓜	云山大源	李克英	李国玺	小调
瓜子仁	云山察溪	熊修增	李国玺	小调
一路桃花杨柳青	吴城	冷长林	李国玺	小调
孟姜女	云山大源	沈传柏	李国玺	小调
月亮弯弯弯上天	云山察溪	熊修增	李国玺	小调
看妹是真情	吴城	叶远大	晏衡琴	小调
湖南到江西	吴城	余德秀	李国玺	小调
栀子打花	吴城	叶远大	李国玺	小调
凤阳歌	吴城	冷长林	李国玺	小调
拣到一个赌钱郎	涂埠	罗会印	李国玺	小调
照轿（哭嫁）	滩溪	赵敬启	李国玺	风俗歌
崽呀崽，娘呀娘（哭嫁）	吴城	冷长林	李国玺	风俗歌

第二节

民间歌谣

一、山歌

打不到鱼不收网

日头山来三丈高，
娇姐又把脚来包，
左一包来右一缠，
哪个不爱我娇莲。
打不到鱼不收网，
恋不到姐我不归，
穿破蓑衣要姐补，
穿破绣鞋要姐赔。

拖山歌

一拖拖，二拖拖，
养牛崽俚对山歌。
我的山歌用船拖，
拖到你的大门口，
落只山歌打破你只煮饭锅。
一拖拖，二拖拖，
你歌冇有我歌多，
我的山歌用船拖，
拖到你的大门口，
落只山歌打破你只煮饭锅。
一拖拖，二拖拖，
桐子开花朵对朵，
要我对歌就对歌，
唱得高粱红似火，
唱得山山岭岭棉花似银河。
一拖拖，二拖拖，
唱歌要唱新山歌，
歌声出自心窝窝，
新人新事多又多，
一日千里改山河呀改山河。
一拖拖，二拖拖，
清早唱到日头落，
那个崽俚对不过。
气得你个牛吃禾，

你若不服输，

我明日再对过。

注：拖山歌，就是放牛崽俚子高兴起来拉山歌，大家你唱一首，我唱一首，逗趣取乐。此歌近似说话，随着表达意思的抑扬顿挫而含有情感起伏的乐感，崽俚子爱唱。“崽俚子”即小孩子。

耙田歌

哎——走啊，

两个小娘捡田螺，

走来做去捡一箩，

一捡一畈，

一捡就捡一担。

燕子飞到高粱来做窝，

口含泥草来做窝，

抱窝小崽来出窝，

一年只抱崽一窝。

日头落山快落山，

我打长工好艰难，

一日三餐糙米饭，

油盐炒菜也不咸。

日头落山一点黄，

我到姐家借住堂，

一要借个鸳鸯枕，

二要借个读书郎。

注：耙田歌，即农民站在耙上耙田时唱的歌。在旧社会，劳动人民从早干到晚，体力消耗过大，走路有时会打瞌睡，农民耙田时就唱耙田歌提神。

唱古人

（领）宋朝哎有个哟嗬哟嗬嗨啦，

（众）哟嗬哟嗬嗨啦，

（领）宋哎朝哎忠哎杨令介公啊，

（众）宋哎朝哎有个哎杨令介公啊。

令公哎生下八九介子哟，

个个哎生来吔好威吔风啊。

宋朝哎有个哟嗬哟嗬嗨啦，

哟嗬哟嗬嗨啦，

宋哎朝哎有个哎杨令介婆啊，

宋哎朝哎有个哎杨令介婆啊。

人人哎称她佘太介君哟，

杨宗哎将里吔掌大吔舵啊。

二番鼓

（领）大郎生得哟嗬嗬呀，

（众）哟嗬嘿哟嗬嗬呀，

（领）本领强哎，杨大郎啊，

（众）大郎生得本领强啊。

手挂人头写血字哎，

（众）人血写字放豪光啊。
二郎生得哟嗬嗬呀，
哟嗬嘿哟嗬嗬呀，
手段强哎，杨二郎啊，
二郎生得手段强啊。
手挂钢刀马上坐哎，
不怕番邦逞凶狂啊。
三郎七岁哟嗬嗬呀，
哟嗬嘿哟嗬嗬呀，
上战场哎，杨三郎啊，
三郎七岁上战场啊。
只有二郎命不济哎，
马蹄踏死见阎王啊。
四郎失落哟嗬嗬呀，
哟嗬嘿哟嗬嗬呀，
在番邦哎，杨四郎啊，
四郎失落在番邦啊。
失落番邦招驸马哎，
探望老母回三关啊。
五郎学法哟嗬嗬呀，
哟嗬嘿哟嗬嗬呀，
做和尚哎，杨五郎啊，
五郎学法做和尚啊。
手上提根芭蕉棍哎，
打进三关救六郎啊。
六郎围困哟嗬嗬呀，
哟嗬嘿哟嗬嗬呀，
在三关哎，杨六郎啊，
六郎围困在三关啊。
围困三关十八载哎，
一十八年才回乡啊。
七郎被擒哟嗬嗬呀，
哟嗬嘿哟嗬嗬呀，
桅杆上哎，杨七郎啊，
七郎被擒桅杆上啊。
中了一百〇八箭哎，
浑身中箭一命亡啊。

三番鼓

（领）八姐生得嘿啰嗬喂，
（众）嘿啰嗬喂，
（领）手段强啊，
杨八娘啊，
（众）八姐生得手段强啊，
（领）手提千斤忙忙走哎，
女将好个杨八娘啊。
九妹生得嘿啰嗬喂，
（众）嘿啰嗬喂，
手段低啊，
杨九妹啊，
九妹生得手段低啊，
什么叫作手段低哎，
手提千斤不能移呀。

杨八姐呀、杨九妹呀，
八姐九妹一路回。

三姐不把穷人欺

天上哎星星哎浪浪稀哎，
莫笑哎穷人哪穿破衣哟。
山中哎树木有长哎短哟，
荷花吔出水哟嗯嗬有高低吔，
三姐哟不把吔穷人欺哟。
二月哎二日哎龙抬头哎，
三姐吔打扮哎上彩楼哟。
王生哎公子千百哎方哟，
绣球吔单打哟嗯嗬贫贵头吔，
气得哟王公吔骂彩球哟。

打不到鱼不收网

日头出来哟三丈高哇，
嗯啊娇姐又把吔脚来吔包哟，
左一包来哟嗯啊又一吔经裹哎哪个吔嗯啊，
不爱我娇莲哎。
打不到鱼哟不收网哇，
嗯啊恋不到姐吔我不吔归哟。
穿破蓑衣哟嗯啊要姐吔补哎，
穿破吔嗯啊绣哇要姐赔哎。

恋姐歌[①]

恋姐不到哎我不哎归哟，
死在个姐家吔裹身灰[②]哟。
裹破哟衣裳呀要姐哎补哦，
裹破哇袜吔要姐赔哟，
看姐做个哎公道理哟。
恋姐不到哎我不哎求哟，
叫姐个另世吔变耕牛哟。
檀木哎犁辕[③]呀实竹吔梢哦，
耕了上丘吔又下丘哟，
烂泥田中哎报姐仇哟。

注：①这是一首求爱歌，耕田时唱，流行在云山、滩溪等地。②裹身灰，即死了倒在地上沾一身灰，表示恋姐的决心。③犁辕，架在牛头上拉犁的弯木。

我笑秧把插满田

（领）清早哎起来又下秧哎唔哦田啰，手提哟，
（众）秧把咦哟笑唔哦连连啰，
（领）听旁人呐问我又笑什哟唔哦么，我笑唔哦
（众）秧把咦哟插唔哦满田啰。哟嗬嗬……

注：这首田歌是插秧时唱的，表现农民插秧时的欢快心情。

靠到槐树望郎来

乖姐呀里个门口哎一棵哎槐呀，
哎靠到呀里个槐树哎望里个郎哎来呀。
哎娘问呀里个女儿吔望什哎么哎，
哎我望呀里个公槐吔是里个母哎槐呀，
哎媳妇呀里个说了哎望里个郎哎来呀。

念姐歌

（男）一念姐来进姐门，
那乖姐骂人不骂人哪？
（女）哥哎，骂得别个骂不得你呀，
三月芥菜起了心啊，
旧年想哥到如今哪。
（男）二念姐来进姐房哪，
乖姐疼郎不疼郎啊？
（女）哥哎，升米做粑有几个哎，
斗米做酒有几瓶哪，
（男）三念姐来把姐愁哇，
乖姐何时把情丢啊？
（女）哥哎，要等海干龙现哎，
铁树开花不倒流哪，
阎王勾簿把情丢哇。
（男）四念姐来把姐望啊，
乖姐丢郎不丢郎啊？
（女）哥哎，砍过头来还有颈哎，
抓过心肝还有肠哪，
死在阴间不丢郎啊。
五念姐来把姐爱啊，
生生死死不分开呀？
（女）哥哎，在生与哥共登坐哎，
死后与郎同坟台呀，
另世投胎一路来啊。

绣得满畈飘稻香

走下田来吔扯呀把秧啊，
我左手扯来哎右手装哟。
拿根“杆子”吔，
拦呀腰绑啊，
我绣得满畈哎飘稻香哟。

英雄还出少年人

（耘禾歌）

（领）哎嗨哎石榴花开吔叶又青哎，
夜打荆州哎小呋。
（众）哎嗨哎呋罗成呋嗬嗨哟嗬，
（领）鸽子翻身哎嗨哦哟上战哎嗨，
（众）哎嗨哎呋马哎嗬，
（领）哎嗨回马三枪哎哦呀斩杨林哎，
英雄还出哎少呋，
（众）哎嗨哎呋少年哎人哎哎嗨哟嗬。

河港打鱼只只鲜

（过山丢）

瞌睡朦胧哎眼不开呀，
一跤跌倒姐家来，
姐吔哎，
我要吃茶自己酙哪，
我要喝酒自己呀筛。
瞌睡朦胧哎眼睁睁哪，
一跤跌在大路边，
姐吔哎，
三个姐儿挨边过哪，
一个扶来一个呀牵。
瞌睡朦胧哎眼眠眠哪，
一跤跌在小河边，
姐吔哎，
树上摘花朵朵有呀，
河港打鱼只只呀鲜。

打柴歌

天无云哪半夜哩咯爬起来，
闲无事呀上山哩咯去打柴呀，
上山去打柴，
穿草呀鞋戴草呀帽，
汗巾哩咯带一条哎。
打柴人哪高山哩咯难得上，
心不惊呀来到哩咯高山上呀，
两眼朝下望，
望见呀小大呀姐，
绣的哩咯绣鸳鸯哎。
小大姐呀人品哩咯生得俊，
看年纪呀二八哩咯十六春哪，
金莲二三寸，
十呀指呀尖呀尖呀，
白的哩咯白如雪哎。
小脸上呀面带哩咯桃红色，
一双眉呀弯弯哩咯像柳叶呀，
两眼水晶晶，
小呀大姐模样呀好，
实实哩咯称我心哎。

二、灯歌

卖花调

（灯调）

晴天早起来吔，
花园咯门打开吔，
红花吔绿叶哟哎哟爱是爱煞人哟喂。
满园鲜花开吔，
伸手么把它采吔，
采花吔鲜花哟哎哟上是上街卖哟喂。
脚踏栀子树吔，
手攀个栀子牙吔，

撇括呀青叶哟哎哟摘是摘鲜花哟喂。
鲜花摘满筐哪，
挑在个肩上闪哪，
穿街呀过巷哟哎哟卖是卖鲜花哟喂。

注： 这首歌多在玩花灯时唱，流传于云山、艾城、立新、滩溪等地。

贩茶

（灯歌）

（女）正月贩茶走哪京哟嗬？
情郎哥哎，
哪京哪省说奴听哪嗬嗬嗨呀锦绣花啰。
哪京哪省对奴说哟嗬，
情郎哥哎，
免得茶娘挂在心哪嗬嗬嗨呀锦绣花啰。
（男）正月贩茶走浙江哟嗬，
秀莲姐吔，
浙江一省路又长哪嗬嗬嗨呀锦绣花啰。
命长不怕离家远哟嗬，
秀莲姐哎，
贩茶不怕道路险哪哪嗬嗬嗨呀锦绣花啰。
（女）四月贩茶走哪京哟嗬？
情郎哥哎，
哪京哪省说奴听哪嗬嗬嗨呀锦绣花啰。
哪京哪省对奴说哟嗬，
情郎哥哎，
免得茶娘挂在心哪哪嗬嗬嗨呀锦绣花啰。
（男）四月贩茶走四川哟嗬，
秀莲姐吔，
四川有个峨眉山哪嗬嗬嗨呀锦绣花啰。
峨眉山上多宝贝哟嗬，
秀莲姐吔，
满山黄金满山银哪哪嗬嗬嗨呀锦绣花啰。
（女）六月贩茶走哪京哟嗬？
情郎哥哎，
哪京哪省说奴听哪嗬嗬嗨呀锦绣花啰。
哪京哪省对奴说哟嗬，
情郎哥哎，
免得茶娘挂在心哪哪嗬嗬嗨呀锦绣花啰。
（男）六月贩茶走福建哟嗬，
秀莲姐吔，
福建省内有福烟哪嗬嗬嗨呀锦绣花啰。
别的东西都不买哟嗬，

秀莲姐吔，
买包福烟送秀莲哪哪嗬嗬嗨呀锦绣花啰。
（女）八月贩茶走哪京哟嗬？
情郎哥哎，
哪京哪省说奴听哪嗬嗬嗨呀锦绣花啰。
哪京哪省对奴说哟嗬，
情郎哥哎，
免得茶娘挂在心哪哪嗬嗬嗨呀锦绣花啰。
（男）八月贩茶走海边哟嗬，
秀莲姐吔，
海牛海马走四沿哪嗬嗬嗨呀锦绣花啰。
我骑海马回家转哟嗬，
秀莲姐吔，
免得妻子挂在心哪哪嗬嗬嗨呀锦绣花啰。

注：茶灯歌，由一男子挑担茶，一女子边歌边舞。福烟，即福建黄烟。

道喜茶

（灯歌）

道喜茶来道喜吔茶来，
贵府盛开牡丹花啰，
牡丹花开香啊千里哟，
状元打马哟嗬嗨呀返回家啰。

谢茶歌

（灯歌）

挑起茶担喜呀连连，
进到贵府来拜年哪，
不好么看的灯哪，
哎哟不好么看的灯哪。
相逢已经好呀欢喜，
进门就是茶一杯呀，
打搅么谢谢你呀，
哎哟打搅么谢谢你呀。

十月谢茶

（灯歌、花灯）

正哪月个谢茶啦是呀新年哪，
手端呀里个茶盘哪到堂前呀。
送呀茶个娘子呀真呀不差呀，
单穿呀哩咯绫罗哇不着纱呀。
二哪月个谢茶啦桃呀花开哪，
风吹呀哩咯桃花哪香进来呀。
头呀茶个不比呀晚呀茶香呀，
一杯呀哩咯香茶呀尽我尝呀。
三哪月个谢茶啦是呀清明哪，
清明呀哩咯浸种呀正相当呀。
一呀籽个落地呀万呀子回呀，

一年呀哩咯收取呀千万斤哪。
四哪月个谢茶啦四呀方忙哪，
大鱼呀哩咯小鱼哪满池塘呀。
院呀中个鸡鸭呀无呀其数呀，
珍珠呀哩咯玛瑙呀用仓装啊。
五哪月个谢茶啦是呀端阳哪，
北京呀哩咯城里哪举科堂呀。
贡呀东个得中呀两呀三个呀，
状元呀哩咯榜眼哪探花郎啊。
六哪月个谢茶啦热呀难当哪，
送子呀哩咯娘娘哪坐高堂呀。
送呀子个娘娘呀高呀堂坐呀，
早生呀哩咯贵子呀龙凤祥啊。
七哪月个谢茶啦秋呀风凉哪，
状元呀哩咯打马哪转回乡呀。
状呀元个打马呀回呀家转呀，
家家呀哩咯笑迎呀探花郎啊。
八哪月个谢茶啦桂呀花香哪，
恭喜呀哩咯圣东哪造新房呀。
圣呀东个住在呀龙呀窝里呀，
龙楼呀哩咯凤阁呀赛天堂啊。
九哪月个谢茶啦是呀重阳哪，
重阳呀哩咯做酒哪菊花香呀。
我呀敬个状元呀三呀杯酒呀，
圣东呀哩咯举杯呀我动双啊。
十哪月个谢茶啦小呀阳春哪，
道喜呀哩咯圣东哪我起身呀。
自呀从个今日呀玩呀灯后呀，
荣华呀哩咯富贵呀满门庭哪。

十绣

（灯歌）

一绣广东啊城哪城里扎大呀营，
绣起哪个曹操点雄啊兵哪。
二绣花线啊街呀街上好买呀卖，
绣起哪个仙女下凡啊尘哪。
三绣滴水呀岩呀点点滴下呀来，
绣起哪个三娘教子成才呀。
四绣观世呀音呀打坐莲花呀墩，
绣起哪个童子拜观哪音哪。
五绣笼里呀鸡呀身穿五色呀衣，
绣起哪个金鸡五更哪啼呀。
六绣杨六呀郎呀镇守三关呀上，
绣起哪个焦赞和孟呀良啊。
七绣七姐呀妹呀牛郎会织呀女，
绣起哪个喜鹊满天啊飞呀。
八绣洛阳呀桥呀桥下水漂呀漂，
绣起哪个狮子盘桥哇梁啊。
九绣包文呀拯呀做官做得呀清，
绣起哪个日断阳来夜断啊阴啊。
十绣水将呀军呀江西一大呀臣，
绣起哪个宝剑定乾哪坤哪。

十把扇子

（灯歌）

一把扇子么连连兜兜齐呀溜溜，
这把扇子么哎哟郎买的呀，
干哥哎。
郎买扇子么连连花子钱呀溜溜，
这双丝袜哎哟送郎穿呀，
干哥哎。
二把扇子么连连二面画呀溜溜，
干哥爱我么哎哟我爱哥呀，
干哥哎。
干哥爱我么连连年纪小呀溜溜，
我爱干哥哎哟十七八呀，
干哥哎。
三把扇子么连连是清明呀溜溜，
姑嫂二人么哎哟上祖坟呀，
干哥哎。
有儿有女么连连坟头上呀溜溜，
无儿无女哎哟草四青呀，
干哥哎。
四把扇子么连连四四方呀溜溜，
绣对蝴蝶么哎哟坐中央呀，
干哥哎。
左边绣个么连连蝴小姐呀溜溜，
右边绣个哎哟情义郎呀，
干哥哎。
五把扇子么连连是端阳呀溜溜，
扇子掉在么哎哟大路上呀，
干哥哎。
老人捡到么连连将钱取呀溜溜，
少年拣到哎哟同绣房呀，
干哥哎。
六把扇子么连连三伏天呀溜溜，
热得妹子么哎哟汗连连呀，
干哥哎。
一扇二扇么连连凉风起呀溜溜，
三扇四扇哎哟催我眠呀，
干哥哎。
七把扇子么连连七不卖呀溜溜，
南京卖到么哎哟北京来呀，
干哥哎。
走到几多么连连江河水呀溜溜，
过了几多哎哟十字街呀，
干哥哎。
八把扇子么连连是中秋呀溜溜，
姑嫂二人么哎哟梳油头呀，
干哥哎。
嫂子梳的么连连龙摆尾呀溜溜，
姑子梳得哎哟凤凰头呀，
干哥哎。

九把扇子么连连是重阳呀溜溜，
姑嫂二人么哎哟上庵堂呀，
干哥哎。
嫂嫂烧香么连连求儿女呀溜溜，
小姑烧香哎哟求才郎呀，
干哥哎。
十把扇子么连连秋风凉呀溜溜，
干哥接我么哎哟去拜堂呀，
干哥哎。
前面抬的么连连红嫁妆呀溜溜，
后面抬得哎哟我娇娘呀，
干哥哎。

三月桃花杨柳青

（灯歌、戏姑娘）

三月呀桃花那个杨柳子青呀咿儿哟，
小姑娘打扮哎哟去游春哟。
头上呀梳起那个拖六子寸呀咿儿哟，
桃红胭脂哎哟点点心哟。
脸上呀搽了那个香白粉呀咿儿哟，
八宝排环哎哟挂耳根哟。
上身呀穿的那个大红袄呀咿儿哟，
下系八幅哎哟紫罗裙哟。
我只把大门那个一凉亭呀咿儿哟，
歇坐一时哎哟再往前行哟。

月季花开月月红

（灯歌、对歌）

什么花开重啊叠重？
什么花开倒吊钟啊？
什么花开春哪三月呀？
什么花开九个九月中？
春个春三月、九个九月中，
什么花开依呀哟月月红呀呀咿哟。
栀子花开重啊叠重，
石榴花开倒吊钟啊，
桃花开来春哪三月呀，
菊花开来九个九月中。
春个春三月，
九个九月中，
月季花开咿呀哟月月红呀呀咿哟。

打起锣鼓来拜年

（灯歌、船灯歌）

打起个锣鼓闹哇连连哪，
今到个贵府是来呀拜年哪。
来拜个晏年不哇加劲哪，
亲戚个朋友是请呀看灯哪。
我今个不玩别呀的灯哪，
单到个贵府是玩呀船灯哪。
今到个大船十呀八舱呀，
装船个白米是下呀九江哪。

今到个大船落呀河下呀，
一装个姑娘是二呀装茶哪。
三装个绸缎并呀细布呀，
四装个木耳是并呀黄花哪。
五装个菜来六呀装米呀，
七装个大豆是并鱼虾哪。
八装个油来九呀装糖呀，
十装个胭脂是并呀花线哪。
满船个货物都呀装好呀，
先到个贵府是来呀拜年哪。

打破旧缸补新缸

（灯歌、补缸）

（男）我把担子来挑起呀，
　　一么郎当一么郎当，
　　挑起个担子叫补缸，
　　一么郎当郎的当。
（男）我今不往别家去呀，
　　一么郎当一么郎当，
　　一心挑往个王家庄，
　　一么郎当郎的当。
（女）土大娘呀在绣房呀，
　　一么郎当一么郎当，
　　忽听个外面叫补缸，
　　一么郎当郎的当。
（女）前面走的王大娘呀，
　　一么郎当一么郎当，
（男）后面走的是补缸匠，
　　一么郎当郎的当。
（女）大缸要钱要多少呀，
　　一么郎当一么郎当，
　　小缸要钱多少双？
　　一么郎当郎的当。
（男）大缸要钱二百五呀，
　　一么郎当一么郎当，
　　小缸要钱五十双，
　　一么郎当郎的当。
（女）二百五来五十双呀，
　　一么郎当一么郎当，
（合）旧缸补新缸，
　　一么郎当郎的当。

补碗

（灯歌）

（男）今天二十八呀嗬依嗬嗬，
　　明日二十九呀嗬嗨，
　　后天三十天依嗬嗬，
　　备办么过年酒呀过年啰，
　　呀嗬嗨嗨依嗬嗬，
　　备办么过年酒呀，
　　过年啰。
　　忙把担子挑呀嗬依嗬嗬，

补碗走外乡呀嘀嗨，
上街走到下街转依嘀嘀，
有人么叫补碗呀急人么。
呀嘀嗨嗨依嘀嘀，
有人么叫补碗呀，急人么。
（女）听说叫补碗呀嘀依嘀嘀，
奴家走慌忙呀嘀嗨，
我要来补碗依嘀嘀，
你要么多少钱呀你说啰。
呀嘀嗨嗨依嘀嘀，
你要么多少钱呀，你说啰。
（男）大碗二百五呀嘀依嘀嘀，
小碗五十双呀嘀嗨，
（女）要钱钱没有依嘀嘀，
糙米么有半升呀你补么？
呀嘀嗨嗨依嘀嘀，
糙米么有半升呀，
你补么。
（男）大姐要补碗呀嘀依嘀嘀，
放下担子来呀嘀嗨，
急忙来动手依嘀嘀，
一刻么就补好呀把米来。
呀嘀嗨嗨依嘀嘀，
一刻么就补好呀，
把米来。

蛤蟆歌

（灯歌、蛤蟆灯）

田野里好唱蛤蟆歌嘞，
一个蛤蟆几多脚啰，
两个眼睛一张嘴啰，
呱呱呱呱跳下水，
梁山伯、祝英台呀，
手牵手，肩并肩，
二人同下么山呀儿哟。
二人同下么山啦啰，
呀啰儿哟哟呀儿呀，
二人同下山啦啰。

瞧相

（灯歌、花灯）

离了家门庭哪嗨哟嘀嘀，
来自一凉亭哪嘀嗨嘀嗨，
凉亭来走进哪哎嗨哟嘀嘀，
歇歇往前行哪嘀，
歇歇哟。
依儿哟呀儿哟，
歇歇往前行哪嘀，歇歇哟。
到了瞧相人哪嗨哟嘀嘀，
帽子戴不成哪嘀嗨嘀嗨，
你为我来瞧个相哪哎嘀嘀，

你要多少银哪嘀，大表姐。
依儿哟呀儿哟，
你要多少银哪嘀，大表姐。
大爷不要将我问哪，
我是瞧相人哪嘀嗨嘀嗨，
铜钱要一个哪哎嗨嘀嘀，
银子要一分哪嘀，
大爷吔，咿儿哟呀儿哟，
银子要一分哪嘀，大爷吔。

卖杂货

（灯歌）

离别家乡五六春哪，
到处有亲人哪哎，
爬山过水卖杂货呀哎
挑的么小营生咿呀么呀都喂，
挑的么“小营生”哪嘀嗨。
走了一程又一程哪，
前面又一村哪哎，
大叫三声卖杂货呀哎，
要买么莫错过咿呀么呀都喂，
要买么莫错过哪嘀嗨。

注：小营生即经营小百货。

桃花岭（一）

（灯歌）

一步呀格走来呀，
二步行呀儿哟，
不觉行到桃妹门哪，
桃妹子快开门呀儿哟。
呀子咿子哟喂，
乖桃妹哟喂，
桃妹子快开门呀儿哟。
我在呀格后堂呀听得真呀儿哟，
听得外面来叫门哪，
不知是何人呀儿哟。
呀子咿子哟喂开门看哟喂，
原来是我情哥呀儿哟。
走进呀格门来呀恭贺喜呀儿哟，
恭喜贺喜乖桃妹哪，
桃妹在家里呀儿哟。
呀子咿子哟喂，
乖桃妹哟喂有来看得你呀儿哟。
一条呀格板凳呀拖儿拖呀儿哟，
叫声哥哥你请坐呀，
哥哥你请坐呀儿哟。
呀子咿子哟喂，
情郎哥哟喂，
奴家倒茶喝呀儿哟。
郎坐呀格上来呀妹坐下呀儿哟，

二人说起真心话呀，
说起了真心话呀儿哟。
呀子咿子哟喂，咿呀咿子呀哟喂，
天光说到夜呀儿哟。

桃花岭（二）

（灯歌、车仂灯）

快刀哩咯切菜两面光，
光放哩咯胡椒后放姜啰喂，
胡椒哩咯生姜哝呀哟好作料呀呀哝哟，
咿呀咿子哟，呀儿咿子哟，
厨房呀炒菜呀满屋香啰喂。
一盘哩咯牛肉烧萝卜，
二盘哩咯金鸡三盘鹅啰喂，
今天哩咯不把咿呀哟别个请咿呀哟，
别个请呀呀咿哟，
咿呀咿子哟，呀儿咿子哟，
妹子呀筛酒呀敬哥哥啰喂。

撇芥菜

（灯歌）

奴在哩咯园中撇是撇芥菜，
撇是撇芥菜，
相公汝莫追过来呀，
有言你听来，
子谷你不分，
肚里有文才，
傻小子哟我不爱哟，
奴要撇芥菜呀儿哟。

三、儿歌

斗古人

（儿歌、牛歌）

斗古人哪唱古人哪，
不唱古人不是哎人，
一唱哎桃园三结拜呀，
二唱关羽走麦城哪，
句句山歌要唱古哎人。
天地同老杨令婆哪，
彭祖八百寿不哎多，
张吉老哎二万七千岁呀，
王母娘娘百万零哪，
天上四个老古哎人。
拳头打虎刘子英哪，
花园打虎二郎哎神，
包打哎包药曹国丈呀，
四姐单打文曲星哪，
天上四个打古哎人。
国公钓鱼在港边哪，
王氏吊在哥面哎前，
崇祯哎吊在梅山上呀，

岳飞吊在风波亭哪，
天上四个吊古哎人。
七岁安安进土城哪，
周瑜九岁破曹哎兵，
甘罗哎十二为丞相呀，
解缙十四点翰林哪，
天上四个少古哎人。

云居岭上一块砖

（儿歌、牛歌）

云居岭上一块吔砖哪，
九十九个罗汉坐四沿哪，
如来大佛当中坐哎，
一坐就几千哪年啰。

鸦雀尾巴拖是拖

（山歌、牛歌）

雅雀尾巴拖是拖哎，
拖起那边崽俚跟爷对山哎歌。
哎，我摘莲蓬你采藕哎，
莲蓬对藕哎，差不多哎，
我们两个对只养牛哎歌。唷——
月里花来月里夸哎，
个边贼崽无故叼起老太哎爷。
哎，今天刁起由是可哎，
明天叼起哎打三下吔，
问得那个龟崽定端怕爷不怕爷，唷——
月里花来月里黄哎，
个边贼崽不是跟爷斗歌哎郎，哎——
笑你喉咙气管大吔，
肚子装不了哎，
三支歌哎，
如何奈得呀老子哎何，唷——
月里花来月里红哎，
观音骑马吔爷骑吔龙，
哎，观音骑马满街走哎，
老子骑龙哎满街冲哎，
冲来冲去冲你个老太呃公，唷——

背后园里菜吃牛

（儿歌、牛歌、反唱）

哪呐么，哪呐么，
唱起个山歌子解解愁啊。
哪呐么，哪呐么，哪呐么，哪呐么。
背后园里个菜吃牛哇。
鸡公拖起个狐狸子走哇，
老鼠咬到猫个头哇，
摸起床楞打枕头哇，
捡起狗头打石头哇，
哪纳么，哪呐么，哪呐么，哪呐么。

看大细佬细狗捡田螺

（儿歌、摇儿歌）

嘀嘀咳，咳咳嘀，
看大细佬细狗捡田螺，
田螺捡一担抬过畈，
田螺捡一箩，抬过河，
嘀嘀咳，咳咳嘀，
咳咳嘀，咳咳嘀。

骑马歌

骑马骑马鸡蛋糕，
三十夜晚肉蛋糕，
骑匹马，戴马刀，
走到门口操一操。

快板歌

山上的流水哗啦哗啦响，
各位叔叔阿姨听我讲，
解放以前爸爸妈妈没有钱，
弟弟妹妹多么可怜。

摇篮歌

月光牙牙，保护娃娃，
娃娃进屋，快快享福。

点鼻歌

点点鼻子，流眼泪子，天光流到夜光眼出。

天皇皇

天皇皇，地皇皇，
我家有个夜神郎，
过路君子念一遍，
一夜困到大天光。

红萝卜、白萝卜

红萝卜，白萝卜，娶个老婆来栽禾。

一米一米三

一米一米三，山连山，
三面红旗，解放台湾。

四、口技

鹅七鹅八

鹅七鹅八鹅九雁，雁七雁八雁九鹅，
鹅不吃雁，雁不吃鹅。

注：用永修县方言逗趣小孩，念“鹅”和“雁”的同时，要用舌尖卷到上腭发音，让人能听出吐字分别是“鹅”和“雁”，兼

具口语性与趣味性，需反复念诵，越念越快。20世纪50年代前在永修县流传甚广，后只有少许人会此口技儿歌。

五、生活小调

倒欠两块半

（小调，长工歌）

正月长工叹哪，穷人无事干啰，背着个行李找活干哪，碰到活阎王。

二月映山红啊，急忙去上工啰，春米个推磨挑粪桶哪，怎么这样穷。

三月是清明啊，工钱才讲定啰，手中个扇帽打包净哪，好歹不能争。

四月宜下田哪，露水把衣穿啰，蚂蟥个搭了两腿杆哪，扯得血淋淋。

五月端阳节呀，烂泥田中歇啰，腰杆子弯得断两节哪，好坏不能说。

六月是伏天呀，冒汗起咸上啰，吃了个多少馊稀饭哪，好坏不能谈。

七月早谷黄啊，恨死活阎王啰，留得个穷人在世上哪，辛苦真难当。

八月犁板田哪，打火吃口烟啰，老板个看见把脸变哪，起身就下田。

九月是秋天哪，来客我上前啰，先端个鱼肉后端饭哪，鱼肉不相沾。

十月快一年哪，老板算工钱啰，左一个算来右一算哪，倒欠两块半。

爱郎歌

（小调，十爱郎）

奴爱小情郎哎，
年纪正相当啊，
奴家十六春哎，
郎哥一十八呀，
哎呀我情郎啰喂，
实实在在爱坏奴家，
爱坏了奴家呀。
奴爱小情郎哎，
读书进学堂啊，
坐在学堂里吔，
写字作文章呀，
哎呀我情郎啰喂，
我郎高中状元郎，
高中了状元郎呀。

想郎歌

（小调，扬调调）

月亮一出高楼上，
打个哈哈伸哪个腰，
我的郎啊想坏奴了哎呀哎呀，
我的郎啊想坏奴了。
我郎要来快些来，
免得小妹挂呀心怀，
我的郎啊你要快来哎呀哎呀，

我的郎啊你要快来。
小妹打扮上牙床，
一心只想我呀情郎，
双泪淋哪哭到天光哎呀哎呀，
双泪淋哪哭到天光。
推开窗子天明亮，
顺着小街去呀迎郎，
我的郎啊来了来了哎呀哎呀，
我的郎啊想坏奴了。

等郎歌

（小调，十等郎）

姐等郎来咦哟到姐家呀哟，
郎到姐家哎哟喝细茶呀哟。
冷水煎茶咦哟难得滚呀哟，
热水煎茶哎哟泡过心呀哟。

看郎歌

（小调）

初一早去看郎，
我郎想吃猪肝呐汤，
罐子提来路又远，
荷叶包来冇得汤，
急得我心里无主哎张。
初五早去看郎，
我郎得病在床哎床，
手巾包米郎温粥，
白纸所姜郎烧汤，
生姜本是表药哎方。
初十早去看郎，
请个先生走忙哎忙，
只要先生手段好，
脱下戒指也无妨，
舍得戒指难舍吔郎。
十五早去看郎，
神皇庙里把香哎装，
双脚跪在神面前，
一许猪来二许羊，
三许神金满堂哎装。

送郎歌

（小调，十送郎）

送郎送到格子边哟喂，
推开格子望青天哪，
我望青天下大雨哟喂，
留郎一刻当半年哪。
哥哎，妹哟喂，
当郎一刻当半年哪。
难为送我格子边哟喂，
心肝妹妹听我言哪，
我今出门做生意哟喂，
多则一载少半年哪。

哥哎，妹哟喂，
多则一载少半年哪。
送郎送到房门前哟喂，
包袱雨伞送情郎啊，
天晴你要把草帽子戴哟喂，
下雨你要把雨伞开呀。
哥哎，妹哟喂，
下雨你要把雨伞开呀。
小妹何必双泪流哟喂，
为夫出门不会久哇喂，
为夫出门不会久哇。
你在家中把心宽哟喂，
切莫把我日夜愁啊。
哥哎妹哟喂，
切莫把我日夜愁啊。
送郎送到十里亭哟喂，
娃尖脚小路难行啰，
本来要送哥二十里哟喂，
送到十里打转身哪。
哥哎，妹哟喂，
送到十里打转身哪。
难为送我十里亭哟喂，
多谢妹妹一片意比海深哪。
哥哎，妹哟喂，
夫妻情意比海深哪。

五更劝郎

（小调）

一更里相劝我情人哪，
劝我情人出外莫忘情哪，
小妹挂在心哎。
哥和妹成双又成亲哎，
妹和哥相伴过终生哎，
哥哥呀妹的话哥要记在心哎。
二更里相劝我情哥哎，
劝我情哥出处莫赌博哪，
赌博无下落哎。
赢了钱风流来起祸哎，
输了钱无人帮一个哎，
世界上见多少赌博无下落哎。
三更里相劝我青年哎，
劝我青年香烟要少沾哪，
香烟要少沾哎。
有钱人一块来吃烟哪，
无钱人可怜站一边哎，
世界上无钱人，
实实好可怜哎。
四更里相劝我亲家哎，
劝我亲家出外莫贪花哪，
贪花败了家哎。
做生意将本来求利吔，

赚了钱你要早早归吔，
后生家多积钱，
老来不受累吔。
五更里相劝我情郎哎，
劝我情郎一夜到天光啊，
不知上哥床哎。
清早起慢慢梳油头哎，
手牵手送郎到大门口哎，
送我郎到门口，
我郎慢慢走哎。

十月相送郎

（小调）

正月个闹元宵哎，
正月个闹元宵，
情郎哥哥把妹瞧呀，
哥哎，送郎绣荷包哎。
五月个是端阳哎，
五月个是端阳，
糯米粽子掺白糖呀，
哥哎，送郎尝一尝哎。
十月个小阳春哎，
十月个小阳阳，
我给我郎合了一心呀，
哥哎，送郎大围巾哎。

闺女选郎

（小调）

（娘）崽吔到底要个么事郎啊？
我给汝吔访一个锯匠郎啊。
（女）姨吔唔唔的我的娘呀，
要个么事锯匠郎啊，
日里要把板来锯吔，
到晚来呀锯屑打一床啊。
（娘）崽吔到底要个么事郎啊？
我给汝吔访一个漆匠郎啊。
（女）姨吔唔唔的我的娘呀，
要个么事漆匠郎啊，
日里要把漆匠做哎，
到晚来呀身上做桐油腥啊。
（娘）崽吔到底要个么事郎啊？
我给汝吔访一个读书郎啊。
（女）姨吔唔唔的我的娘呀，
要个么事读书郎啊，
三日两夜守空房哎，
一世困过两世个拗头床啊。
（娘）崽吔到底要个么事郎啊？
我给汝吔访一个作田郎啊。
（女）姨吔唔唔的我的娘呀，
你的心肠合我的心哪，
日里同把田来种哎，
到晚来呀有说有话有商量啊。

情姐爱我我爱姐

（小调，十爱姐）

我爱吔姐好人哎才，
好似个仙女下凡哎来，
姐啰吔，好似那个仙女下凡哎来。
我爱吔姐好容哎貌，
看姐个一眼心都哎跳，
姐啰吔，看姐那个一眼心都哎跳。
我爱吔姐一枝哎花，
情姐个爱我我爱吔姐，
姐啰吔，情姐那个爱我我爱吔姐。

乖姐容貌赛鲜花

（外调，十爱姐）

我爱吔姐好玲珑，
乖姐个玲珑别嫁呀人，
姐呀咿哟受煞里个儿多少年呀人。
我爱吔姐好苗条，
细皮个白肉杨柳呀腰，
姐呀咿哟看姐里个一眼心都呀跳。
我爱吔姐一枝花，
好比个仙女下凡呀来，
姐呀咿哟乖姐那个容貌赛鲜呀花。

五更里

（小调）

一呀更子里进呀么进绣房哟，
挨到呀桌子吔响呀响叮当；
娘问女儿什么东西响？
心里呀作恶吔拿是拿生姜哎哟。
二呀更子里进呀么进绣房哟，
挨到呀橱角吔响呀响叮当；
娘问女儿什么东西响？
身上呀作寒吔拿是拿衣裳哎哟。
三呀更子里进呀么进绣房哟，
挨到呀枕头吔响呀响叮当；
娘问女儿什么东西响？
金环呀落在吔绣花枕头上哎哟。
四呀更子里进呀么进绣房哟，
小妹呀脱衣吔上了牙床上；
娘问女儿什么东西响？
猫戏呀话老鼠掉进了麻油缸哎哟。
五呀更子里进呀么进绣房哟，
小妹呀上床吔进了攀乡；
娘问女儿什么东西响？
隔壁呀老王哎磨是磨豆浆哎哟。
老王从来不起早，
今天起早得冤枉呀哎哟。

五更鼓

（小调，白牡丹）

一更鼓儿咚儿哟，
门外响叮当哎哟，
开开门来看哪哟，
原来是大相公哎哟，
慌忙呀就把那个茶烟来奉呀都噜呀嘟噜呀。
二更鼓儿咚儿哟，
堂前摆酒盅哎哟，
大相公请上座呀哟，
小妹妹做房东哎哟，
慌忙呀就把那个酒来敬呀都噜呀嘟噜呀。
三更鼓儿咚儿哟，
情哥进房中哎哟，
铜盆打清水吔哟，
小妹妹做房东哎哟，
慌忙呀就把那个手巾来送呀都噜呀嘟噜呀。
四更鼓儿咚儿哟，
月亮照房中哟，
情哥爱着我吔哟，
我也爱情哥哎哟，
甜言呀蜜语那个说不尽呀都噜呀嘟噜呀
五更鼓儿咚儿哟，
东边一点红哟，
情哥要出门哪哟，
难舍我情哥哎哟，
梳妆呀打扮就把情哥不定送呀都噜呀嘟噜呀。

闹五更

（小调）

一更鼓儿咚，一更鼓儿咚，
三朋四友走进奴房中哎手拿一包烟嘟喂，
小妹子亲手送。
一更鼓儿咚，一更鼓儿咚，
三朋四友走进奴房中哎再泡好香茶嘟喂，
小妹子亲手送。

十杯酒

（小调）

一杯吔酒来吔酒哎，
又哎香哎哟，
洋人哪买通了李个鸿章啊，
驸马来招成双哎哟。
呀得儿呀得儿哟，
驸马来招成双，哎哟。

十月怀胎

（小调）

一月怀胎懒山头啰辛呀呀的苦，
三餐茶饭懒伸手哇，
苦呀呀的娘，
辛呀呀的苦哇，
苦呀呀的娘，
十月那个怀胎呀苦苦实难当啊。
二月怀胎懒伸腰啰辛呀呀的苦，
罐子温水难挑哇，
苦呀呀的娘，
辛呀呀的苦哇，
苦呀呀的娘，
十月那个怀胎呀苦苦实难当啊。
三月怀胎懒穿衣啰辛呀呀的苦，
一心思想吃杨梅哇，
苦呀呀的娘，
辛呀呀的苦哇，
苦呀呀的娘，
十月那个怀胎呀苦苦实难当啊。
四月怀胎梨子黄啰辛呀呀的苦，
思想梨子口中酸哇，苦呀呀的娘，
辛呀呀的苦哇，
苦呀呀的娘，
十月那个怀胎呀苦苦实难当啊。
五月怀胎分男女啰辛呀呀的苦，
男左女右母辛苦哇，
苦呀呀的娘，
辛呀呀的苦哇，
苦呀呀的娘，
十月那个怀胎呀苦苦实难当啊。
六月怀胎三伏天啰辛呀呀的苦，
烧茶煮饭懒上前哇，
苦呀呀的娘，
辛呀呀的苦哇，
苦呀呀的娘，
十月那个怀胎呀苦苦实难当啊。
七月怀胎正交秋啰辛呀呀的苦，
遍身节骨软溜溜哇，
苦呀呀的娘，
辛呀呀的苦哇，
苦呀呀的娘，
十月那个怀胎呀苦苦实难当啊。
八月怀胎桂花香啰辛呀呀的苦，
平地走路似高山哇，
苦呀呀的娘，
辛呀呀的苦哇，
苦呀呀的娘，
十月那个怀胎呀苦苦实难当啊。
九月怀胎快要生啰辛呀呀的苦，
娃娃肚子打转身哪，
苦呀呀的娘，
辛呀呀的苦哇，

苦呀呀的娘，
十月那个怀胎呀苦苦实难当啊。
十月怀胎早早生啰辛呀呀的苦，
免得为娘痛在心哪，
苦呀呀的娘，
辛呀呀的苦哇，
苦呀呀的娘，
十月那个怀胎呀苦苦实难当啊。

只爱仓里打鼓郎

（小调，十月飘）

正哪月子飘是新年，
我劝情郎歪呀歪子哟莫赌钱哪，
我的干哥，十个赌钱九个输，
有情我的郎哎，
乖乖我小妹那个赌钱歪呀歪子哟有好处呀我的干哥吔。
五呀月子飘是端阳，
龙船鼓响歪呀歪子哟闹洋洋呀，
我的干哥吔，二十四把花摇橹，
有情我的郎哎，
乖乖我小妹中间仓里歪呀歪子哟打鼓郎呀我的干哥吔。
下呀月子飘小阳春，
小妹打扮歪呀歪子哟去相亲呀，
我的干哥吔，小妹相亲七八个，
有情我的郎哎，
乖乖我小妹只爱仓里歪呀歪子哟打鼓郎呀我的干哥吔。

十月想郎

（小调，玩友歌）

正呀月子里，正呀子正，
哎小奴家年轻，
奴家管得奴好紧哎管奴不出门，
哎爱奴不点灯，
管只管奴的人管不住奴的心。
哎哟，管只管奴的人管不住奴的心。
六呀月子里，
热呀难当，
哎池塘荷花香，
搬把椅子去乘凉哎。
一来去乘凉哎，
二来望才郎，
望不到才郎哥思想到天亮。
哎哟，望不到才郎哥思想到天亮。
十呀月子里，小呀阳春，
哎奴家心不定，
搬把椅子进绣门哎我坐椅子上哎，
思想心上人，
日也思夜也想思想有情人。
哎哟，日也思夜也想思想有情人。

十月想郎

（小调，玩友歌）

正月里来正呀月正呀小奴家年轻哪，
哎哟，奴家管得奴好紧哪，
管奴不出站哪。
管奴不点灯哪，
管只管奴的心，
管不住奴的心哪。
六月里来热呀难当呀，
池塘荷花香呀，
哎哟，搬把椅子去乘凉呀，
一来去乘凉啊，二来望才郎啊，
望不到才郎哥思想到天亮啊。
十月里来小呀阳百哪，
奴家心不定哪哎哟，
搬把椅子进绣门啊思想有情人啊。
思想有情人哪。

赛过祝英台

（小调，十二时）

家住大布街，
大门朝南开，
家中呀生个女英才呀，
赛过祝英台。

情哥来了喝酒酿

（小调，六更里）

情郎哥哥到妹房，
糯米酿酒请呀哥尝，
别人来了吃酒糟，
情郎来了喝酒酿呀哎哟。
二人挽手出房门，
妹跟哥哥订终身，
小妹十六哥十八，
十六十八正当龄呀哎哟。

办碗茶汤哥请尝

（小调）

七月秋风凉哎，
朋友我家浪，
我家招待办茶汤，
办碗茶汤哥哥请来尝一尝，
叫声我的哥。
哎，我是你小妹，
办碗茶汤可请来尝一尝。

思想小冤家

（小调，麻城歌）

太阳满天下呀，
思想小冤家哟，

想起个冤家浑身如麻。

姐在房中哭啼啼（一）

（小调）

姐在呀房中啊哭哇啼呀啼呀，
一把呀拉住了有情郎的衣呀，
坐椅下来有话对你提呀，
我的郎哎哟，
坐椅下来有话对你提呀。
想当初初进门二人有情又有义，
现如今你对我大不相同呀，
动不动要发我脾气呀，
我的郎哎哟，
动不动要发脾气呀。
我的郎赌起钱来嫌呀小呀不怕大，
大二四麻将牌八圈打到底呀，
银钱输了一百一十几呀，
我的郎哎哟银钱输了一百一十几呀。
输了呀银钱呀回家装病睡在床上，
长呀叹气来呀短叹气呀奴问你死都不吭气呀，
我的郎哎哟奴家问你死都不吭气呀。
奴为你求名医，
也无法把你病看好，
奴又到神皇庙里把香烧呀关帝庙里许了一件袍哇，
我的郎哎哟，
关帝庙里许了一件袍呀。
说一千道一万，
也不知哪件事对不起你，
我的郎你就该把心里话来说呀，
免得奴家心里受折磨呀，
我的郎哎哟免得奴家心里受折磨呀。

姐在房中哭啼啼（二）

（小调）

姐在呀房中啊哭哇啼呀啼呀，
一把吔拉住了有情郎的衣呀，
坐将下来有话对你提呀，
我的郎来哟，
坐将下来有话对你提呀。
想当初初进门二人呀有情又有义。
现如今你待我大不相同呀，
动不动要发我脾气呀。
我的郎来哟，
动不动要发脾气呀。

牛驮灯草马驮油

（小调）

日悠悠那个夜悠悠，
东道打过栽大丘，
若还栽得大丘了哇，

牛驮灯草马驮油
喂呀喂子哟，
牛驮灯草马驮油哟。

数麻雀

一只麻雀来啄米，
一飞飞到个圆缸里。
头朝东来尾朝西，
身穿一件花毛衣。
两条翅膀两条腿，
两只眼睛一张嘴。
一朵梅花一朵莲花，
三朵金钱蜡梅花。
花开花梅蜡。

懒婆娘

（小调）

一家懒婆子娘哟喂，
一觉困到个日头黄哟喂，
老公挑了三担水哟喂，
老娘偏偏就不起哟喂，
老公挑了三担粪哟喂，
老娘偏偏就要困的哇，
老公托着扁担打一下哟喂，
老娘天光困到夜哟哇。
外头叫打场哟喂，
提手提脚爬下床哟哇，
大崽子哭哇，细崽子汪，
老娘偏偏要吃糖啊。
老公冇在家哟喂，
量升子糯米来做粑哟喂，
粑又做得圆，
拿些子油来拿些子盐哪，
油盐不合口哎，
拿些糖来凑啊。
碰到叔婆隔断点火哎，
快快来给粑吔，
一给给到个堂前下呀，
黄狗看到满口衔呀。
我嫁来三年冇牵过床哎，
一牵牵到个跳蚤王啊，
三斤子重，四子子工，
拿到外面抖一抖，
菩萨祖宗都撵走哇，
跑到塘里洗一洗呀，
蛤蟆子吃得嗒嗒嘴呀，
跑到背后园里柳树上哎，
鹞鹰老鸦子抓得个一摸光啊。

望出嫁

（小调）

正月子正月哟正哎，
小妹子没成人哎，
小妹子成人长大，

哎哟长大一门亲哎。
二月子是花吔朝哎媒人把话捎哎，
捎到婆家去哎哎哟，
小妹子没多高哎。
三月子是清哟明哎，
媒人进了门哎爹娘不开口哎，
哎哟真是急死人哎。
四月子四月哟八哎娘把女儿骂，
哎小小女儿家哎哎哟怎么就望出嫁哎。
五月子是端哎阳哎，
小妹子哭哭场哎，
哥嫂来解劝哎哎哟这事你莫慌啊。
六月子六月哟六哎娘把女来愁哎，
长到这么高哎哎哟头也不会梳哎。
七月子七月哟七哎小妹拣嫁衣吔，
嫁衣拣好了哎哎哟，
就往婆家去哎。
八月子是中哎秋哎花轿到门口哎，
不等牵娘牵哎哎哟，
自己往里走哎。
九月子是重阳哎二人来拜堂哎，
先拜天地哎哎哟，
后拜爹和娘哎。
十月子小阳哎春哎二人去回门哎，
郎在前头走哎哎哟，
小妹子后来跟哎。

海棠哭嫁

（小调）

私情话儿郎细听哪，
手扯郎衣呀说私情哪，
十指尖尖哪打一算哪，
相交五年没反常啊，
谁知今日嫁海棠啊。
隔壁锣鼓响一声哪，
莫是婆家呀来娶亲哪，
一对吹打呀前面走哪，
一顶花轿四人抬呀，
两个媒人押轿来啊。
隔壁锣鼓响连天哪，
一顶花轿呀到堂前哪，
两手又把呀轿杠扶哪，
两脚又在轿中搓呀，
实在难舍我情哥啊。
情哥哭得双泪断哪，
海棠哭得呀断肝肠哪，
句句言语呀哭情郎啊，
没有半句哭爹娘啊，
我哭情哥泪汪汪啊，
心肝肉来我的人哪，
包袱雨伞呀伴轿行哪，
一看姐家呀“么斯”屋啊，
二看姐丈，怎样人哪，

走过一端我好行啊。
送姐送在王板桥哪，
二人哭得呀不抬头哪，
情哥哭得呀满脸泪呀，
海棠哭得眼铺花呀，
叫声情哥转回家呀。
头上拔脱金钗子啊，
腰中搜出呀雪花银哪，
金钗银钗呀拿在手哇，
双手托到郎面前哪，
送与情哥去讨亲哪。
讨亲要讨亲眼见啊，
莫听媒人呀口中言哪，
媒人是张呀花子嘴呀，
三分人口说十分哪，
情哥千万记在心哪。

摘黄瓜

（小调）

姐在呀园中呀摘黄瓜呀嗬咳，
郎在那个山上丢“碴巴”呀，
打掉黄瓜花哟喂。
歪呀歪子哟，
打掉黄瓜花哟喂。
打掉呀公花呀不要紧啰嗬咳，
打掉那个母花不结瓜呀，
回家爹娘骂哟喂。
歪呀歪子哟，
回家爹娘嗓哟喂。

瓜子仁

（小调）

娇姐那个住在大路边哟，
一卖烧酒二卖烟，
来是么来打酒哎，
买是么买包烟哎，
小小生意要现钱哪，
乡子弟们哪里个都行哪，
里个都行哪里个嘟，
小小生意要现钱。
娇姐那个住在大路旁哟，
一卖萝卜二卖姜，
萝卜辣似姜，
哎娇姐，赛牡丹哎，
牡丹哪有娇姐香哪，
乡子弟们哪里个都行哪，
里个都行哪里个嘟，
牡丹哪有娇姐香。
一包那个瓜子三斤三哟，
汗巾包在手中央，
相送我情哥哎，
相送我情郎哎，

手拿瓜子送情郎哪，
乡子弟们哪里个都行哪，
里个都行哪里个嘟，
手拿瓜子送情郎。
一条那个汗巾三尺三哟，
上绣芙蓉妙哎，
绣条汗巾郎系腰哪，
乡子弟们哪里个都行哪，
里个都行哪里个嘟，
乡要汗巾郎系腰。
一把那个桌子四四方哟，
下坐娇姐上坐郎，
二人来饮酒哎，
二人结成双哎，
成双成对结鸳鸯哪，
乡子弟们哪里个都行哪，
里个都行哪里个嘟，
成双成对结成双。

一路桃花杨柳青

（小调，八段景）

小小仙鹤一点红，
一只飞在半空中，
张生打弹弓呀，
张生打弹弓，
美丽的仙鹤搂抱在怀中。
叫我的郎儿来，
叫我的郎儿来，
美丽的仙鹤搂抱在怀中。
小小镜子两面光，
明亮的镜子照才郎，
镜子照才郎呀镜子照才郎。
送给小才郎照照容貌，
送给小才郎照照容貌光。
春宵一刻值千金，
我在外面私配一头亲，
不管有人说呀，不管有人说，
一路桃花扬是杨柳青。
叫我的郎儿来，
叫我的郎儿来，
一路桃花扬是杨柳青。

孟姜女

（小调）

正月个里来是新哪年，
家家那个户户点明哪灯，
别家夫妻团圆叙，
孟姜那个丈夫造长啊城。
二月个里来是花呀朝，
双双那个燕子踩画呀梁，
燕子也有成双对，
孟姜那个女子受孤哇姜。

三月个里来是清呀明，
桃花那个柳叶正逢啊春，
别家坟上挂白纸，
孟姜那个坟上冷清啊清。
四月个里来养蚕呀忙，
姑嫂那个二人去采呀桑，
桑叶挂在树枝上，
擦把那个眼泪采把呀桑。
五月个里来耘禾呀忙，
耘禾那个锄草闹羊啊羊，
别家田中收禾谷，
孟姜那个田里闹草呀荒。
六月个里来热难啊当，
蚊子那个飞到帐沿哪上，
宁可吃奴千滴血，
莫吃那个奴夫万喜呀良。
七月个里来秋风啊凉，
家家那个户户做衣呀裳，
红褂绿袄都做起，
乌鸦那个喜鹊报信呀忙。
八月个里来出门哪望，
不知那个我郎在何呀方，
前面喜鹊来引路，
家家那个打扮做寒衣呀裳。
九月个里来是重啊阳，
家家那个户户做酒呀忙，
别家做酒桂花香，
孟姜那个无酒水满呀缸。
十月个里来小阳啊春，
门前那个喜鹊叫凡呀声，
喜鹊也有成双对，
可怜那个孟姜一个呀人。
冬月个里来雪花呀飞，
可怜那个孟姜无寒呀衣，
别家寒衣都做起，
孟姜那个无钱做寒呀衣。
腊月个里来过年哪忙，
家家那个户户杀猪哇羊，
别家过年有肉吃，
可怜那个孟姜无肉呀尝。

月亮弯弯弯上天

（小调，小放牛）

什么呀的弯弯弯呀上天啰，
什么呀的弯弯哟在呀水边，
什么呀的弯弯街呀上卖，
什么呀的弯弯哟一嘟弯到姐眼前。
啰喂。
月亮呀的弯弯弯呀上天啰，
菱角呀的弯弯哟在呀水边。
犁辕呀的弯弯街呀上卖，
什么呀的弯弯哟一嘟弯到姐眼前。
啰喂。

看妹是真情

（小调，双探妹）

正哪月个探哪妹是呀新春，
哥带那个妹妹去呀看灯，
看灯是假意呀，妹呀！
看妹是真情哪咿得儿，呀得儿，喂。
三哪月个探哪妹三呀月三，
哥带那个妹妹上呀高山，
南山遍地花呀，妹呀！
二人好玩耍呀咿得儿，呀得儿，喂。
五呀月个探哪妹是呀端阳，
糯米那个粽子沾哪白糖，
味道实在香呀，哥呀！
送你过端阳啊咿得儿，呀得儿，喂。
七呀月个探哪妹七呀月七，
牛郎那个哥哥会呀织女，
一年会一次呀，哥呀！
隔河两分离呀咿得儿，呀得儿，喂。
九呀月个探哪妹菊呀花黄，
满山那个菊花扑呀鼻香，
伸手摘一朵呀妹呀！
插在妹头上呀咿得儿，呀得儿，喂。
十呀月个探哪妹小呀阳春，
哥哥那个进了妹呀家门，
妹拿绣花针呀，哥呀！
绣对鸳鸯枕呀咿得儿，呀得儿，喂。

湖南到江西

（小调）

湖南到江呀西，
将本来求呀利，
小小生意，
呀四方都走齐呀。
头戴小生呀帽，
身穿小生呀衣，
两脚忙忙走，
呀走到妹家里呀。
哥到妹子呀家，
小妹子笑哈呀哈，
先端板凳呀后端一杯茶呀。

手扶栏杆

（小调）

手扶栏杆口叹一声哪，
鸳鸯枕上劝劝我亲心哪，
一路烟花休呀要采呀，
心中走马要小心，
情哪哥哥！
一夜夫妻百夜恩哪。
手扶栏杆口叹一声哪，
鸳鸯枕上与妹变知心哪，
一路烟花我呀不采呀，
心中走马自小心，

情哪妹妹！
百夜夫妻恩情似海深哪。

栀子打花

（小调）

栀子呀里个打花白衣裳呀，
哥哥呀风吹个桃花望情郎。
昨天呀里个望郎挨餐打呀，
哥哥呀今天个望郎挨餐骂。
堂前呀里个扫帚打几把呀，
哥哥呀打断了一把换一把。
水竹呀里个梢子打几节呀，
哥哥呀浑身个打得看不得。
若还呀里个哥可不相信呀，
哥哥呀脱下个小衣看分明。

凤阳歌

（小调）

轻呀敲鼓，慢呀敲锣，
敲锣敲鼓听我来唱歌，
别么斯歌我也不会唱，
单单唱个凤阳歌，
凤是凤阳歌哎外呀喂子哟。
自从呀出了朱皇帝，
十年浸来九年荒。
大户呀人家卖骡马，
小户人家卖田庄。
唯有呀我家没有别什么卖，
手拖猪仔拖呀拖上街，
拖是拖上街吔喂呀喂子哟大猪呀，
卖了三串五，买了一面鼓，
小猪卖了两串多，买了一面锣，
我呀敲起鼓，我呀敲起锣。
夫妇双双来唱歌，
唱个太平歌吔喂呀喂子哟。
凤阳下来一个滩，
滩滩望见紫金山，
紫金呀山上般般有，
缺少芙蓉并牡丹。
芙蓉并牡丹吔喂呀喂子哟。
凤阳下来一庙堂，
姑姑嫂嫂去烧香，
嫂嫂呀烧香求男女，
姑姑烧香求才郎，
烧香求才郎吔喂呀喂子哟。
凤阳下来一条河，
铜盆打水养娇娥，
娇娥呀不吃铜盆水，
姐在房中想哥哥。
想呀想哥哥吔喂呀喂子哟。

拣到一个赌钱郎

（小调）

奴本王氏女哟配夫张三郎，
哎我夫赌钱几天里个没回乡哟。
娘也埋怨女哟女也埋怨娘，
哎千拣万拣拣到一个赌钱郎。哟。

南瓜记

（小调）

自从盘古分天地，三皇五帝定乾坤。
别的言话都不说，单把朱家表分明。
朱家江西瑞州府，高安县城有名人。
离城不远四十里，港下朱家有名人。
朱爷之名叫朱世，官拜宰相在朝廷。
朱爷坐在高厅上，心想家中走一巡。
母亲今年寿诞日，我要回家贺寿星。
吩咐手下来打办，我今打办上朝廷。
左右听说忙不住，哪敢迟延久住亭。
朱爷上了八人轿，威风凛凛上轿行。
前呼后拥来得快，到了天子午朝廷。
朱爷吩咐金阶下，三呼万岁口称臣。
乾隆皇帝开金口，相为何事上朝廷。
朱爷跪在金阶下，臣有一本奏分明。
母亲今年寿诞日，臣要回家贺寿星。
乾隆皇帝开金口，就叫一声朱爱卿。
皇妇今年寿诞日，寡人准你走一行。
朱爷跪在金阶下，三呼万岁口称臣。
小人家乡路又远，有劳万岁到寒门。
乾隆皇帝开金口，又叫一声朱爱卿。
寡人今日封赠你，太师太保你□尊。
回家多则四个月，少则一月就回程。
全副男驾封赠你，爱卿一路好行程。
炮响三声大人到，迎接大人上船行。
朱爷坐在官舱内，摇桨把橹往前行。
一路之上说不尽，大船到了江西城。
江西官员都知道，快快打扮接大人。
滕王阁上齐备办，迎接宰相朱大人。
文官接到沙开口，武官摆队在英城。
三日三来九日九，接了举月不见形。
文官武员不敢报，不知大人在何方。
不唱江西官员事，再表宰相朱大人。
官船打扮民船样，私查江西全省官。
我今打扮算命客，查看官员青不青。
朱爷船弯君子港，忙将打扮上坡行。
招牌挂在伞头上，果真像个算命人。
不唱朱爷算命事，听卓南昌王寿林。
说起寿林家财大，万贯家财斗量金。
他本一个副榜鬼，一省文武有交情。
结拜巡抚为干父，结拜知府同年兄。
南新二县向安宁，□□□□□□□。
不唱寿林权势大，再来丁家表分明。
新建有个丁文选，他是红门秀才身。
先与寿林同过学，借地五两雪花银。

也是手中无钱用，三年没有送上门。
寿林坐在书房内，想到丁家去讨银。
开言便把安童叫，等我打轿到来临。
安童听说忙不住，同了老爷就动身。
一路行程来得快，不觉到了琉璃门。
将将来到琉璃门，飞子角在面前存。
前面到了丁家口，下轿来到堂前行。
一直来到厅堂上，就把贤弟叫几声。
文选未曾在家庭，他在学堂读书文。
只有妻子张氏女，她在绣房里面存。
听说堂前有客到，一杯香茶到来临。
张氏就来将言说，贵客何方哪里人。
寿林便来将言说，妇人有事不知音。
我今不是另一个，就是南昌王寿林。
同你丈夫读书转，借了我家五两银。
三年头利莫见面，我要银子转回程。
张氏就将好言说，老爷在上听原因。
多个年头宽容了，再容宽待等下年。
寿林一见心欢喜，正合我意八九分。
若得此女成双对，辞别妇人就动身。
官马大路来得快，自家门前面前存。
下轿来到高堂上，心想张氏女佳人。
开言就把安童叫，你上前来听言音。
我今叫你无别事，想要张氏做夫人。
千思万想无计策，你有何计可以行。
安童听说无言答，老爷在上听言音。
要想张氏做妻子，我有一计表详情。
就将借字来改换，五两纹银改五十。
本到算起银一百，强逼文选卖妻身。
逼得文选将妻卖，此计必定可成婚。
寿林听说心欢喜，正合我意八九分。
叫声安童来打轿，我到学堂走一巡。
大路行程来得快，六眼井在面前存。
文选一见庚兄到，二人行礼把话论。
文选开口把话说，庚兄到此有何因。
寿林就来将言说，贤弟你还不知因。
同我读书三年整，借多五十雪花银。
文选听到这句话，不觉心里着一惊。
虽然读书三年整，只借你家五两银。
也是手中无钱用，没有利息送上门。
寿林听说把脸变，喝骂文选不是人。
分明借我五十两，如何只借五两银。
闲话没有这多说，禀告南昌府大人。
骂得文选无言对，半日低头不做声。
想起寿林权柄大，结交文武做官人。
莫说你是秀才客，鬼人进士也枉然。
文选就来将言说，年兄在上听原因。
我家无田又无地，没有什么还你银。
等我回家将妻卖，将妻卖了还你银。
说得寿林心欢喜，辞别文选就回程。
文选见他回去了，辞别先生就动身。
一直来到自家门，双目流泪好伤心。
张氏一见丈夫到，夫君连忙听几声。
往日回家多快乐，今日忧愁为何因。

文选对妻将言说，贤妻你且听原因。
可恨南昌王寿林，万贯家财斗量金。
因我读书三年整，借了他家五两银。
他说我借五十两，左思右想无计行。
只得忍气且吞声，我今与你来商量。
将你出卖还他银，他是见你生得好。
回家就起坏良心，不唱夫妻商量事。
再唱南昌王寿林，寿林回转家门内。
忙把安童叫几声，你今快往丁家去。
去讨银子转回程，他若将妻来出卖。
我就等你做媒人，只说不卖别一个。
何不就卖王寿林，一百八十包收转。
还要找他五十银，安童来到丁家内。
相爷你且听言音，老爷吩咐来到此。
要讨银子转回程，文选听说回言道。
安童听我说原因，等我将妻来发卖。
安童就来将言说，相爷在上听言音。
你今将妻来发卖，我今等你做媒人。
娘子不卖别一个，何不就卖王寿林。
你若依我来说合，与你五十雪花银。
文选听说这句音，安童你好不聪明。
妻子卖到王寿林，讲到外面不好听。
安童回来回话说，相公你且听原因。
卖与不卖由在你，我要银子转回程。
文选被他说不过，只得将妻卖寿林。
安童听说心欢喜，快把婚书我回程。
我的银子五十两，明天我就送上门。

文选心中好伤情，两眼双目泪淋淋。
无有办法不得已，只得将妻卖寿林。
就将纸笔拿在手，写张婚书你回程。
白纸黑字亲笔写，张氏妻子卖寿林。
忙将婚书写好了，付与安童手中存。
安童接书拿在手，相公连忙叫几声。
今日婚书拿去了，明日银子送上门。
安童当时忙不住，辞别相公又动身。
一直来到高堂上，老爷在上听喜音。
婚书我今逼来了，呈与老爷看分明。
寿林把书接在手，笑在眉头喜在心。
选定良时并吉日，八月初十要过门。
不唱寿林逼婚事，再表丁家说分明。
文选与妻来商量，双目流泪好伤心。
张氏哭到伤心处，夫君连忙叫几声。
不怕王家计谋大，谋割生妻做夫人。
我今嫁到王家去，要他人财两头空。
嫁到王家短见寻，悬梁高挂一根绳。
你定要到王家去，要你收回我的尸。
将我埋在丁山上，莫做忘恩负义人。
后娶妻子生儿女，要嗣张氏为儿孙。
孝顺夫妻真难舍，二人哭得好伤心。
不说夫妻哭淋淋，听唱宰相朱大人。
朱爷算命来到此，转身就往船上行。
将船弯到滕王阁，多少百姓抱不平。
朱爷站在船头上，就问那些挑水人。
滕王阁上多热闹，为何原因闹洋洋。

那些百姓暗笑道，先生有事不知情。
今日也说接朱世，明天也接朱大人。
前后接了半个月，没有见到朱大人。
为人不要轻落嘴，朱世是你江西人。
挑水汉子忙接音，为人好歹有人评。
莫说朱世是宰相，就是皇上也无妨。
说得朱爷心欢喜，转身就往别处去。
一路之上来行走，不觉到了琉璃门。
转身又往瓦子角，德兴饭店面前存。
将身来把店门进，尊声老板说言音。
话说德兴老板道，算命先生请进来。
朱世说我一个人，要间房子且安身。
德兴老板回言道，东西两边有空房。
朱世来到店房内，一杯香茶到来临。
吃了香茶收了碗，又将老板叫几声。
早晨出门去算命，未吃午饭到如今。
德兴老板问先生，要请先生点菜名。
朱世开言点菜名，一盘金板搭银桥。
一盘红姐绿荫哥，一盘状元来拜塔。
德兴老板不知音，请问先生把话明。
朱世笑口忙开言，你也枉费开饭店。
一盘金板搭银桥，就是韭菜炒豆干。
红姐绿荫是菠菜，状元拜塔是豆芽。
德兴当时忙不停，不敢迟迁半毫分。
一壶高粱来奉上，三盘好菜办完成。
朱爷一旁来坐下，心中思想八九分。
往日在朝多快乐，跟班轮流喜盈盈。
今日在店多愁闷，自斟自饮实烦人。
听见隔壁大哭声，问声老板为何因。
朱爷听得暗思量，此事必定有原因。
并言便把老板叫，高声大哭为何因。
德兴开口把话说，先生你且听言音。
你若依我来吃酒，就唯文师把话论。
朱爷叫声老板兄，你我畅饮有何妨。
也是德兴有福气，宰相提壶把酒斟。
一壶高粱吃完了，两壶高粱到来临。
德兴当时吃醉了，朱爷一旁把话提。
隔壁啼哭因何事，从头至尾说我听。
德兴本来吃醉了，酒中之言说真情。
话说寿林权威大，结交全省文武官。
结拜巡抚为干父，哪个官员不奉禄。
就将文选寿林事，一五一十说分明。
孝顺夫妻真难舍，因此哭得好伤心。
朱爷听说好气愤，提起心头火一盆。
开言便把老板叫，我要打个道不平。
朱世便来将话说，老板你且听言音。
我今出门来算命，出外三年没回程。
可也积了些银子，共有一百八十两。
我拿银子他还债，岂不打个道不平。
朱爷说得若真话，我就立马去丁家。
德兴当时忙不停，辞别先生就动身。
一直来到丁家门，相公连忙叫几声。
何必在此哭淋淋，你有救星到来临。
我店来个算命客，救你夫妻难中人。

见你夫妻要拆散，他要搭救你二人。
他把银两你还债，取回嫁书就回程。
文选听说心欢喜，就同德兴回店门。
一直来到店房门，见了先生礼相迎。
不知先生是哪个，老板说与我知因。
朱世立即表身份，我是算命先生人。
文选一听忙跪下，双脚跪下拜恩人。
多谢先生来救我，救我夫妻难命人。
救我夫妻不拆散，黄纸盖面不忘恩。
朱世开口说言音，相公连忙叫几声。
你是红门秀才子，不知周公礼义情。
秀才执笔卖妻子，不懂王法枉为人。
文选听说无话说，低头半日不做声。
过了半日方开口，先生在上听原因。
可恨南昌王寿林，万贯家财斗量金。
见我妻子生得美，五两改成五十银。
无有办法来评理，只好将妻卖寿林。
已选良辰并吉日，八月初十要过门。
夫妻孝顺真难舍，因此哭得断肝肠。
朱世得知此真情，相公连忙叫几声。
我把银子你还债，快把婚书取回来。
腰中取出银二锭，共有一百八十两。
双手交与相公手，文选你且听分明。
银子送到王家去，取回婚书转回程。
文选当时心欢喜，多谢先生大恩人。
夫妻若有出头日，一幢恩报九幢恩。
文选立即回家门，妻子连忙叫几声。
好个先生施我银，取回卖婚速回程。
张氏便来问原因，夫君连忙叫几声。
先生待我恩情好，何曾问他姓和名。
文选回复妻子言，未曾问他姓和名。
张氏叫声我夫君，你却如此不聪明。
我今来到店房内，请问先生姓和名。
轻移莲步往前行，不觉来到店门前。
张氏跪在尘埃地，恩人先生叫几声。
我夫是个痴呆子，不问先生贵姓名。
奴家亲自来到此，问问恩人尊大名。
我若今后出头日，定要报答大恩人。
朱爷听说心欢喜，好个贤惠女佳人。
父亲姓什母姓氏，你家排行第几位。
今年年芳十几岁，一一说与我知情。
张氏便来把话明，先生在上且听清。
父亲本是张意万，母亲刘氏女安人。
求神拜佛生下我，我与丁家结为婚。
年方二八零四岁，说与先生你知因。
小女在此问大人，请问恩人贵府身。
朱爷听说问尊身，叫声小女你且听。
家住江西瑞州府，高安县里有名人。
离城不过四十里，港下朱家小地名。
若为嫌我家贫寒，结拜干女有何妨。
张氏一听心欢喜，句句干爷不离嘴。
我向干父讨凭证，见物犹如见父身。
朱爷一听心喜欢，好个贤良女佳人。
白扇一把交与你，见物犹如见父身。

白扇莫把别人看，漏了机关不好听。
你今快快回家去，不可迟延久住停。
叫你丈夫王家去，快取婚书转回门。
立即来到自家门，说与夫君你知因。
夫妻二人多快乐，急忙赶往王家门。
一直来到王府门，寿林年兄叫几声。
我今到此无别事，要取婚书转回程。
寿林听见并言说，哪来银子还我们。
文选只好实言说，年兄在上听分明。
我今遇到好心人，他是算命老先生。
他借银子我还债，取回婚书我回程。
寿林听说怒冲真，骂声文选不是人。
当初无钱来还债，如今哪来这多银。
你这文选心不正，必定家中有歹人。
忙把安童叫几声，叫声安童来捆人。
送到南昌府衙门，看他还敢起歹心。
文选一听着一惊，急忙跳出王家门。
三步两脚回家走，不觉来到自家门。
张氏一见夫君郎，心中有事好慌当。
叫声夫君问原因，为何这等闷沉沉。
文选开言说真情，贤妻有事不知因。
只望还债把书取，谁知寿林没良心。
我把银子还他债，他说要家有歹人。
叫他安童来绑我，把我送到府衙门。
不表夫君伤心事，再唱寿林狗良心。
寿林即刻来吩咐，叫声安童听我言。
先请四门亲戚到，定于八月去娶亲。

寿林当时来摆酒，款待亲友一班人。
饮酒之时方落盏，寿林开口把话论。
谁人与我丁家去，快到丁家去娶亲。
先将张氏抢来了，后捉贼子算命人。
一班亲友乱纷纷，个个都是忙不停。
抬了轿子就启程，丁家不远面前存。
一街西巷人多少，并无半个多事人。
文选一见吊了魂，吓得魂魄不在身。
安童一到忙不停，不由分说就抢人。
张氏抢到花轿里，前呼后拥就起程。
不表张氏被抢了，再唱朱公相大人。
朱爷心中暗思想，眼前应当保自身。
忙将房门来打开，老爷要做逃难人。
德兴当时也吃惊，想到别处去安身。
朱爷心中生一计，急忙脱下算命衣。
衣服丢在井边存，装作跳井命归阴。
不唱朱爷来藏躲，现表王家一班人。
已将张氏抢去了，随即来捉算命人。
急忙来到店房内，店中并无半个人。
都说算命人已死，为了别人害己身。
饭店各门被打开，也是不见半个人。
安童气得棒乱打，锅盆碗盏打干尽。
不唱饭店全被打，再表王家娶亲人。
高堂点起灯和烛，迎接新婚到来临。
全省官员来送礼，都来贺喜王寿林。
不唱王家多热闹，再表相公朱大人。
朱爷躲在枯树下，腰弯背驼难安身。

轻轻走出枯树外，外面并无半个人。
老夫不是你来保，岂不一命见阎君。
我今回头保佑你，封你一个枯将军。
又将衣服来穿起，依然打扮算命人。
一直走到店房内，只见打得乱纷纷。
转身再到丁家去，女婿连忙叫几声。
不必伤心不要哭，同到店房去安身。
回头来表李德兴，文选不知其中因。
同与丈人就动身，不唱二人在店房。
开口就把先生骂，大骂先生不是人。
将我饭店打掉了，看你先生怎脱身。
朱爷便来说分明，老板你且听言音。
你的饭铺打掉了，自有银两赔你们。
我到南昌去告状，告他一个王寿林。
你写状子我不告，告他不倒怎脱身。
朱爷听说拍胸怀，哪个当官不贪财。
我会付你雪花银，送到南昌府衙门。
朱爷立即忙不停，文房四宝手中存。
状子不告别一个，单告南昌王寿林。
青天白日抢民女，谋害生妻做夫人。
一张状纸写好了，快去送与告状人。
德兴将状拿在手，不顾生死往前行。
一直来到南昌府，叫声老爷把冤申。
知县即把堂来坐，吩咐带上申冤人。
德兴跪在地埃尘，县官老爷叫几声。
小人有张冤枉状，要告南昌王寿林。
知县将状拿在手，从头至尾看分明。
就将状子看完了，大骂一声小畜生。
你告别人由自可，告了寿林难脱身。
吩咐一声拿下打，两旁呼唱似雷鸣。
打了四十大竹板，大枷一面受苦刑。
德兴戴枷朝门口，两眼汪汪泪淋淋。
埋怨先生真不该，苦苦害我为何因。
不唱德兴受苦刑，回头再表朱大人。
朱爷坐在店房内，只望德兴快回程。
早晨等到午时后，不见德兴转回程。
想必德兴有难星，要救德兴回家门。
文房四宝拿在手，二次要告王寿林。
文选妻子张氏女，本是朱爷干女身。
若是今晚同了房，全省官员刀下亡。
若是今夜成了亲，全省官员要抽筋。
开言就把女婿叫，快到衙门把冤申。
文选将状拿在手，从头至尾看分明。
先说他是算命客，谁知宰相朱大人。
也是我的福命大，结拜朱爷岳父身。
手拿状子往前走，穿街过巷往前行。
一直来到南昌县，喊叫府台把冤申。
文选妻子张氏女，寿林抢去做夫人。
知县将状接在手，一一从头看分明。
看完状子着一惊，忽然跪在地埃尘。
三班六房都来到，吓得魂魄落了身。
老爷今日吓坏了，快放德兴早回程。
不唱德兴脱了难，回来再表彭大人。
大人坐在书房内，十分烦恼少精神。

今晚只在三更后，悬梁高挂要根绳。
知县有个千金女，取名叫作彭秀珍。
听说父亲心烦恼，来到书房看父亲。
小姐来到书房内，父亲连忙叫几声。
我父坐在书房内，心中烦恼为何因。
还是皇上有旨到，还是上司押你身。
知县开口把话说，双目流泪好为难。
可恨南昌王寿林，万贯家财斗量金。
不守王法做坏事，强抢民女做夫人。
文选妻子张氏女，本是朱爷干女身。
若还今晚同了房，全省官员刀下亡。
倘若今夜成了亲，文武百官要抽筋。
为父今晚来吊死，免得刀下做亡人。
小姐听了心里明，父亲只管放宽心。
还是寿林谋害事，父亲听我说分明。
办好三牲并祭礼，生祭南昌王寿林。
你与母亲三家去，到他家中闹新房。
等到明天天亮了，就请寿林到衙门。
先将王法来盘问，后来拿下王寿林。
知县听说如此话，想起此事果是真。
女儿若是男子汉，更比为父胜十分。
吩咐买办街上去，快办礼物到衙门。
三牲祭礼办完了，抬箱吹打就启程。
母女二人上了轿，抬箱吹打往前行。
大路行程来得快，不觉到了王家门。
不唱小姐送礼事，再表南昌王寿林。
寿林坐在高堂上，可恨南昌彭狗官。
全省官员都送礼，如何不送礼上门。
安童急忙来禀报，南昌知县礼上门。
寿林听说心欢喜，吩咐安童接客人。
大开东门来迎接，迎接南昌彭大人。
礼物一箱来送到，母女双双到高厅。
母女二人来贺喜，恭贺伯父喜临门。
我父今日出衙去，下乡为民申冤情。
叫我母女来贺喜，百子千孙有福人。
寿林听了问一声，尊声小姐听我言。
三牲祭礼来庆贺，岂不生祭我寿林。
小姐听了回复言，伯父在上听原因。
浙江不比江西省，三牲祭礼祭婚姻。
一牲要生三个子，三牲要生九个孙。
生得九子十八孙，百子千孙在朝中。
一牲鲤鱼跳龙门，二牲雄鸡旺子孙。
三牲猪头来封侯，代代儿孙在朝廷。
说得寿林呵呵笑，笑在眉头喜在心。
小姐请进新房内，高堂备办酒宴席。
款待三亲并六眷，各人辞别转回程。
寿林来到新房内，叫声小姐千金女。
当晚到了三更后，母女二人去安身。
小姐便来将话说，伯父在上听我言。
今日日子不太好，要等初十是良辰。
初十是个好吉日，百子千孙福满门。
说得寿林心欢喜，好个贤惠小姐身。
寿林就来喜开言，小姐说的是真情。
今晚新房任你闹，唱个小曲散精神。

小姐立即喜开言，伯父在上听我唱。
唱个康氏来哭灵，寿林就说不吉利。
唱个孙夫人祭江，寿林也说不吉祥。
今晚是我新婚夜，唱个刘备来托孤。
寿林也说不吉利，小姐急忙来奉言。
刘备是个人中人，伯父便是刘备身。
不听寿林闹新房，再表知县在衙门。
知县忙将请帖写，邀请寿林到衙门。
先将王法来试探，再来拿下王寿林。
手下差人忙不停，出了衙门往前行。
一路行程来得快，王家不远面前存。
一直来到王府门，就把老爷叫几声。
知县有请来到此，呈上老爷看分明。
寿林将帖接在手，骂声南昌彭狗官。
为官纪律不知晓，王法三条也不清。
寿林来到新房内，小姐你且听我言。
我今要到衙门去，多在我家住几天。
寿林急忙来吩咐，就把安童叫几声。
与我带上高粱酒，赶快同我就启程。
大路行程来得快，不觉到了县衙门。
安童急忙来通报，报与老爷得知音。
寿林现在高堂上，我今来见老爷身。
知县听说心欢喜，吩咐左右手下人。
大开东门来迎接，迎接寿林到高厅。
二人见礼来坐下，香茶一杯到来临。
吩咐厨房来办酒，要将酒席办周全。
南边坐着是贼子，北面坐的彭大人。
饮酒三杯通天道，二人开口把话论。
昨日未曾府上去，乡下有人来喊冤。
青天白日抢民女，谋害生妻做夫人。
邀请小弟来商议，此事如何断分明。
寿林一听把话说，王法无情好断明。
此事若依愚弟言，立即斩首不留情。
说得大人心欢喜，正合吾意八九分。
知县就把堂来坐，喝叫带上王寿林。
寿林一见怒冲冲，大骂知县不是人。
你今若要拿下我，保你狗官做不成。
我把此事禀干父，要你性命见阎王。
知县一听大发怒，大胆贼子好横行。
你有巡抚来做主，宰相是你对头人。
忙将状子呈上来，睁开狗眼看分明。
寿林将状拿在手，当时吓得掉了魂。
只得就把头来叩，忙叫几声彭大人。
倘若将我来搭救，万贯家财平半分。
知县一听大冲怒，大骂贼子不是人。
今日落在我手里，要想活命万不然。
吩咐一声拿下打，两旁喝骂如雷声。
打了四十大竹板，打入监牢受苦刑。
不唱寿林坐监牢，再表知县彭大人。
大人就把衙门出，德兴饭店走一趟。
知县跪在店门外，如恭毕敬接大人。
德兴出门抬头看，一看本是彭知县。
知县跪在我门前，到底这是为何因。
知县开言把话说，我要接见朱大人。

我家哪有朱大人，只是一个算命人。
我要接的朱大人，便是算命老先生。
不唱知县来迎接，来表宰相朱大人。
朱爷坐在官船内，高挂太师太保旗。
炮响三声惊天响，惊动满省文武官。
江西官员都知晓，个个打扮接大人。
一路行程来得快，滕王阁前面前存。
文武百官都知道，迎接宰相朱大人。
朱爷坐在官舱里，不理江西一省官。
只有南昌彭知县，双腿跪在船头前。
朱爷开言把话说，叫声南昌彭知县。
你今打轿来接我，王家之事说分明。
知县忙把话来说，大人在上请听清。
卑职生下一小女，她在王家闹新房。
新房闹了一夜整，延隔寿林未成亲。
次日发帖王家去，邀请寿林到衙门。
先将纪律来试问，后来拿下王寿林。
将他打入监牢里，叩求大人断分明。
朱爷听说心欢喜，好个清官彭大人。
我母今年寿诞日，八月十六做生辰。
我与家母做了寿，再将此案断分明。
吩咐船工放炮响，炮响三声就动身。
不唱朱爷回家去，来表江西文武官。
全省官员来商量，筹办礼物送大人。
共筹银两四十万，礼物送到瑞州城。
吩咐差人忙送去，快叫官船送上门。
不谈官员送礼事，再表相公朱大人。
朱爷水路来得快，不觉到了瑞州城。
瑞州官员都来接，迎接宰相朱大人。
朱爷就把岸来上，父母官员尊一声。
虽然我的官职大，宰相回家拜县衙。
朱爷来到公馆内，官办宴席接大人。
朱爷吃完宴席酒，即刻起身就回程。
我母今年寿诞日，八月十六做生辰。
大路行程来得快，家中不远门前存。
朱爷上了八人轿，一家大小到来临。
刚刚到了家门口，八拜祖宗并神灵。
拜完祖宗就起身，再拜八旬老母亲。
唐氏一见孩儿到，我儿连忙叫几声。
你在京城十八载，为娘日夜挂在心。
明日是我生辰日，幸喜我儿贺生辰。
朱爷吩咐自家人，请将麒麟挂起来。
若是江西官员到，一概免见礼上前。
不说朱爷吩咐事，再表瑞州文武官。
瑞州官员来拜见，个个把礼送上门。
文武百官都来到，来与太太贺生辰。
朱爷一听好欢喜，吩咐手下听分明。
与我高堂来摆酒，款待瑞州文武官。
诸亲六眷齐来到，江西官员也来临。
手下即便来通报，报与大人得知音。
朱爷得知百官到，吩咐手下把话传。
叫他诸位等一下，我在陪酒瑞州官。
此时不谈瑞州官，再表南昌彭知县。
安童来到高堂上，报与大人得知音。

相爷听说彭爷到，亲身迎接彭大人。
彭爷接到高堂上，行礼坐下把酒斟。
江西官员站久了，二次求见朱大人。
朱爷得知传话去，要他各位再等会。
就说南昌清官到，我要在此陪清官。
此时不谈江西官，来表文选姓丁人。
文选家中真贫穷，哪有金银送寿礼。
只有南瓜来送礼，送与老太贺生辰。
挑担南瓜来贺喜，家人报与相爷知。
朱爷得知文选到，吩咐手下接进门。
文选来到高堂上，恭喜贺喜老太人。
不唱文选来贺喜，再表江西一省官。
全省官员来求见，三次求见朱大人。
手下即便来通报，报与大人得知音。
朱爷即便来吩咐，吩咐厨房办酒人。
糙米煮饭来办理，水酒南瓜上宴席。
叫他都到马房去，敬请多饮酒三杯。
诸位官员在马房，闷闷不乐喝水酒。
南瓜青菜下酒菜，既无盐来又无油。
不吃大人要生气，只得勉强吃几口。
江西官员都开言，叩见大人请开恩。
拜见大人由自可，放我今日转回程。
手下便来将言道，江西官员望开恩。
朱爷听说微微笑，吩咐他们早回程。
不说江西官员去，再表相爷朱大人。
酒饮三杯方去了，各人谢酒返回程。
朱爷开言来吩咐，母亲大人叫几声。
孩儿今日回省城，老母在家放宽心。
就叫女婿丁文选，你也同我一路行。
立即打扮就起程，瑞州官员送出门。
朱爷水路行得快，不觉到了江西城。
满城官员来迎接，个个都来接大人。
朱爷接到公馆内，便叫一声彭大人。
你今快到王家去，快到王家走一巡。
先把干女接出来，后接王家满门人。
知县听了忙不停，急忙打轿就动身。
大路行程来得快，不觉来到王家门。
彭爷立即吩咐好，传话王家一满门。
先将小姐请上轿，再提王家一满门。
王家满门都杀了，房屋全部把火焚。
王家本是多豪富，金银财宝过秤称。
知县当时又吩咐，不准动它半分文。
一齐交到公馆里，听候大人断分明。
朱爷来将张氏问，动问张氏干女身。
王家把你抢去了，一一从头说分明。
张氏双膝来跪下，干爷连忙叫几声。
王家将我抢去了，承蒙小姐多聪明。
母女二人新房闹，新房闹到大天亮。
好个清官彭知县，黄土盖面记在心。
不是干父来搭救，哪有女儿见父亲。
朱爷开言吩咐人，快请清官彭知县。
你今快回衙门去，快快去斩王寿林。
智县辞别回衙去，监牢提出王寿林。
寿林来到大堂上，左右差人乱纷纷。

大人即刻吩咐好，我们贺喜转回程。
寿林听得心喜欢，笑在眉头喜在心。
监斩官在前面走，滕王阁在面前存。
寿林一见事不好，钢刀一把好惊人。
本想老爷放了我，谁知将我问斩刑。
一直来到滕王阁，杀气腾腾吓煞人。
钢刀一把来提起，人头落地血淋淋。
寿林头挂滕王阁，来来往往看得清。
说起寿林谋害事，话不说明别有因。
朱爷叫声巡抚到，好官不做胡乱行。
你与贼子来结拜，结拜干儿王寿林。
现将官职来削去，削你官职为庶民。
转身就叫彭知县，我今把你来提升。
升你江西为巡抚，莫做贪官爱财人。
彭爷当时就跪下，大人在上听言音。
他的巡抚削去了，赐他小官爱万民。
朱爷听了把话说，那就回家做黎民。
我到江西半个月，官员好坏我知情。
全省官员还原职，个个清正爱万民。
朱爷就把彭爷叫，快传德兴见我身。
左右听说就动身，德兴老板叫几声。
大人今日来传你，赶快与我一路行。
德兴听见慌张了，吓得心惊掉了魂。
不顾生死往前走，心惊胆跳见大人。
朱爷一见开言道，德兴老板叫几声。
我曾住在你店内，你将言话伤我心。
传你到此无别事，要你人头问死刑。
德兴听说如此话，犹如掉在冷水盆。
跪在地上把头叩，饶我狗命活几春。
朱爷听了呵呵笑，又把德兴叫几声。
我今本是来吓你，看你知情不知情。
谁人打你四十板，现在问他要金银。
德兴听说如此话，一把扯住彭大人。
我到你衙去告状，打我四十不留情。
快把银子来给我，万事该休免灾星。
若不把银付与我，就要带你见大人。
彭爷听得如此话，老板你且听言音。
你要银子多少两，你今说与我知因。
我要银子五十万，不要少我半分文。
彭爷听了这句言，不觉心中着一惊。
只因打你四十板，为何要我五十万。
只是本官错打伤，怪我当时理不清。
德兴听得这句言，不觉喜色有几分。
我今得银五十万，报与大人谢恩情。
朱爷听说开言道，与你银两你收入。
回去开个饭馆店，方便来往行善情。
德兴听得大人言，辞别朱爷谢恩人。
急忙抽身回家转，喜在眉头笑在心。
不唱德兴回家去，再表江西一省官。
大小官员来商量，备办礼物送大人。
不是彭爷千金女，我们如何得脱身。
不说江西官员事，再表相爷朱大人。
就叫女婿丁文选，你今听我说言音。
王家财宝付与你，夫妻二人度光阴。

你今同我京城去，万岁驾前听侍候。
保你在朝为官职，莫做贪官爱财人。
朱爷当时吩咐好，即刻动身就启程。
一省官员都来送，欢送大人回京城。
大闹江西说不尽，话分两头别有因。
朱爷一路来得快，一路顺风到京城。
满朝文武都来接，迎接相爷朱大人。
朱爷走上金銮殿，三呼万岁小称臣。
乾隆皇帝开金口，喜叫一声朱爱卿。
爱卿回家拜母寿，今日变来见我身。
万岁得听龙心喜，爱卿连忙叫几声。
事情办得真有理，办得不差半毫分。
文选将他来叫起，封他宛平知县官。
文选妻子张氏女，封她一品正夫人。
也是文选福气大，夫妻二人受皇封。
为人莫做王寿林，全家大人受斩刑。
善恶到头都有报，只是迟早有时间。
知音君子传一本，消愁解闷过光阴。
为官之人看一本，方知如何做官人。
黎民百姓抄一本，传与子孙座右铭。
将此编成《南瓜记》，万古千秋永传名。

下苏杭

门前一支凡桂香，几年私情说端详，
家住杭州钱塘府，
离城十里孟家庄，取名叫作赛海棠。
情姐生得果能精，从来不出绣房门，
等到年方十六岁，
眉清目秀赛观音，丈夫是个秀才身。
春二三月百花开，望见我姐上花台，
上身穿件红毛褂，
下穿八幅紫罗裙，鞋尖脚小爱煞人。
情郎一步往前行，向前几步问原因，
走上前来忙施礼，
借问大姐尊姓名，如何一人独自行。
情哥听我说言当，我到花园去采桑，
无凭无故将我问，
回家告诉我双亲，看你后生怎脱身。
情哥回言笑盈盈，你将此话吓何人，
观见大姐生得好，
十分标致动我心，我要与姐一路行。
情姐说话也笑盈，贵客说话不聪明，
不同乡来不共故，
就非亲来就非邻，为何与我一路行。
不是我今别情哥，如今人嘴快如梭，
一点不到传千里，
好人少来歹人多，免得闲人说啰唆。
情姐说话不知情，竟为私情近姐身，
走路不动裙边折，
坐像好比活观音，今日与姐要私情。
娇莲听说叫声哥，情哥不必说啰唆，
我在娘家十六岁，
嫁到婆家两三春，不知何事是私情。

娇莲说话莫装神，聪明我姐听言音，
莫把此事盘问我，
万事难逢这一回，切莫错过此机会。
情哥说话我知音，路途之中莫高声，
你到前面有何事，
请到我家喝茶汤，君子相交要久长。
约会后日我就行，情姐莫做无义人，
我到前面无大事，
特来奉拜府门庭，来到府上看双亲。
怀川一见笑盈盈，情姐采桑转日程，
人若碰到风流子，
几句言语动我心，暗思暗想在心灵。
日落西山郎转身，千思万想挂在心，
望见姐家心中喜，
连忙抽身近姐身，看姐动情不动情。
急忙走到姐家门，情姐一见出来迎，
轻言细语将他问，
贵客来到我寒门，到我家中有何因。
一听此言不应该，不该约我今日来，
一路之上无歇店，
特到府上讨茶汤，吃杯香茶再还乡。
听说口干到我家，一杯香茶付与他，
天色已晚郎莫去，
就在寒舍且安身，明日天光再回程。
难为情姐留我身，就劳情姐一片心，
路途之中休办礼，
索手相交女娇娥，桑园说的话如何。

娇莲转面尊一声，君子说话我知音，
私情之事不要说，
明日天光你回归，周年半载不为迟。
听说半载气冲天，怒气冲冲转家园，
姐是月里嫦娥女，
想断肝肠枉费心，只得将身转回程。
一见情哥要回程，端把椅子靠郎身，
一锹难挖一口井，
万事只怕有心人，怒气冲天为何因。
非是我今气冲冲，我见娇莲大不可，
昔日之话全忘记，
西下不是打鱼鲜，话说千般也枉然。
情哥不必气冲天，奴家也有难为言，
劝哥心情莫太急，
只要情郎心情真，奴家愿伴我哥身。
听姐说话知姐音，心平气和回姐门，
我姐本是能为女，
叫我如何不动情，今晚就要近姐身。
姐是月里丹桂枝，叫郎做个上天梯，
上天梯子郎难走，
奴家情愿来脱衣，早开仓谷救郎饥。
手挽手来进房门，二人恩情海样深，
有缘千里来相会，
无缘对面不相逢，姻缘本是天生成。
怀川开口问一声，叫声乖姐听言音，
你家丈夫哪里去，
倘若来了怎脱身，如何得出你房门。

听说此言恨在心，提起心头火一盆，
丈夫也是风流子，
单嫖人家妻子身，谁知家中有歹人。
辞别娇莲我要行，娇莲说话难为情，
你家财宝我不爱，
竟为私情上姐门，如何说我是歹人。
一见情哥起身行，双手扯住郎衣襟，
话不投机郎莫怪，
莫把此话记在心，大宽大量君子身。
一见娇莲赔小心，笑在眉头喜在心，
十分标致人乖好，
说出话来动人心，同胞姐妹有几人。
情哥听我说言音，单生姐妹两个人，
哥说奴家生得好，
我说妹妹赛观音，嫁到杭州姓张人。
听说妹妹胜十分，桑子吐丝肚中存，
有朝一日身无事，
杭州城内看妹身，看她是假还是真。
叫声情哥我的人，你我对天把誓盟，
郎若丢姐刀下死，
姐若丢郎短命亡，做个地久永天长。
一盏明灯被郎吹，取下金钗脱下衣，
姐做狮子头仰睡，
郎做绣球滚上床，绣球滚在姐身上。
姐是池塘一枝莲，长在池塘十八年，
过路君子谁不爱，
哪个不爱池中莲，谁知今晚伴郎眠。

一爱娇莲生得青，刘备东吴去招亲，
周瑜设下美人计，
本是假来变成真，赔了夫人损了兵。
二爱娇莲生得明，桂英打马下竹林，
阵前撞过杨宗保，
贤王为媒结成婚，姻缘本是天生成。
三爱娇莲生得乖，杏花小姐当金钗。
招君只因跳岩死，神仙托到人间来，
日后夫妻百年皆，
四爱娇莲生得稀，好似前朝二仙机，
吕布调戏貂蝉女，
河窗也戏牡丹时，貂蝉做过二人妻。
五爱娇莲少年时，不该生得这标致，
董永卖身葬亲父，
槐英树下过仙机，商郎许配陈雪梅。
六爱娇莲我的人，可恨妲己女妖精，
宫调试周纣王，
比干臣相挖了心，一败江山二败臣。
七爱乖好我娇莲，好似昔日王宝钏，
破瓦窑中十八载，
乌鸦脚下把信传，她的骂名万古传。
八爱娇莲似英台，山伯不知女裙钗，
今生未曾成双对，
两下未曾结成婚，也是前世少修行。
九爱娇莲赛观音，好似前朝卖花人，
可恨狼心曹国丈，
逼她做个十夫人，全靠包公断分明。

十爱娇莲一枝花，娇莲爱我我爱她，
娇莲爱我年纪小，
我爱娇莲一枝花，想到她家喝杯茶。
情哥听我说言音，我把古人比你听，
情哥好比薛仁贵，
奴家好比王宝钏，十八年前守空房。
石榴花开叶而多，轻言细语问情哥，
今晚在此同床睡，
千斤担子奴担多，心惊胆战为情哥。
枝子开枝叶儿青，酒中照见有情人。
连花带酒吞下肚，
多吃几杯心不明，头晕眼花认不清。
桃子开花叶正长，夜夜思想会情郎，
红娘月下传书信，
仙姑调戏吕洞宾，都是神仙风流人。
李子开花白飘飘，郎坐船头姐扶艘。
有朝一日船开岸，
阻隔湖山十二桥，只怕半途挖断桥。
伴郎同睡到一更，情哥睡在我头边，
绫罗帐子金钩挂，
红绸被面绿绸心，奴家身上任哥行。
二更开口问哥言，两下姻缘似线牵，
从来与哥不相识，
今晚睡在姐头边，劝哥莫踩两边船。
三更问姐几句言，我今年长二十边，
十八娇莲到处有，
心中不喜我不恋，一点真心到姐边。
高楼打鼓四更时，情哥叫姐我要回，
情姐起来观星斗，
刚刚只有半夜时，还要留郎到鸡啼。
说话不过五更临，娇莲起来办点心，
脏心鸡蛋煮一碗，
青丝包头扎郎眉，探花莫要早风吹。
鸡叫三声大天光，挽手相送我情郎，
十八说话真有意，
一夜风流到天光，日后莫说姐欠郎。
送出房门声一问，心肝肉来我的人，
或是明日来到此，
还是后夜近我身，我在房中好留门。
叫声情姐我的乖，这个日子我难猜，
明日无事我就到，
后夜有空我就来，你把房门半夜开。
情哥一去两分当，姐在房中想情郎，
忧忧愁愁真难过，
茶不思来饭不尝，鸳鸯枕上细思量。
自从那日别情人，姐在房中闷沉沉，
公婆问我不答应，
丈夫叫我不作声，好似房中鬼迷人。
自从那日别情哥，鞋尖脚小路难拖，
茶不思来饭不想，
盆中洗衣乱固搓，不好得说想情哥。
自从那日别娇莲，今晚思想近姐边，
朋友面前不好说，
妻子面前不好言，一心想到姐身边。

自从那日别乖乖，想起我姐去打牌，
八万二条当那子，
九万十索付出来，把姐当只枝花牌。
自从那日别情哥，床不牵来地不拖，
人无喜色精神少，
昏昏沉沉瞌睡多，情哥一到好得多。
自从那日别情人，今晚思想近姐身，
初叶扇子买两把，
胭脂花粉买完全，我今拿去送娇莲。
娇莲接在手中存，何必要郎花费钱，
你要来时休办礼，
素手相交一片心，日后不可这样行。
情哥回言笑盈盈，无有礼物送情人，
青叶扇子买两把，
送与情姐表我心，这点心意莫欠轻。
二人同进绣房门，情哥前走我后行，
端把椅子我哥坐，
一杯香茶到来临，我可竟来会私情。
叫声情姐我的乖，今日不为别事来，
我在家中闲无事，
朋友邀我下苏杭，今来辞别我娇娘。
娇莲听说泪淋淋，犹如刀割我的心，
你来我家常来住，
并没说过下苏杭，不知哪回慢待郎。
情哥定要下苏杭，今晚要伴我同房，
知心话儿说几句，
私情之事任哥行，情哥痛快我甘心。

心肝肉来我的乖，今晚特意为姐来，
临别话儿让姐说，
早开襟裙并小衣，高高兴兴伴姐睡。
叫声情哥我的人，奴家今晚任哥行，
只要我哥精神爽，
奴家愿伴到天明，日后莫说姐无情。
一夜风流到天光，二人起来办梳妆，
情哥面对娇莲笑，
情姐对郎笑盈盈，一夜风流为私情。
情哥打扮要行程，姐在房中拿金银，
脏心鸡蛋煮一碗，
描金筷子上下分，一杯美酒桌上存。
三盘干鱼四盘虾，五盘金鸡六盘鹅，
七盘黄花八盘笋，
九盘香菇十盘参，海参燕窝办完全。
一把桌子四四方，我哥坐在正中堂，
今日与哥同吃酒，
不知明日在何方，想坏情姐忧煞郎。
一把桌子四角尖，娇莲坐在郎身边，
声声叫哥吃寒酒，
盘中好菜只管拈，日后莫说姐不贤。
一把桌子四方长，娇莲坐在哥身旁，
声声叫郎吃饱饭，
上午短来下午长，出外不比在家乡。
辞别娇莲我要行，姐在房中拿金银，
金银放在荷包里，
百两黄金要小心，恐怕路上有歹人。

难为情姐送我银，小心天下任我行，
金银放在荷包里，
早晚三晚不离身，不怕路上有歹人。
肩背包袱郎起身，声声嘱咐有情人，
日落西山早歇店，
中时午后打伞行，免得太阳晒郎身。
送郎送在格子边，推开格子望青天，
只望青天下大雨，
多留我哥住几天，留郎一夜当半年。
难为送我格子边，叫声乖姐听我言，
我要回家看父母，
多留一日少十天，急早回来看娇莲。
送郎送到天井角，留哥不住姐蹬脚，
绣花鞋子蹬断底，
丝光袜子蹬断纱，留哥不住是冤家。
情姐不必说冤家，几句言语付与她，
父母家中传书信，
说我在外为贪花，为何这久不回家。
送郎送到大门前，痛心哥哥听我言，
我有言话吩咐你，
除花戒酒莫赌钱，我郎谨记在胸前。
难为送我大门前，乖姐吩咐是真言，
反国亡家都是酒，
典田卖地因赌钱，情姐说的是真言。
送郎送到大门坡，郎的包袱姐来驮，
路上有人盘问你，
就说表妹送表哥，免得闲人说啰唆。

难为送我大门坡，我的包袱姐在驮，
男女行路天下有，
只说表妹送表哥，外人何必说啰唆。
送郎送到屋角西，麻风细雨洒郎衣，
左手与哥推开伞，
右手与哥扎起衣，免得细雨洒郎衣。
难为送我屋角西，就劳情姐扎起衣，
若有大雨我不去，
麻风细雨难湿衣，难分难舍又难离。
送郎送到墙角边，痛心哥哥听我言，
今日与哥同行路，
不知明日在哪边，犹如刀割我胸前。
难为送我墙角边，奉劝我姐听我言，
我要回家看父母，
杭州不过两三天，早早回来看娇莲。
送郎送到墙角西，墙上一对好竹鸡，
叫声我哥抬头看，
竹鸡好比两夫妻，看哥思妻不思妻。
难为送我墙角西，竹鸡本是两夫妻，
你也看来我也看，
今日一别两分离，不思妻来也思妻。
送郎送到岭背坡，岭背林中鸟雀多，
斑鸡本是无义鸟，
养干毛来各出窝，一翅飞到万山坡。
难为送我岭背坡，岭背林中鸟儿多，
不学山中无义鸟，
一片真心姐心窝，情姐不必疑心多。

送郎送到亭阶西，姐解罗裙并小衣，
叫声我哥把花采，
根变不怕乱风吹，郎不说出无人知。
难为送我亭阶西，姐脱罗裙并小衣，
姐要私情郎会意，
何必说与外人知，我姐不要多心疑。
送郎送到荷叶塘，荷叶塘中有蚂蟥，
蚂蟥缠到鹭鸶脚，
乖姐缠到少年郎，抛妻不顾下苏杭。
难为送我荷叶塘，比个古人在中央，
孟姜下水捞白扇，
看见喜郎面难当，后来二人结成双。
送郎送到亭阶东，好似牛郎织女逢，
天河隔断难见面，
一个西来一个东，何时何日得相逢。
难为送我亭阶东，犹如牛郎织女逢，
牛郎站在江东岸，
织女站在河西坡，二人言和气不和。
送郎送在深山中，远远望见一林松，
人说深山有猛虎，
我偏要往虎山行，为哥虎吃也甘心。
难为送我深山中，我姐只管放宽心，
送郎送在大江边，
叫郎请只好快船，看个吉日船开岸。
莫在河港欠延缠，顺风相送我郎船。
难为送我大江边，情姐请转我上船，
若有大风我不去，
平风细浪船就开，情姐不必挂心怀。
叮当一响船就开，姐办美酒上船来，
敬郎三杯开岸酒，
一无凶险二无灾，请问我哥几时来。
情姐问我几时来，正月不来二月来，
三月没来莫望我，
梅花搭到别园栽，乌鸦一去凤凰来。
情姐听说叹一声，花开能有几年春，
头到鲜花是哥采，
残花败柳哥丢开，若哥说了此话来。
情姐不必气胸怀，十七十八花正开，
好花要等正三月，
有树何愁无鸟来，哪有青山不长柴。
听说此言痛心怀，我哥说出此话来，
人生好比同林鸟，
千里飞到现窝来，只交情义莫交财。
劝姐回程船要开，姐的话儿记心怀，
男儿到处风流子，
女人个个是风流，自然会有人来示。
竹篙点水船就开，郎搭跳板姐上来，
姐行三步抬头看，
只见船开岸不开，十分难舍我乖乖。
送别情哥我回归，青天白日被鬼迷，
情哥好比迷魂鬼，
昏昏沉沉被鬼迷，只怪当时错脚棋。
送别情哥转回还，不觉红日落西山，
红日落在西山里，

黄昏落在鬼门关，若想回头难上难。
想郎想得不奈何，三寸金莲地下拖，
娘问女儿什么想，
猫捉老鼠地下拖，不好说得想情哥。
想郎想得心里酸，关上房门拍上闩，
脱下绣鞋问告子，
一只阴来一只阳，我哥刚刚到苏杭。
顺风顺水高挂蓬，杭州不远面前存，
走进城内抬头看，
十分闹热人挤人，慢慢查访姓孟人。
心中就把计生成，思想买卖就动身，
肩挑杂货往前走，
笑在眉头喜在心，真正为访姓孟人。
肩挑杂货下苏杭，手提花鼓闹洋洋，
大叫三声卖杂货，
郎不叫姐姐叫郎，一心只想孟娇娘。
姐在房中绣花纹，就无花线又无针，
往日也有杂货担，
今日无有上我门，这对鸳鸯绣不成。
一肩挑到大街心，娇莲生得果是真，
上身穿的毛红褂，
下穿八幅紫罗裙，五色花鞋脚下登。
娇莲回言笑盈盈，这位客官是老成，
还是本行开宝店，
还是远方买卖人，高姓大名哪贵村。
姓伉怀川是我名，我家住在丹桂村，
在家懒把田来种，
小小生意且安身，请问大姐哪贵村。
听说往要丹桂村，原来乡亲到来临，
说起娘家离客近，
丹桂村庄姓孟人，请到寒舍且安身。
听说娘家姓孟人，心中思想有情人，
当初只说姐姐好，
姐说妹妹胜十分，话不非传果是真。
客官初到我寒门，粗菜淡饭莫嫌轻，
吃了饭来收了盏，
金盘银盏两边分，声声莫怪此乡亲。
情姐不要费心机，素手来到贵府门，
快把箱子来打开，
两匹毛兰三匹青，送与大姐莫嫌轻。
接过蓝布手中存，这份礼物太贵重，
乡亲哥哥你慢走，
待我房中来付银，怕你生意做不成。
不要钱来郎起身，这点小事莫嫌轻，
若是姐姐嫌轻了，
肩挑担子往前行，今后不上姐家门。
一见情哥起身行，一把扯住担子绳，
小小生意利润少，
一日难挣几文银，何必破费这多钱。
情姐不必挂在心，不要钱来表我心，
箱子绳索你放开，
天色已晚我要行，找家客栈且安身。
情姐看天暗沉沉，双手拖住郎衣襟，
天色已晚郎莫去，

就在寒舍且安身，粗被破絮莫嫌轻。
情姐留住叫乡亲，行路辛苦早安身，
姐提明灯前面走，
乡亲哥哥随后行，眉来眼去会私情。
郎有心来姐有情，两下不好说分明，
郎把睛珠望着姐，
姐用眼睛望着郎，两下心中暗思量。
望见娇莲笑盈盈，左思右想不安定，
眼观格子明灯亮，
上前叫姐两三声，乡亲姐姐请开门。
情姐听见着一惊，半夜三更来叫门，
倘若公婆知道了，
把你当作偷花人，遍身有口说不清。
叫声情姐我的乖，我下苏杭为你来，
你若今夜不依我，
死在姐家要姐埋，还要情姐端灵牌。
叫声心肝我的人，奴家只有十六春，
丈夫今年十八岁，
两下未曾结成婚，叫我如何伴郎君。
鼓打五更要天光，难分难舍我情郎，
抱住我哥不放手，
微微叫声我情郎，再亲一次也无妨。
乡亲哥哥我的乖，你下苏杭为我来，
今晚奴家依了你，
请问我哥几时来，何时再来把花采。
一夜风流到天光，二人挽手出绣房，
手拿银子三十两，
送与情哥做盘缠，好比奴家伴哥身。
娇莲起来下厨房，手拿鸡蛋两三双，
白水煮蛋我哥吃，
半斤猪肉炒豆干，我郎吃了早下乡。
吃了早饭下乡行，肩挑担子不住停，
也有一天占几百，
也有一日赚几文，米谷粮食莫看轻。
日落西山姐望郎，歪头倒脑靠门房，
两眼望郎门前过，
急急忙忙下厨房，吃了青菜把饭尝。
春去夏来四季忙，忽然想起孟娇娘，
昨夜三更得一梦，
梦见海棠病在床，一夜思想到天光。
叫声娇莲我情人，我今来了几年春，
父母家中常挂念，
一心要去看双亲，辞别娇莲我动身。
叫声情哥听我言，生身父母大如天，
十月怀胎娘辛苦，
长大切莫丢一边，早去早来看娇莲。
情姐打办哥行程，脸靠脸来叫情人，
回家只能一个月，
莫做忘恩失义人，情郎哥哥记在心。
肩背包袱郎起身，手挽手来送情人，
千言万语哥牢记，
这次回家三十天，早来杭州看娇莲。
正月相思爱郎身，眉清目秀好郎君，
好个后生谁不爱。

情哥生得动我心，相思不离半时辰。
二月思情姐爱郎，那个娇莲不思郎，
日夜思想真难过，
眼泪汪汪流枕上，一夜思想到天光。
三月思情姐爱他，想起心酸肉也麻，
郎是花园蜜蜂子，
姐是三月牡丹花，不见蜜蜂来采花。
四月思情绣房中，花开能有几年春，
好朵鲜花没人采，
十五月亮不团圆，等到何时同哥眠。
五月思情好梳妆，明镜里面照娇娘，
十指尖尖爽白粉，
卖粉之人下苏杭，不知何日能还乡。
六月思情热难当，手提明灯进绣房，
两手挽开梭罗帐，
一对鸳鸯不成双，瘦骨如柴眼落腔。
七月思情秋分凉，一身皮肤白如雪，
两只眼睛亮晶晶，
如何不想我情人，不知我哥在哪方。
八月思情中秋到，想郎不到受煎熬，
你在杭州多快乐，
不知娇莲孤零零，时冷时热病占身。
九月思情想情哥，鞋尖脚小路难拖，
忧忧愁愁真难过，
眼泪汪汪在心窝，不好说得想情哥。
十月思情百花开，百花台上望郎来，
早来三日能相会，
迟来三天鬼门关，若想回头难上难。
情哥杭州想情人，思想娇莲就动身，
我今来了这多时，
不知我姐在何方，想坏娇莲忧煞郎。
行了一程又一程，怀川心中闷沉沉，
先前只说一个月，
如今过了两三春，转眼来到姐家门。
怀川门进吃一惊，叫声心肝我的人，
先前脸带桃红色，
现在竟是菊花黄，看见我姐痛肝肠。
海棠看见哥进门，心中话儿说不尽，
天天望哥望穿眼，
夜夜想郎鬼迷人，一身病魔上了身。
开口叫声我的郎，我今病在象牙床，
你在杭州多快乐，
那里记得我娇莲，害得奴家好可怜。
手扶栏杆叹一声，负义哥哥听言音，
先前一年病一次，
只有这次病得真，只怕一会见阎君。
手扶栏杆劝娇莲，聪明我姐听我言，
我下杭州无音信，
不知我姐病占身，同姐一路见阎君。
手扶栏杆叹二声，痛心哥哥你请听，
堂上父母年就老，
孩儿细女靠何人，如何与我一路行。
手扶栏杆劝娇娘，心乖我姐听言当，
堂上父母我不管，

孩儿细女自成人，我要与姐同路行。
手扶栏杆叹三声，情郎哥哥听我音，
昨夜有人对我说，
说你相交有别人，我要问个假和真。
手扶栏杆劝情人，痛心姐姐听原因，
昨日打马门前过，
看见堂上有一人，说你相交有别人。
手扶栏杆叹四声，明理哥哥你听清，
堂上有亲我兄弟，
奴家决不恋别人，天不载来地不容。
手扶栏杆劝姐身，乖好我姐莫认真，
堂上是你亲兄弟，
旁人是非切莫听，两下私情照样行。
手扶栏杆叹五声，眼泪汪汪望郎君，
今日与哥来相会，
不知何日转回程，就要忧煞有情人。
手扶栏杆哥申明，我也实在好悔心，
不该杭州几年整，
千错万错我担承，把姐害得不像人。
哭声情姐叫声天，我姐病得真可怜，
千错万错只怪我，
千刀万剐我该当，我要救好我娇娘。
一哭情姐把病占，何处有个好医生，
若有医生我去请，
请来治好我娇妻，免得一人受孤凄。
二哭情姐回复郎，莫请医生问药方，
莫请道士做斋醮，
莫请和尚念经文，多买钱纸度亡。
三哭情姐好心焦，情哥就把纸来烧，
烧了三斤四两纸，
口不开来眼不开，十分难舍我乖乖。
四哭情姐去穿衣，一身绸缎一身衣，
上身穿的毛红褂，
下穿八幅紫罗裙，五色花鞋脚下登。
五哭情姐抱下床，把姐摊在门板上，
青色包头齐眉扎，
罗裙带子五色衣，打扮我姐到那里。
六哭情姐时辰来，打扮我姐上棺材，
桌上安个灵牌们，
早晚好烧纸和香，茶饭不见姐来尝。
七哭情姐抬去埋，亲手与姐端灵牌，
人去天边也回转，
我姐一去不回来，叫我如何丢得开。
八哭情姐五七来，梦中看见我乖乖，
你在冥司莫吓我，
我是你的有情人，鬼门关上一路行。
九哭情姐肉也麻，我要削发去出家，
万贯家财我不要，
修炼来生做正人，来生与姐再成婚。
十哭情姐断肝肠，我到灵前烧支香，
我叫情姐千万句，
并不答应我半声，烧了钱纸转回程。
同胞姐姐命归冥，妹在家中不知情，
一心只把郎来想，

想郎不到好伤心，不知不觉病上身。
正月相思病占身，情哥路远不知音，
相思好比船开岸，
船要开来岸不开，情哥哼我大不该。
二月相思眼发花，可恨情哥是冤家，
我今得了相思病，
不请郎中不问神，只要情哥一夜情。
三月相思可恨他，想起心酸肉也麻，
三日不曾吃碗饭，
四天未曾吃杯茶，被郎想得眼发花。
四月相思叫声天，苍天开眼看娇莲，
歪倒脑头门前坐，
路上行人有几千，不知我哥在哪边。
五月相思不奈何，心中可恨我情哥，
先说二人同到老，
心中欢喜笑呵呵，谁知今日受折磨。
六想情哥恨情郎，姐占相思病难当，
吃饭犹如吃飞片，
喝茶犹如喝药汤，受饥挨饿只为郎。
七月相思实在难，情哥一去不回还，
不记当初阳关上，
阳关路上肩并肩，两手扶送哥上船。
八月相思心好焦，情哥一去不回头，
过了黄河分了手，
过了前桥抽后桥，半路丢姐拆断桥。
九月相思心不闲，情哥一去不回还，
先前求我甜如蜜，
而今求郎难上难，望郎不到不耐烦。
十月相思望情郎，情哥一去不还乡，
本想修书要郎回，
不便开口请人号，想坏情郎忧煞姐。
想郎想得不奈何，左思右想想情哥，
一天到晚望穿眼，
一夜想到大天光，唉声叹气无主张。
一叹情哥梦沉沉，不觉两眼泪淋淋，
先前与姐成双对，
今日夫妻不团圆，把姐抛在脑后边。
二叹情郎我的哥，翻来覆去睡不着，
自从那日分别后，
谁知今日还不来，叫我如何丢得开。
三叹情哥日落西，想起情哥好忧虑，
莫学当年陈世美，
家中有妻说无妻，奴家也是一样的。
四叹情哥我的郎，钢打心肝铁打肠，
分别之时嘱咐你，
你今就想到一方，想交别处女娇娘。
五叹情哥进绣房，轻移莲步走忙忙，
公婆面前不露丑，
假装欢喜笑洋洋，心中实在思想郎。
六叹情哥正黄昏，风吹云散满天星，
一轮明月当头照，
照见四海九州人，不见我哥转回程。
七叹情哥推纱窗，打开格子望情郎，
路上行人几千万，

不知我哥在何方，想起我哥断肝肠。
八叹情哥鸡正啼，姐在房中哭泪泪，
想必家中有急事，
父母年老不能离，一年也该来一回。
九叹情哥大天光，忧忧闷闷懒梳妆，
何时等得我郎到，
满腹忧愁告诉郎，痛痛快快哭一堂。
十叹情哥绣花鞋，绣双花鞋望郎来，
黑线锁边青线绣，
紧针密线做双鞋，不知我郎来不来。
自从海棠命归冥，怀川心中闷沉沉，
朝思暮想无新策，
只得将身转杭城，辞别母亲我要行。
忧忧闷闷往前行，想起娇莲痛在心，
往日在此送我路，
不知今日在哪边，何日与姐得团圆。
行了一程又一程，阳前不远面前存，
不觉行到阳关上，
抛别忧愁往前行，姐家不远面前存。
进门叫姐笑盈盈，姐把冷眼对情人，
你在家中多快乐，
如何来到我寒门，就把情哥骂几声。
一骂情哥太不该，初到婆家来开怀，
花言好语对我说，
把我哄上迷魂台，迷魂台上哥丢开。
二骂情哥心不良，如何回家一年长，
莫是相交有情姐，
莫是妻子留住郎，为何这久不思量。
三骂情哥无义人，声声骂郎好绝情，
为人相交有情义，
桃园结义俺二人，谁知今日就别情。
四骂情哥心不定，相交别处有情人，
相交绝义刘志远，
他与鄂氏结成双，抛别前妻守空房。
五骂情哥哭洒洒，姜郎顺母不认妻，
也是贤妻该有难，
只听姑娘说是非，奴家也是一样的。
六骂情哥毒虎狼，暗暗相送令张郎，
红娘月下传书信，
高中头名状元郎，回家祭祖好风光。
七骂情哥怨自身，埋怨当初认错人，
画龙画虎难画骨，
知人知面不知心，两眼无珠认错人。
八骂情哥绝义人，从今以后两脱身，
我家不是安身处，
哪里有姐哪里恋，快快走出我门前。
九骂情哥好狠心，为何这久不来信，
夫妻不和只为你，
公婆言语气难招，越思越想越心焦。
十骂情哥郎起身，一把扯住郎衣襟，
我会与你同去死，
河中有水岸有绳，鬼门关上同路行。
口里骂来心里甜，一心只想伴郎眠，
哪里舍得情哥走。

双手牵哥走进门，笑在眉头喜在心。
日落西山一点黄，情姐点灯进绣房，
双手挽开梭罗帐，
一对鸳鸯上牙床，好比张生戏红娘。
日落西山暗昏昏，二人挽手进房门，
男说贪花情无厌，
姐说男女一样心，黄金难买少年春。
走进房中喜洋洋，红罗帐子象牙床，
姐爱郎来郎爱姐，
二人私情海样深，鸳鸯枕上赔小心。
听得大姐一句言，心里好似蜜糖甜，
一心只想把花采，
双手把姐抱上床，情哥睡在姐身上。
叫声情哥我的乖，把哥紧紧抱在怀，
轻轻对哥细语说，
只要我哥你开怀，今夜鲜花任哥采。
乖好姐子你细听，今晚我要伴你身，
好朵鲜花哥要采，
好个乖姐我要陪，陪姐玩耍到鸡啼。
二人细谈到夜深，纸糊格子透光明，
外面黄狗声声叫，
惊醒沉睡梦中人，心惊胆战为郎君。
东方见放霞光亮，金鸡报晓闹洋洋，
情哥难舍有情姐，
情姐难舍有情郎，轻手细脚同下床。
二人玩耍到天光，一夜风流好舒畅，
情郎问姐心欢喜，
情姐问郎采花香，不许我哥离身旁。
此时怀川暗思量，想起娇莲赛海棠，
先前与她共床睡，
如今死去不回乡，叫我如何不思量。
一月相思实在难，留在他乡不回还，
自从我姐身亡故，
如今已有一月零，暗思暗想好伤心。
一时相思哭洒洒，前朝孟姜是贤妻，
哭倒长城八百里，
千里路上送寒衣，世上少有好贤妻。
一刻相思想飞天，还在那里会娇莲，
三魂已经下阴府，
七魄也归到九泉，花不重开月不圆。
吃饭相思饭不吞，拿起筷子想娇莲，
我下苏杭姐送我，
我到灵前叫娇莲，声声叫姐把饭吞。
吃酒相思苦黄连，阳关饮酒河姐言，
今朝有酒今朝醉，
明日无酒到九泉，九泉下面会娇莲。
行路相思闷沉沉，三月采桑近姐身，
路上相逢想姐起，
千方百计近姐身，如今想起好伤情。
坐到相思眼不开，杭州读书祝英台，
同学三年六个月，
山伯不知女裙钗，两世姻缘会安排。
闲时相思头昏昏，国丈打死卖花人，
好个包公来断案，

过阴床上转还魂，夫妻双双转回程。
夜晚相思睡在床，梦中相会哭一场，
明明是在床上睡，
阴不阴来阳不阳，醒来不见任何方。
想姐不好露真言，人死不能再复生，
死去一个海棠姐，
还有一个有情人，更比海棠胜十分。
娇莲欢喜出房门，手拉情哥听我音，
粗茶淡饭莫嫌意，
多住几天也无妨，情哥听我问言当。
一问情哥请告知，如何回家这多时，
分别之时嘱咐你，
挽手相送问来时，怎么来得这样迟。
答姐一声拍姐肩，心中有事不好言，
家中难舍亲生母，
尽得孝来难尽贤，结发夫妻丢一边。
二问情哥我的郎，郎想情姐我想郎，
蚂蟥缠到鹭鸶脚，
乖姐缠到少年郎，哪个后生不思量。
答姐二声我的人，二人相交一条心，
你也丢开亲夫主，
我也抛开妻子身，雨水夫妻海样深。
三问情哥我的乖，绣个荷包等郎来，
两边绣得头仰睡，
绣球绣在正中央，送与我哥带身旁。
答姐三声费姐心，荷包绣得果能精，
姐是牡丹千人爱，
郎是蜜蜂采花心，千针万线费心情。
四问情哥笑盈盈，姐家住在丹桂村，
路隔我家三五里，
便可看见我姐身，十分标致可爱人。
答姐四声姐听清，你在梦中不知音，
你姐得病一年整，
一月之前命归阴，好伤心来好动情。
五问情哥着一惊，两眼流泪湿衣襟，
既然我姐身亡故，
我家如何不知音，此事是假还是真。
答姐五声我的人，说出此话痛在心，
酷暑六月吃冷水，
点点滴滴寒在心，要比黄连苦十分。
六问情哥太不该，如何说出此话来，
莫是当初相交姐，
黄泉路上你丢开，从头至尾说出来。
答姐六声泪淋淋，心乖姐姐听原因，
三月采桑相交姐，
至今不过两三春，想起此事也伤心。
七问情哥哭哀哀，不该做出此知来，
既然当初相交姐，
共床到老也应该，如何就到奴家来。
答姐七声你听音，说出此话有原因，
我说你姐生得好，
她说妹妹赛观音，因此特来恋你身。
八问情哥说分明，我郎是个无义人，
姐姐得病被郎害，

把姐害得病归阴，只怕我也一样行。
答姐八声我亲人，你今只管放宽心，
阎王注定三更死，
决不留人到五更，寿命本是天注定。
九问情哥恨哥身，贪花无厌好伤情，
同胞姐妹人两个，
竟然缠到一个人，世上哪有这事情。
答姐九声我的乖，说出话来痛心怀，
听说情姐生得好，
过河渡水到此来，好朵鲜花我要采。
十问情哥叹一声，丈夫得病果能真，
医生下药全无效，
算命难过二十岁，恩爱夫妻要分离。
答姐十声放宽心，神仙保佑你郎君，
长生不老一百岁，
福寿天堂万年春，善人不遭恶事情。
丈夫得病好痛心，青春年少命归阴，
堂上还有老父母，
抛别妻子好孤凄，叫我如何不忧虑。
一忧丈夫把病占，捶你蹬脚叫声天，
父母年老无人管，
好个家庭断了烟，绝了传家后代根。
二忧丈夫病占身，双脚跪在祖堂中，
祝告神灵多保佑，
保佑哥哥病离身，杀猪宰羊敬神灵。
三忧丈夫病不轻，整夜陪夫不离陪，
毕竟是我亲夫主，
青春年华病在床，叫我如何不断肠。
四忧丈夫把香装，祝告神灵保佑郎，
公婆年老无依靠，
移花接木靠郎君，三牲祭礼谢神灵。
五忧丈夫哭哀哀，人生一世命安排，
命运今年大不利，
不损寿年便伤财，心甘情愿愿退财。
六忧丈夫我的乖，大声喊叫叫郎来，
日日夜夜相依伴，
今日一旦两分开，日夜想郎挂心怀。
七忧丈夫我的郎，犹如刀割我心肠，
你若命运寿年短，
奴家情愿替着郎，免得你妻守空房。
八忧丈夫嘱咐妻，上无兄来下无弟，
老母今年六十岁，
劝妻招夫进我门，奉养年迈老双亲。
九忧丈夫我亲人，我郎只管放宽心，
在生夫妻共罗帐，
洛阳桥上同你行，死后与哥共一坟。
十忧丈夫走进房，眼泪汪汪想着郎，
声声叫郎郎不应，
哭断肝肠也枉然，今生夫妻不团圆。
怀川看姐好忧心，声声劝姐保自身，
人死不能复生转，
情姐还要活下来，劝姐仔细要想开。
劝姐莫忧宽姐心，生死本是天注定，
黄叶不落青叶落，

枯树不老嫩竹亡，叫我如何把心宽。
劝姐莫忧摸姐头，不要忧来不要愁，
恩爱夫妻不到老，
一生都是命安排，哭断肝肠不转来。
劝姐莫忧扶起身，快请道士度亡人，
情姐低头来下拜，
好伤心来好伤情，多烧香纸表我心。
劝姐莫忧近姐身，两眼汪汪靠郎君，
男子无妻家无主，
女子无夫身落空，把你当作亲主公。
听说情郎要回程，姐在房中梦沉沉，
茶饭无味不好吃，
菜等无味不好尝，十分难舍我情郎。
哥说回家看母亲，我要与哥一路行，
一来要到娘家去，
二来要到姐家门，三来奉拜贵府庭。
情妹同我一路行，只怕公婆不答应，
你的丈夫死不久，
披麻戴孝还在身，三餐茶饭告何人。
哥哥说话也有因，也许公婆不答应，
我将公婆安排好，
三餐茶饭有人问，我哥只管放宽心。
虽说公婆有人管，你夫孝期也未满，
丈夫刚亡一个月，
竟要与我一路归，只怕旁人说是非。
说起丈夫听我音，新年正月快来临，
请个道士做斋醮，
点灯香火烧灵前，保佑我哥早超生。
情妹要与我同行，我有言话你且听，
你夫孝期三年整，
孝满三年表真心，方可与我同路行。
本当守孝三年整，我哥说话是真情，
孝与不孝随在我，
孝多孝少随我心，不孝也能表真情。
情妹要与我同行，实在正好合我心，
表面装作不同意，
内心思想我姐身，早想与姐耍私情。
听说情哥同我行，喜在眉头笑在心，
先前日日夜夜想，
如今与哥同路行，叫我如何不高兴。
郎有心来姐有情，两下心中各自明，
一个要随跟郎去，
一个要想带姐归，同床共枕好欢喜。
一路走来一路行，边走边笑边私情，
郎说情妹是仙女，
妹说哥哥白马王，一对鸳鸯上天堂。
自从盘古分阴阳，哪个男女不思量，
女不思郎不为姐，
男不爱女不为郎，怀川为此下苏杭。

刘三姐

新出一本赛观音，列位哥嫂听言音。
名字叫作刘三姐，年方二八十六春。

赛过福州府内人。

十八青春桂花开，梦见房中有人来。乱七八糟来思想，望见蜜蜂进屋来，何日望得天眼开。

叫声梅香叹一声，梅香你来听言音。姑娘叫你无别声，只因烦恼少精神，去到花园散散心。

走到花园来散心，百花开得乱纷纷。树树开花蜜蜂采，只有姐花无人来，何日望得天眼开。

看完百花转绣房，怒气冲冲埋怨娘。四处说媒你不愿，留在家中守空房，自选才郎也无妨。

姑娘不必气在心，听我梅香说原因。有朝一日婚姻定，男才女貌笑开怀，自然会有福星来。

不唱三姐自思春，听唱福州府内人。福州城内有一子，年方二九十八春，正在学常习五经。

八月中秋大半年，各府州县考书生。知府大人来主考，我把文章做认真，只望日后有功名。

考完文章下州城，一匹白马穿街行。不觉打马刘家过，观见大姐转绣房，好似仙女下天堂。

大姐有事出房门，看见一人马上行。我看是个官员样，大户人家贵人身，必定是个读书人。

大姐生得果是真，好似仙女下凡尘。若得此女成双对，同床共枕配婚姻，功名不求也甘心。

南星心中暗思量，无有计策进姐房。忽然肚中生好计，假装肚痛讨茶汤，看姐贤良不贤良。

观见书生到我家，急忙端出一杯茶。尊声相公不相认，贵姓大名是哪家，请到房中喝香茶。

小生名叫陈雨星，寒舍住在福州城。将往县城去过考，路过府门讨茶汤，竟未奉拜你娇娘。

听得书生一句言，好个聪明一书生。你今年方十几岁，请问相公么贵庚，贤妻贵府哪里人。

大姐听我说分明，家中无有贤妻人。你是大户千金女，我是贫穷一书生，哪敢攀你同庚年。

手挽手来笑洋洋，叫声同年也无妨。你今十八无妻子，我也十八未定郎，何不二人结成双。

南星听说喜非常，二人挽手进绣房。只要大姐不嫌弃，请媒说合结成双，白头偕老永天堂。

情哥说话果是真，今日婚姻就得成。我家父母别处去，家中无有半个人，任凭我哥床上行。
二人心中喜洋洋，一对鸳鸯滚上床。
我是娘家闺中女，一朵鲜花未开怀，
今日我郎随心采。
叫声情哥我的乖，带哥一把上花台。
好朵鲜花任哥采，你姐闺身任你行，
只要我郎开开心。
采了一阵又一阵，二人采得汗淋淋。
姐问情哥爽不爽，郎说情姐闺女身，
二人采得笑盈盈。
鼓打三更半夜时，情哥在我头边睡。
轻轻把郎来推醒，顺手抱郎上花台，
再叫我哥把花采。
娘有心来郎会情，蜜蜂采在花中心。
情哥轻轻把花采，情姐微微笑盈盈，
男欢女乐好开心。
交着情来郎起床，叫声同年有情郎。
你在外面口要紧。
朋友面前莫说真，君子相交要长情。
三姐不必细叮咛，我今不会露真情。
闲人前面不乱说，亲友面前不露真，
我姐不必挂在心。
情哥说话果是真，怕你口真心不真。
倘若真心来对我，脱下绣鞋郎为凭。
日后见物如见人。
接过绣鞋喜洋洋，我也脱下鞋一双。
我把鞋靴送与你，姐把绣鞋寄与郎，
靴鞋为记永不忘。
眼看太阳日落西，辞别三姐我回归。
深山鸟儿归林宿，家中鸡鸭也进窝，
父母在家等着我。
三姐起身送情郎，我哥听我说言章。
你若投店去安宿，奴在房中守空房，
何不今晚伴娇娘？
叫声大姐我的乖，若要小生今晚来。
你在房中安心坐，你把房门半页开，
三更时辰我就来。
姐在房中望情郎，望郎不到好心慌。
外面伸手不见掌，一天乌云又无星，
又无月亮伴郎行。
三姐今晚要私情，天不凑巧雨来临。
荒山野地路难走，又无雨伞遮我身。
一双赤脚走进门，大姐看见好伤心。
伸手不见五指掌，满天乌云无有星，
郎行夜路姐担心。
有劳情哥到姐边，双边鞋子放郎前。
铜盆打水郎洗脚，绣花手巾擦郎身，
筛茶斟酒又当烟。
吃了茶来又吃酒，轻轻叫郎我同年。
今晚房中不生火，谁知风吹照明灯，
何不二人上牙床。
叫声大姐我情人，肚中饥饿不开心。
一天未吃一餐饭，路中风吹又受寒，
快请三姐下厨房。

情哥急来姐又忙，卷起衫袖下厨房。
打开三年陈老酒，手拿鸡蛋两三双，
桂花斟酒补情郎。
叫声情哥我的乖，情哥吃酒我来筛。
敬郎三杯恩爱酒，又消风寒又补身，
我姐一片是真心。
饮酒饮到半夜时，叫声三姐把话提。
有劳大姐陪我饮，口中醉来心里明，
来日方长显真情。
大姐不要把壶提，为何一杯又一杯。
我今不是醉酒汉，如何吃得几大杯，
情姐心情我理会。
手提银壶郎莫推，劝哥再饮这两杯。
一杯敬郎莫忘姐，二杯敬父保安康，
到时去看你爷郎。
酒后不饮真言露，堂前分明大丈夫。
郎装酒醉来骂我，把我骂得不是人，
君子酒后露真言。
叫声大姐听我音，大姐是个有情人。
已经打了三更鼓，如何还不上牙床，
我要上床戏娇娘。
情哥莫急不要忙，收起碗筷就进房。
等我进房把衣脱，两手抱郎上牙床，
陪郎玩耍到天亮。
金鸡报晓三更时，情娘上床陪郎睡。
金钩挂起梭罗帐，绣花枕头放两边，
情哥爱睡那头边。
二人脱衣喜洋洋，我与同年一样长。
奴家好比风流女，情哥是个少年郎，
二人玩耍到天亮。

梁祝姻缘

自从盘古分阴阳，三皇五帝定家乡。
风调雨顺民安乐，太平天子坐朝堂，
听唱一本好贤良。
春来百花香就香，买卖客人下苏杭。
行走三阳县内过，抬头望见祝家庄。
祝家果然好屋堂，七幢瓦屋八面墙。
屋上紧盖琉璃瓦，日出东方放霞光，
把门狮子笑洋洋。
祝家生个女裙钗，取名叫作祝英台。
乖好聪明多伶俐，好似仙女下凡来，
绣花就如树上开。
九姐房中绣花纹，五色花线手中存。
先绣乾坤并日月，再绣南北二斗星，
又绣天上起浮云。
一绣大佛坐朝堂，二绣诸位在两旁，
三绣观英连台坐，四绣童子拜观音，
五绣罗汉笑盈盈，
六绣猫儿蹦上梁，七绣老鼠到高堂，
八绣孤雁天上叫，九绣鲤鱼跳长江，
十绣金鸡配凤凰。
又绣紫金满树香，又绣鸟儿高飞翔。

又绣池塘白莲藕，又绣莲花与池塘，
又绣莲蓬白内庄。
又绣猛虎下山冈，又绣蛟龙游长江。
又绣麒麟来送子，又绣七姐下天堂，
又绣王母并玉皇。
又绣四海并九州，又绣老君坐青牛。
又绣八仙来过海，又绣海马水上游，
又绣狮子滚绣球。
二十四绣绣完成，三寸金莲出房门。
英台小口微口笑，红纸包好到高堂，
又来拜见老爷娘。
爷娘接过看端详，我儿绣花果能强。
倘若是个男子汉，送往杭州读文章，
定是朝中状元郎。
英台当时起了心，禀告堂上二双亲。
只要爷娘亲口许，儿住杭州读文章，
女扮男装有何妨。
爷娘就把卦来详，三个金钱分阴阳。
此卦占得红天喜，六女法重喜非常，
两个贵人在中央。
九姐房中办男装，柏木烧水洗身上。
沉香煎水来洗澡，身上不做女花香，
梳头只把水来光。
英台打扮出绣房，龙行虎步到高堂。
一家大小微口笑，九姐变成祝九郎，
和颜悦色喜非常。
嫂嫂一见笑洋洋，恭喜姑娘往学堂。
你今本是闺中女，读书之事不可行，
莫怪嫂嫂阻路程。
英台当时恨在心，嫂嫂何必阻路程。
女扮男装杭州去，哪个认得假和真，
不要管我闲事情。
姑娘不必气冲在，莫把嫂言当戏言。
学堂男女也不便，识破机关不值钱，
月里嫦娥爱少年。
嫂嫂说话不知情，莫把姑娘太看轻。
不怕深山藏猛虎，奴家不是下等人，
嫂嫂莫阻我路程。
姑娘不必气纷纷，你往杭州立了心。
一出日贵男子汉，一出一贱女人身，
恐怕后来坏名声。
英台当时怒生真，要与嫂嫂赌输赢。
我若杭州不失节，声门喜气转家门，
再来与你辩分明。
嫂嫂说话也认真，就与英台定输赢。
你若杭州不失节，头顶香炉接你身，
三步一拜接进门。
英台气得好伤心，禀告堂上二双亲。
柏氏嫂嫂羞辱我，把我当作下等人，
要与贱人说分明。
姑娘不必太啰唆，好人心思也难摸。
只怕抽刀不出血，恐怕开花结果多，
叫你哥哥备摇窝。
英台气得泪淋淋，爷娘就骂柏氏人。

姑娘读书是好事，不与贱人半毫分，
两下何必定输赢。
哥哥相劝祝英台，嫂嫂之言你丢开。
你往杭州读书去，切莫失漏女裙钗，
莫等后来名声坏。
英台越想越气人，要到花园把誓盟。
要与爷娘争口气，哥哥也是上等人，
并不失节在杭城。
爷娘开口笑洋洋，我儿听我说言章。
莫学风流浪子汉，莫做残花败柳人，
莫学双燕绕门庭。
英台一听把誓盟，祝告虚空过往神。
我若杭州失了节，天雷打死我当身。
红绫七尺祝告天，埋在牡丹花旁边。
我若杭州不失节，红绫依旧色色新，
声名喜气转家门。
爷娘听说泪汪汪，我儿果然铁心肠。
就叫吟心备行旅，你与姑娘扮男装，
以后切莫叫姑娘。
英台动身泪淋淋，爷娘送过九里亭。
一家大小各分手，英台吟心往前行，
哪个认得假和真。
三月天气暖洋洋，一身大汗湿衣裳。
英台下马来坐下，柳荫树下好乘凉，
正是春暖百花香。
山伯打马往前行，四九挑担不住停。
来到柳树下了马，抬头望见一书生，
二人相见礼上前。
山伯开言问端详，相公家住哪村庄。
贵庚今年十几岁，有何贵干到何方，
高名大姓说端详。
姓祝英台是我名，寒舍住在越州城。
我今年方十六岁，意往杭州读文章，
请问贵兄哪村庄。
一脉流传本姓梁，小弟山伯不敢当。
今年年长十七岁，也往杭州读文章，
你我结拜有何妨。
二人跪在地下存，祝告虚空过往神。
山伯兄来英台弟，犹如同胞共母生，
二人同路访先生。
二人上马往前行，四九吟九转回程。
逢山不看山中景，过水不管打鱼人，
杭州不远面前存。
杭州城内闹洋洋，离城十里是学堂。
二人打马门前过，一群学友笑洋洋，
一男一女进学堂。
二人进屋拜师尊，先生一见笑盈盈。
有间房子无人住，收你二人习五经，
读书习字要用心。
英台与哥来商量，哥哥听我说言章。
你买罗纱缝蚊帐，我买柏木打梁床，
二人读书共一房。
忙请裁缝并木匠，梁床要打长二丈。
罗纱帐子长二阔，中间好放书和箱，

手脚不准乱来放。

日月茶饭晚共床，梁兄听我说端详。

睡时不能撒手睡，手脚不许乱来狂，

禀告先生打盖房。

山伯开口问原因，来把贤弟问一声。

炎天为何不洗澡，晚间又不脱衣裳，

一一说与我知详。

梁兄听我说端详，自从有病在身上。

许了三年穿衣愿，就不洗澡脱衣裳，

神灵保我寿年长。

梁兄听我说原因，一身纽扣扣在身。

白天需要习文字，晚间就要读文章，

哪有工夫脱衣裳。

山伯听到这句音，思想也必是真情。

睡时果然不撒手，手脚也不胡乱行，

时时刻刻记在心。

七月秋来八月凉，后园枣子一齐黄。

打的打来捡的捡，只有英台把手当，

都来笑话女娇娘。

枣子树下秋风凉，学友闻见女花香。

众位学友都来笑，都说英台是女娘，

胸前一对大乳房。

英台此时怒生真，众位枉费习五经。

男人奶大为君子，女人奶大杀尖娘，

一同前去问师娘。

英台不必强来争，何必前去问先生。

别人小便站到解，你却小便地下蹲，

一定必是女人身。

英台心中暗思量，强辩几句有何妨。

蹲到解手为君子，站到解手狗淋墙，

枉费还是读书郎。

英台何必强来争，没有必要问先生。

都来脱衣上下比，若是男子一样行，

个个跪下见分明。

英台听说着了慌，连忙抽身转学堂。

后花园中打枣子，要我脱衣比身上，

要请先生作主张。

后园打枣笑洋洋，先生发怒在学堂。

大叫一声齐下跪，各人献枣五寸长，

没有就要打盖房。

众位学友无主张，英台上前走圆盘。

自从盘古分天地，哪有枣子五寸长，

要求先生细思量。

先生一听暗思量，好个乖巧女娇娘。

我要写个天大字，哪有地大纸一张，

以后不许胡呆狂。

先生高堂叫一声，各人上位习五经。

从今不准胡乱说，认真习字要用心，

读书只有求功名。

一张白纸四四方，各人上位做文章。

山伯一日七张纸，英台十张也不忙，

可惜英台是女娘。

寒露霜降水推车，鱼回长江客归家。

你我待了三年半，家中别下老爷娘，

心中思想转还乡。
七月秋来八月凉，燕子双双到高堂。
英台一见心里想，想与梁兄转还乡，
鸳鸯早配早成双。
英台决心要回程，山伯也是一样心。
出门三年六个月，心中思念二双亲，
辞别先生就动身。
英台心中暗思量，想与梁兄结成双。
一路言语来试探，看哥知详不知详，
鸳鸯成就好同房。
辞别先生就动身，众位学友送出门。
先生高堂将话说，一路之中要小心，
回到家中拜双亲。
二人上马往前行，一心只想自家门。
逢山不看山中景，过河不看行船人，
包袱行旅紧随身。
行了一程又一程，远远望见一里亭。
英台心中来思想，打些比方试哥心，
看哥知情不知情。
一程来到园中游，园中一棵好石榴。
伸手摘个我哥吃，有些美味在里头，
我哥吃了莫来偷。
贤弟说话好蹊跷，山伯忙把手来摇。
路上果子吃多少，难道不知此石榴，
更有美味不来偷。
二程来到土地庙，同进庙内把香烧。
土地公婆成双对，每日同坐又同行，
再不下手枉为神。
贤弟枉费习五经，自古比人莫比神。
庙内烧香人多少，不敬神灵罪不轻，
山伯谢神出庙门。
三程来到古井边，对着古井照青天。
哥哥照出男子汉，贤弟照出女娇莲，
我与哥哥命无缘。
贤弟说话很是呆，男子莫比女裙钗。
你我回家探亲定，爷娘自有巧安排，
哪有青山不长柴。
四程来到长坂坡，坂坡一对好白鹅。
公的前面来引路，母的后面急如梭，
口口声声叫哥哥。
贤弟说话太啰唆，莫将君子比白鹅。
读书之人要口隐，风流话儿切莫多，
披星戴月无奈何。
五程来到紫竹林，紫竹林中观世音。
前面走的弥陀佛，后面跟的观世音，
阿弥陀佛气煞人。
贤弟说话似疯癫，莫将凡人比神仙。
你我都是相公子，日后还要求功名，
贤弟枉费习五经。
六程来到一池塘，莲花出水朵朵香。
叫声梁兄把花采，带哥一把上花台，
一朵鲜花送哥怀。
贤弟说话有些呆，莲蓬带藕长出来。
摘了莲花坏了藕，砍了青山败了柴，

只怕后面有人来。
七程到来一地沙，地里一片好西瓜。
摘个西瓜打开看，西瓜里面放红霞，
识破口味莫偷瓜。
贤弟说话好一茬，不是金银不是花。
路上果子带多少，不过口干当清茶，
哪怕有味不偷瓜。
八程来到车水沟，一对鲜鱼水上漂。
手挽梁兄抬头看，鲜鱼还不来上钩，
千方百计不回头。
贤弟说话太蹊跷，哪管鲜鱼水上漂。
你我不是打鱼汉，管他上钩不上钩，
哪管回头不回头。
九程来到河港边，河港一对打鱼船。
世间只有船求岸，哪有岸来去救船，
倒转乾坤地做天。
贤弟说话理不当，莫说岸坡来求船。
若有大风并大浪，木船自然靠岸边，
岂不就是岸求船。
十程来到河坡头，急水滚滚好心焦。
上面无有渡船过，下面就无过河桥，
隔断回家路一条。
贤弟何必太心焦，人无绝路自有谋。
你我都是男子汉，哪能难倒好儿男，
必有办法到对岸。
望见河水白茫茫，二人仔细来商量。
哥往人家把篙借，借根竹篙把水量，
或深或浅作主张。
山伯听说就动身，列位朋友听言音。
我在杭州读书转，河水阻隔不能行，
借根竹篙探浅深。
英台河边叹一声，哪有这样老实人。
借此机会把河过，连忙解扣脱衣襟，
免得露出女人身。
山伯借篙到来临，英台那边着衣襟。
开言就把贤弟问，此河中间有几深，
一一说与我知情。
英台那边笑洋洋，梁兄听我说言章。
若问河水深和浅，打个字谜哥思量，
丁字就把口来装。
山伯低头把字猜，午时猜到未时来。
三千大字我晓解，这个小字解不开，
再转杭州问师来。
梁兄定要转学堂，问过先生到我庄。
家有妹子十九岁，许配哥哥结成双，
你到杭州莫延长。
多谢贤弟好深情，自然上门拜双亲。
离城不知多少路，说个明白记在心，
免得路上问别人。
梁兄就问祝家庄，东边有个石牌坊。
西边有个土地庙，把门狮子笑洋洋，
更是小弟祝家庄。
隔河作揖两分离，哥往杭州我回归。
妹子亲口许配你，亲口许你结成双，

及早回家作商量。
两下分手转回程，龙行虎步往前行。
当初不该许大愿，就有红绫作证凭，
只怕姻缘不得成。
望哥不到转回程，想起梁兄气坏人。
千方百计来试探，呆不呆来明不明，
好比一个草包人。
等哥不到我回程，而今一人独自行。
路上走了一个月，家乡不远面前存，
不觉到了自家门。
英台来到自家门，抬头观见色色新。
一直走到高堂上，拜见年老二双亲，
辞别膝下有三春。
爷娘一见笑洋洋，我儿杭州转还乡。
一路之上多辛苦，快叫吟儿奉茶汤，
你同姑娘进绣房。
见过爷娘进绣房，打开箱子换衣裳。
上身穿的绸缎褂，下身穿的紫罗裙，
梳妆打扮女人身。
英台打扮出绣房，堂上先拜老爷娘。
两边拜过哥和嫂，一家大小笑洋洋，
再与嫂嫂辩短长。
叫声嫂嫂听我言，你我二人进花园。
当初与你来发誓，现有红绫在花园，
瞒得嫂嫂难瞒天。
姑娘花园看红绫，挖起红绫色色新。
一家老小都来看，奴家不是下等人，
嫂嫂上前赔小心。
英台装着笑盈盈，嫂嫂不必挂在心。
奴家量大深似海，以后说话也无妨，
海水岂可用斗量。
英台读书有名声，惊动四面远方人。
诸位亲友齐来看，大摆酒席在高堂，
万古千秋美名扬。
亲朋好友转回程，英台走进绣房门。
心中想起梁山伯，不知何日转回程，
忧忧闷闷挂在心。
英台房中绣鸳鸯，有位客人到高堂。
员外一见忙施礼，分宾坐下奉茶汤，
有何贵干到我庄。
媒人开口笑洋洋，有件喜事到贵庄。
马家生下有一子，万贯家财文人身，
门当户对好开亲。
员外听说喜非常，有劳贵客到寒庄。
忙把酒席来款待，小女之事我应承，
就与马家结成亲。
媒人立即就动身，回复马家二双亲。
忙选良辰并吉日，行书过礼送上门，
男才女貌正相称。
礼物送到祝家庄，员外一见喜洋洋。
马家办礼来到此，款待媒人在高堂，
媒人辞别转还乡。
英台听说配马郎，当时房中暗思量。
路上许配梁山伯，爷娘把我配马郎，

脚踏两船无主张。
九姐房中想情郎，为何一月不还乡。
莫是冤家不自在，或是路上受风寒，
捶你蹬脚好悲伤。
英台房中叹一声，埋怨爷娘二双亲。
我已许配梁山伯，就与马家定婚姻，
如何对得姓梁人。
一想梁兄日落西，犹如刀割我肚皮。
天边想到地边转，想哥一人好孤凄，
哭断肝肠也不知。
二想梁兄正黄昏，一对鸳鸯两开分。
鸳鸯枕上交头睡，可恨冤家不回程，
一对鸳鸯不成婚。
三想梁兄泪淋淋，独守孤灯好伤心。
来来往往人无数，不见梁兄转回程，
把我抛在九霄云。
四想梁兄上牙床，中开罗帐泪汪汪。
衣裳懒脱闷头睡，忽听烈马响叮当。
声声哭得断肝肠。
五想梁兄病拖拖，梦中相会满床摸。
床上不见梁山伯，怨声爷娘恨声哥，
哭破喉咙无奈何。
六想梁兄睡不停，对月烧香说心情。
先前只想有好处，如今与哥两地分，
天不顺意枉劳心。
七想梁兄月西边，月里嫦娥爱少年。
好朵鲜花不结果，好个明月不团圆，
男才女貌也枉然。
八想梁兄鸡正啼，眼泪流湿枕边衣。
梦中与哥来相会，犹如同学在杭城，
醒来不见梁兄人。
九想梁兄大天光，我今起来好梳妆。
茶不思来饭不想，前世烧了短头香，
今世夫妻不成双。
十想梁兄出门庭，眼泪汪汪不作声。
父母面前不好说，哥嫂面前不作声，
忍气吞声只在心。
英台房中泪涟涟，哭声梁兄叫声天。
奴家望你十天转，如今一去三十天，
叫我可恨不可恨。
山伯学堂闷闷沉，想起英台解不明。
如何将妹许配我，我也难猜他的心，
辞别先生就回程。
叫声先生听言音，有件事情解不明。
英台路上亲口说，许他妹子结成婚，
学生今日要回程。
你今一定要还乡，回家先到祝家庄。
姻缘本是前生定，切莫强求枉费心，
自有姻缘结成亲。
辞别先生动了身，想起英台这个人。
路上言语打探我，句句言语是真情，
心中想得乱纷纷。
一路马上暗思量，英台是否女娇娘。
去到她家将亲定，洞房花烛结成双，

枉费为人在世上。
行了一程又一程，忧忧闷闷只在心。
好个英台聪明女，何时得到她家庭，
见了英台才放心。
山伯急忙往前行，行了一月有余零。
来到祝家下了马，把门童子问一声，
相公家住哪里人。
山伯开口笑洋洋，此处可是祝家庄。
我是杭州梁山伯，前来访友到贵庄，
要拜英台祝九娘。
把门童子回言章，此地就是祝家庄。
我家只有祝小姐，无有一个祝九娘，
哪有男子访女娘。
山伯一听吊了魂，一身冷汗当头淋。
同学三年六个月，姓梁山伯是我名，
请你进去禀一声。
童子急忙进绣房，姑娘在上听言章。
门前有位相公到，年方二十本姓梁，
要会英台祝九娘。
听说梁兄到来临，不觉两眼泪淋淋。
也是冤家不凑巧，如何一月不回还，
再想成婚难上难。
擦干眼泪出绣房，急忙前来禀爷娘。
孩儿结拜梁山伯，犹如同胞共母生，
前来奉拜爷娘恩。
爷娘听说笑洋洋，学友来到我寒庄。
我儿应该去迎接，请到高堂喝茶汤，
何必前来问爷娘。
英台一听笑洋洋，急忙去迎山伯郎。
先前打扮是男子，如今要扮女梳妆，
梳头依然把油光。
九姐房中好梳妆，梳头光油换衣裳。
脸上胭脂标白粉，黄金耳环挂两旁，
金银首饰放霞光。
上穿红缎绣衣裳，乌黑眉毛分两旁。
八宝罗裙绣花角，露出金莲三寸长，
好似仙女下天堂。
英台打扮出绣房，吟心引路走忙忙。
门外迎接梁山伯，迎接梁兄到高堂，
梁兄路上可安康。
山伯一见落了魂，心中猜到女佳人。
杭州结拜男子汉，叫你九郎会我身，
要见英台我放心。
九姐上前把礼行，梁兄听我说言音。
杭州结拜就是我，就是英台接你身，
同到房中说分明。
与哥同行进绣房，山伯开言问短长。
杭州结拜是男子，如今就是女梳妆，
从头说与我知详。
叫声梁兄听原因，这场缘故你不明。
爷娘生我是小女，想到杭州读文章，
因此只好扮男装。
山伯听说把胸捶，只怪当初我不知。
早知你是凤娇女，与你结婚有何妨，

何愁鸳鸯不成双。
此时山伯吊了魂，头昏脑涨昏沉沉。
同学三年六个月，不知英台是女娘，
可恨鸳鸯不成双。
你我分别在河边，今日来到你家门。
多蒙贤弟不嫌意，亲口将妹许我身，
此话说得是真情。
英台无话来说清，山伯开口问原因，
再与爷娘作商量。
英台听说此言音，低头半日不作声。
家中哪有九妹子，就是奴家许你身，
意做同床共枕人。
山伯一听喜非常，连忙作揖到高堂。
今日山伯真有幸，先拜兄弟后成双，
情上加义好同房。
英台立即劝梁兄，一场快活一场空。
奴家约你十天转，望哥一月不回还，
急得奴家好为难。
天天望哥不回程，可恨媒人上我门。
路上许配梁山伯，爷娘就配马家人，
叫我如何得脱身。
山伯听说此言音，犹如掉进冷水盆。
许我山伯也是你，如何就配马家人，
把我抛在九霄云。
手指英台恨几声，你是忘恩负义人。
倘若山伯有差错，绝了梁家后代根，
一口两舌是你言。
与你同学两三春，没有恶意对你心。
如今害我梁山伯，必定要见十阎君，
看你甘心不甘心。
山伯想得气冲天，一口鲜血吐胸前。
这是贤弟害了我，两眼昏花泪涟涟，
只怕此病难过年。
梁兄埋怨我应当，奴家房中哭断肠。
与哥一月无音信，爷娘把我配马郎，
自古出嫁由爷娘。
山伯一听好伤心，伤风败柳不正经。
半由爷娘半由你，你若不愿也不成，
何必推辞两双亲。
英台听说泪淋淋，是我做了无义人。
今生不能同罗帐，来世与哥结成双，
要求阎王作主张。
山伯一听气生真，无情无义哄何人。
既是真心来对我，一女不该许两人，
万古千秋落骂名。
英台听说泪满怀，梁兄骂我也应该。
不怕雪山高万丈，太阳一出显原形，
日后自然现真情。
想起当初结拜时，真心与哥配夫妻。
日同茶饭晚同睡，上上下下不分离，
犹如一对少夫妻。
贤弟不必哭啼啼，不要想起结拜时。
如今猫儿哭老鼠，千哭万哭假慈心，
哭断肝肠也枉然。

英台回言泪淋淋，哭在嘴里恨在心。
千言万语哥不信，情愿同死见阎君，
看我是假还是真。
一叹当初在柳林，二人跪下拜神灵。
你做兄来我为弟，犹如同胞共母生，
一同双双访先生。
二人一同进学堂，先生一见笑洋洋。
男人作揖男子样，女人作揖下身长，
一群学友暗思量。
二叹杭州读文章，日同茶饭晚同床。
不脱衣裳有缘故，只怕露出女娇娘，
花言巧语骗我郎。
当初不该把誓盟，红绫埋在牡丹亭。
杭州读书不失节，红绫依旧色色新，
声名喜气转家门。
三叹园中去乘凉，枣子树下女花香。
众位学友都知情，只有山伯不知详，
枉费为人在世上。
奴家一听着了慌，禀告先生作主张。
众位学友不敢说，识破机关不可当，
因此退学转还乡。
四叹二人同路行，打探山伯解不明。
聪明山伯才学浅，有眼无珠不知情，
费了贤弟几多心。
英台此时泪满怀，前世姻缘未修来。
花篮打水空过了，快刀切肉两分开，
只是人乖命不乖。
五叹途中过河西，好比牛郎会织女。
牛郎站在河东岸，织女站在河西坡，
二人言和气不和。
英台两眼泪双流，奴家心中格外焦。
不该与哥来分手，同到家中把婚求，
哪怕父母不应酬。
六叹独自转回程，先生提醒梦中人。
众位学友嘲笑我，如今梦醒知真情，
可恨山伯不是人。
英台回言泪淋淋，可恨媒人新家庭。
天天望哥望不见，与哥一月信不通，
急得奴家两眼红。
七叹奴家女娇莲，一口两舌是你言。
马郎好比仙家子，你是嫦娥伴他身，
把我抛到九霄云。
英台回言泪汪汪，梁兄埋怨我应当。
好马不吃回头草，烈女不嫁二夫君，
并不将身配马人。
八叹心乖我的妹，思想今日两分离。
好比风筝断了线，犹如绫罗断了机，
除非梦中来相会。
梁兄哥哥莫伤心，再请媒人定婚姻。
越州城内任你选，选个美女结成双，
男才女貌好同房。
九叹贤弟我的乖，哪怕仙女下凡来。
月里嫦娥我不爱，即使美貌也无才，
哪有贤弟这样乖。

梁兄哥哥莫伤心，梁家只有你一人。
贤良女子天下有，自有美女伴哥身，
包着满意我哥心。
十叹眼泪满胸膛，山伯一定命不长。
我若回家身死了，到我灵前吊个香，
回想结拜在学堂。
哭声梁兄叫声天，哪有哥死我独生。
奈何桥上等待我，要与哥哥一路行，
一同前去见阎君。
贤弟不必太悲哀，山伯也是命安排。
你与马家成婚后，早生贵子报喜来，
山伯要上望乡台。
二人哭得好伤心，铁石人心也动情。
快叫吟心办好酒，手提银壶把酒敬，
劝哥开怀饮几巡。
一杯美酒劝哥心，不敬我哥敬何人。
哥哥喝干这杯酒，也表奴家一片心，
劝哥丢到九霄云。
二杯美酒劝哥哥，劝哥千万莫想我。
也是奴家害了你，拆散鸳鸯不同窠，
奴家也是无奈何。
三杯美酒哭三声，我劝梁兄莫忧心。
红颜女子多命苦，两下无缘不成双，
被水隔在两河岸。
四杯美酒表胸膛，手提银壶泪汪汪。
今生不能同床睡，来生与哥共枕眠，
要求阎王来开恩。
五杯美酒劝哥身，父母生你一个人。
双亲大人年又老，传宗接代靠梁兄，
要做披麻守孝人。
六杯美酒劝哥怀，劝哥要把我丢开。
万贯家财要哥管，父母死后要哥埋，
还要哥哥祭坟台。
七杯美酒劝哥心，把我抛到九霄云。
有空去看山中景，无事去做钓鱼人，
宽心乐意养精神。
八杯美酒哭啼啼，劝哥紧记在心里。
天天去看好朋友，或打纸牌下象棋，
自然会把我忘记。
九杯美酒满盅筛，劝哥要把我丢开。
留得五湖明月在，何愁没有女贤才，
自然会有凤凰来。
干杯美酒敬哥哥，哭声梁兄叫声哥。
遇饮酒时须饮酒，遇结交时且结交，
自然愁去喜来到。
相劝梁兄有情人，青春年华保精神。
犹如奴家身死了，劝哥开怀莫忧心，
怕是相思有几分。
听唱良言来劝君，劝君莫忘父母恩。
父母恩情深如海，敬重父母要真心，
还要传教后代人。
听唱良言再劝君，孝敬堂上二双亲。
尊重父母如天大，皇上天子也照行，
哪个不是父母生。

妹妹说的是真情，我会牢记在心灵。
此地不是安身处，就是呆头也知情，
上前作揖转回程。
叫声梁兄我的人，劝哥牢牢记在心。
回家用心把书读，书本里面出黄金，
自有贤女伴哥身。
山伯此时气冲天，管你真言或假言。
我今不是装假病，被你害得病可真，
立即辞别转家门。
一见梁兄要回程，喉咙哭破眼泪淋。
与你同学三年半，今日兄弟两处分，
犹如刀割我的心。
手挽梁兄出房门，走一步来哭一声。
若是山伯有差错，叫我如何不伤心，
一身罪过我担承。
一送梁兄出绣房，香袋吊在郎身上。
香袋奴家亲手绣，吊在郎身自然香，
哥哥切记莫思量。
二送梁兄到高堂，送把扇子到情郎。
一面黄来一面绿，一边奴家一边郎，
因何隔纸不成双。
三送梁兄出墙头，我劝哥哥莫忧愁。
柳丝带子长边节，哥哥回家紧系腰，
恩情就在这里头。
四送梁兄出门庭，奴把汗巾系哥身。
莫把此物看轻了，七日七夜未停针，
费了奴家一片心。
五送梁兄出牌坊，送个手帕四四方。
四角绣的蝴蝶梦，牡丹芍药在中央，
今日送与我情郎。
六送梁兄上路行，纸笔砚墨紧随身。
哥哥书房常写信，奴在房中听哥音，
免得奴家挂在心。
七送梁兄过桥东，送个背夹满身红。
前胸绣的双狮子，后背绣的两条龙，
时新样子太不同。
八送梁兄正过桥，绣个荷包吊郎腰。
荷包绣的是狮子，回头狮子眼流泪，
荷包虽小费心机。
九送梁兄过桥西，送个拜帖哥带回。
蝴蝶双双把花采，好朵鲜花不逢时，
轻轻吊着郎回归。
十送梁兄到高亭，取下戒指送郎君。
回家千万莫想我，多吃茶饭养精神，
见物犹如见奴身。
山伯此时哭伤心，今日送我十里亭。
你把好物送与我，今后当报你恩情，
山伯不是无义人。
又喜又恨泪满怀，口中鲜血涌出来。
口口吐的是鲜血，声声恨的祝英台，
性命死在女裙钗。
哥哥相思着了真，双手送哥我回程。
手拿毛巾哥擦汗，扶哥上马往前行，
叫我如何不伤心。

日头当顶正当中，长亭分别我梁兄。
两眼哭得红桃子，喉咙哭得大鸭公，
脸皮哭得血染血。

山伯上马泪涟涟，二人分手在亭边。
你我只见这一面，要想相逢到来生，
若想病好万不能。

相送梁兄十里亭，犹如万刀穿我心。
流泪眼观流泪眼，断肠人送断肠人，
快刀切藕两处分。

大叫梁兄我的乖，慢慢走来慢慢挨。
分别话儿说不了，喉咙哭破也枉然，
英台哭昏在路边。

山伯一见着了慌，吟心快扶你姑娘。
扶你姑娘回家转，小心仔细要提防，
勒马回头我还乡。

山伯马上真伤心，相思病儿上了身。
叹口气来吐口血，口口鲜血染衣襟，
痨病火症全上身。

吟心扶起祝九娘，车开眼睛不见郎。
两眼望穿望不到，不知梁兄到何方，
难为梁兄转还乡。

英台啼哭转回门，走一脚来恨一声。
梁兄为我得了病，相思病是怕逢春，
神丹妙药也不灵。

可怜义重祝英台，大哭几声进房来。
花粉胭脂都不要，双手扯脱红绣鞋，
倒在床上不起来。

吟心送茶进绣房，好言相劝祝九娘。
人人都吃五谷米，世上哪有这种人，
说破喉咙也枉然。

山伯一路哭兮兮，来到家中日落西。
走到门前下了马，四九扶着慢慢行，
叫声爷娘儿回程。

山伯移步到高堂，堂上拜见二爷娘。
孩儿读书三年半，久别膝下问安康，
爷娘一见喜非常。

父母一见问端详，我儿因何面饥黄。
或是杭州书难读，或是路上受风寒，
或是思念二爷娘。

父母不知这内情，路逢才子姓祝人。
同学三年六个月，日同饭果夜同床，
回家竟是女娇娘。

我儿本是读书郎，不要思念女娇娘。
越州美女也不少，选个我儿结成双，
要比祝氏女子强。

山伯回言泪淋淋，自古结拜为情人。
若是男儿为兄弟，她竟是个女子身，
因此悠悠在心灵。

我儿不必泪淋淋，英台虽是女乖人。
学堂结拜为兄弟，转来女子兄妹称，
何必悠悠八九分。

父母不知这真情，亲口许我结成婚。
儿在杭州来迟了，父母又配马文才，
叫我如何想得开。

我儿不必痛伤心，英台是个无义人。
贤良女子天下有，除了英台有别人，
怕成相思害你身。
山伯听说此言音，低头半日不作声。
日间文章也不做，晚间也不习五经，
相思病儿上了身。
正月相思正月明，拿起纸笔画图形。
画个人儿像姐样，说不清来画不明，
世上哪有纸画人。
二月相思柳叶青，懒去游玩散精神。
百般花儿都开了，牡丹芍药一齐开，
并未看到祝英台。
三月相思百花开，蝴蝶双双上花台。
春来百花都开放，桃红李白巧安排，
为何不见祝英台。
四月相思栽禾忙，几多娇莲去采桑。
我请大姐带个信，信要带到祝家庄，
只说山伯守空房。
五月相思是端阳，龙船下水闹洋洋。
书房摆下一席酒，不见英台把酒尝，
得了相思病在床。
六月相思热难当，快到树下去乘凉。
来来往往人无数，不见英台女娇娘，
越思越想越断肠。
七月相思秋分凉，爷娘上前问端详。
我儿得了什么病，茶不思来饭不尝，
面黄肌瘦眼落眶。
八月相思正中秋，中秋女子爱风流。
风流女子我不爱，才貌双全也枉然，
不是英台不结缘。
九月相思是重阳，父母请人写药方。
人参鹿桂白鸽草，海参燕窝广木香，
华佗再生也平常。
十月相思小阳春，倒在牙床懒起身。
口中只把愿来许，佛前高点万年灯，
神仙下凡也枉然。
冬月相思请医生，请位医生把脉点。
左手把脉脉没有，右手把脉脉落空，
快快请过好郎中。
腊月相思大雪天，心中好比滚油煎。
时冷时热头就痛，茶水不过下咽喉，
如何救得命一条。
想不尽来说不清，越思越想越焦人。
开言便把母亲叫，叫声母亲听言音，
快到祝家走一程。
母亲听说泪淋淋，连忙打扮就动身。
来到祝家抬头看，一直走到大门庭，
正遇英台女佳人。
分宾坐下问原因，请问贵客哪里人。
有何贵干到寒舍，因何两眼泪淋淋，
请你说个我知情。
小姐听我说言音，我是山伯老母亲。
我儿与你分手后，十分沉重病在床，
要我前来讨药方。

英台回言也泪淋，上前拜见伯母身。
自从那日分手后，谁知梁兄病得真，
我在家中不知情。
一听梁兄病在床，大哭一声断肝肠。
只望一日好一日，谁知汤水不能尝，
也是奴家害了郎。
老母开言泪不停，快点药方我回程。
我儿是个急性子，望我不到心不停，
切莫延误我回程。
老母用眼望英台，好似仙女下凡来。
手如林竹初出笋，发似雪上盖乌云，
非怪我儿伤真心。
一见伯母要回程，一把拉住老母亲。
在生只为梁山伯，死后也要为我郎，
赶快与哥写药方。
磨动香墨写药方，手拿纸笔泪汪汪。
纸上叫我写什么，眼泪汪汪无主张，
只怕我哥命不长。
一点地龙要一双，二点海马脑上浆，
三点杭州苍蝇血，四点骏马骨中皮，
五点蚊虫眼一对。
六点六月瓦上霜，七点婆婆嫩奶浆，
八点无风自动草，九点千年米酒娘，
十点万年老生姜。
龙肝凤胆要五钱，观音面前水来煎。
犀牛角来熬鱼胆，麒麟角血炒白莲，
方能治好哥病根。
方子点齐药不真，除非仙女下凡间。
还要奴家心肝胆，方能救得姓梁人，
写封书信寄哥身。
一封书信寄哥身，手拿笔墨心不定。
写上英台三个字，恩情就在这里头，
我哥看了解悠悠。
二封书信劝哥哥，劝哥千万莫想我。
万卷诗书哥要读，光阴似箭日如梭，
时间莫把空来过。
三封书信哥开朗，男儿有志在四方。
有志方为男子汉，文章笔头得功名，
全靠苦攻读五经。
四封书信告梁兄，贫贱富贵大不同。
有钱之人有身价，贫穷人家地位低，
劝哥要有男儿志。
五封书信哥听清，快请媒人定婚姻。
先是洞房花烛夜，后是贵子到来临，
免得一人受孤怜。
六封书信寄新娘，夫妻恩爱似鸳鸯。
百两黄金来送礼，送与嫂嫂巧梳妆，
我会前来贺新房。
七封书信表我心，做个太宝保哥身。
奴家房中许大愿，纸上写上我的名，
保佑哥哥万年春。
八封书信到情人，自宽自解莫忧心。
闲时去观山中景，无事前去访贤人，
把病抛到九霄云。

九封书信寄我郎，纸糊灯笼里面光。
路远方可知马力，事久才能见人心，
看我是假还是真。
十封书信表真情，马家是我对头人。
若是梁兄有差错，一片真心付郎君，
定与梁兄一路行。
写完书信到高堂，双手付与伯母娘。
代我问声梁山伯，好好养病保安康，
病好再来我寒庄。
伯母接信转回程，英台送出大门庭。
回转绣房暗流泪，青天不害苦命人，
书信难救姓梁人。
老母动身急回程，急急忙忙不住停。
一直走到儿房内，叫声孩儿我回程，
药方拿去看分明。
山伯接信手中存，拆开书信看分明。
一一从头看到尾，犹如雪上再加霜，
送我一命见阎命。
骂声英台贱婆娘，要你修书有何妨。
双手撕破书信纸，翻身倒在象牙床，
一口鲜血喷胸膛。
看完书信气冲天，叫声母亲听我言。
儿不能送双亲老，死后切莫多用钱，
埋在马家大路边。
叫声爷娘好伤心，枉在凡间做世人。
本想养儿送过老，来接梁家后代根，
没有披麻守孝人。
山伯死后到九泉，定要活捉英台身。
今日死了明日葬，埋在马家过路边，
要与英台结仇怨。
一口鲜血涌上来，口不开来眼不开。
三魂渺渺归地府，七魄忙忙到九泉，
爷娘哭得真可怜。
山伯死后眼泪汪，洗澡就把衣来穿。
忙把棺材来收殓，点香烧纸到头边，
可怜二老哭少年。
棺材放在家祖堂，就把山伯尸来装。
忙请道士做斋醮，八仙扶棺抬出丧，
埋在马家大路旁。
地先率问把山开，亲戚朋友把坟埋。
深坐棺木高作堆，坟前立个石碑牌，
写上山伯之墓台。
埋了坟墓转回程，堂上打扫就安灵。
爷娘哭得肝肠断，我儿死得好伤心，
写封书信姓祝人。
手提毛笔泪淋淋，拜上英台女佳人。
我儿身死只为你，丢我二人靠何人，
绝了梁家后代根。
埋怨英台河东边，当初不该烂舌根。
水性杨花逢人许，一口两舌是女人，
世世代代落骂名。
四九接信泪汪汪，多多拜上祝九娘。
如今害了梁山伯，今后切莫害马郎，
四九早去早还乡。

四九接信哭一场，把信送到祝家庄。
一路走来一路哭，这是英台烂肝肠，
害得相公见阎王。

四九哭到祝家庄，擦干眼泪到高堂。
我是书童四九到，要拜英台女佳人，
请她出来接书信。

听说四九到来临，英台急忙出来迎。
看见四九穿白衣，身上犹如冰水淋，
梁兄必定命归阴。

四九上前拜英台，书信交与九姐怀。
我家相公多谢你，员外安人也感情，
不然如何见阎君。

四九说完就动身，英台接信看分明。
从头至尾看完了，犹如刀割我的心，
哑口无言不作声。

英台此时泪淋淋，一跤跌倒昏沉沉。
三寸咽喉无有气，四肢骨软如水冰，
吓坏高堂二双亲。

急忙烧水泡生姜，半个时辰才还阳。
大叫一声梁山伯，又叫一声我的郎，
同哥一路见阎王。

吟心扶起祝九娘，大哭一声有情郎。
只望一日好一日，谁知梁兄命不长，
孝衣白鞋穿身上。

叫声吟心好了环，厨箱锁匙在此间。
金银首饰你拿去，姑娘从此守素颜，
你也要穿孝衣衫。

英台此时泪满襟，喉咙哭得没有声。
二老双亲来相劝，也上忧人劝愁人，
难怪我儿不伤心。

英台啼哭酒席前，饭菜美酒都不吞。
爷娘相劝也不吃，捶胸蹬足叫声天，
只因河坡一句言。

英台想得断肝肠，脱下红绿换素装。
急急忙忙往前走，要去梁家守哥灵，
不做忘恩负义人。

来到梁兄灵牌前，大哭一声我的天。
梁兄哥哥你慢走，等我一起同路行，
一同双双见阎君。

看见英台到灵堂，打扫山伯旧书房。
虎皮椅子红绫被，梭罗帐子象牙床，
打办安宿祝九娘。

伯母你莫枉费心，今晚我要伴哥灵。
梁兄一定把梦我，要求哥哥显阴灵，
我要做个守孝人。

哭声梁兄叫声天，快现原形到灵前。
往日叫哥声声应，今日不知在哪边，
哭破喉咙也枉然。

敲锣打鼓二更边，手端灵牌叫声天。
有阴有阳把梦我，心里话儿说几声，
梦中相会也甘心。

鼓打三更子时辰，山伯阴魂进门庭。
灵前一见英台女，阴魂叫醒祝九娘，
提起话儿断肝肠。

山伯当时捶胸膛，有劳贤弟吊我香。
只有山伯死得苦，年方二十见阎王，
堂上别了二爷娘。

我去杭州读文章，半路相逢祝九娘。
你我结拜为兄弟，犹如同胞共母生，
同我一路访先生。

挽手同行进学堂，二人共桌读文章。
你打梁床长二阔，我买蚊帐二丈长，
日同茶饭晚同床。

七月秋来八月凉，二人回家奉爷娘。
一路言语打探我，山伯不知这内详，
谁知英台是女娘。

二人来到一河边，上无桥来下无船。
哄我山伯把篙借，借根竹篙把水量，
你在那边穿衣裳。

我问河水有几深，打个字谜解不明。
丁字底下口字藏，要我拜师转杭城，
亲口许配我婚姻。

问过先生转回程，回来先到你家门。
原先许我梁山伯，后来又配马家人，
一女不该许两门。

可恨贤内不正经，害得山伯命归阴。
上无兄来下无弟，万贯家财付别人，
绝我梁家后代根。

贤弟请你听我言，死后要与你结怨。
不到祖山安坟墓，埋在马家大路边，
等你花轿到坟前。

也是山伯命安排，埋怨贤弟为何哉。
花轿走我坟前过，叫我三声也应该，
未必叫得我转来。

鼓打四更鸡就啼，辞别贤弟我要回。
叫与不叫由在你，未必叫得我还阳，
不过各表各心肠。

手拍英台女裙钗，梦中言语记胸怀。
本当与你多说话，鬼门关上要催人，
你归阳来我归阴。

东方天亮出太阳，英台啼哭我的郎。
梦中相逢梁山伯，声声恨的祝九娘，
不断肝来也断肠。

面对灵牌哭几声，只见灵牌不见人。
有阴有阳跟我走，跟我走进绣房门，
梦中相逢也甘心。

叫声山伯我的郎，手抱灵牌哭断肠。
奴家只见这一面，兄妹分别在灵堂，
辞别伯母我还乡。

哭哭啼啼转回程，二老送出大门庭。
叫声梁兄跟我去，三魂七魄莫远行，
到我房中伴我身。

英台回来到绣房，安个灵牌坐中堂。
叫声我哥梁山伯，从今以后伴我身，
我在房中守孝灵。

手端灵牌哭一声，哭声梁兄有情人。
金银首饰都不要，绣花枕巾全拆光，
满身穿的孝衣裳。

手端灵牌哭二声，叫声山伯你听清。
今生不能再相会，阴阳把我俩隔开，
今后梦中要多来。
手端灵牌哭三声，可怜少年见阎君。
堂上抛别双亲孝，灵前没有守孝人，
枉费凡间走一程。
手端灵牌哭四声，在你灵前把香焚。
绣房安了灵牌位，今晚梁兄要现形，
鸳鸯枕上伴奴身。
手端灵牌哭五声，哭声梁兄叫郎君。
沏茶添饭烧钱纸，喝茶吃饭叫哥声，
做个守孝伴哥灵。
手端灵牌哭六声，要想相会在梦中。
手拿纸笔画哥像，笔上画得似活人，
纸上相见也甘心。
手端灵牌哭七声，打开书本看得清。
这是哥哥亲手写，只见笔迹不见人，
水流东海不转身。
手端灵牌哭八声，阴州地府路难行。
怕你奈何桥难过，月镜台上等奴身，
等我一路见阎君。
手端灵牌哭九声，判官笔下不饶人。
阎王注定三更死，决不留郎到五更，
阎王老子太可恨。
手端灵牌哭十声，喉咙哭得没声音。
两眼哭得看不见，不知我哥在那边，
何时何日再团圆。

日落西山酉时头，我到灵前把香烧。
双脚跪在灵牌位，灵前点盏照明灯，
快现原形到灵前。
一更里来怒当初，柳林结拜去读书。
只求兄弟同一路，谁知梁兄不知情，
抛别奴家转杭城。
二更里来怨爷娘，埋怨爷娘无主张。
鲜花插在牛粪上，前世烧了短头香，
今生夫妻不成双。
三更里来怨媒人，埋怨媒人烂舌根。
花言巧语将父骗，父亲骗得动了心，
将奴许配姓马人。
四更里来怨郎君，埋怨梁兄太忠诚。
一路之上来引导，打着比方他不明，
活像一个草包人。
五更里来怨姐身，何不当初直说明。
左比右比不知情，好说歹说不知情，
又痴又呆气煞人。
鼓打五更天将亮，东方现出红太阳。
堂上媒人来贺喜，父母一见出来迎，
想是马家来娶亲。
媒人走到大堂前，恭喜员外听我言。
马家报喜前来到，黄金百两你莫嫌，
白头偕老福寿全。
员外迎接笑盈盈，就劳马家费深情。
选定本月十八日，黄道吉日良时辰，
洞房花烛好成婚。

母亲送信进绣房，我儿听娘说言章。
马家今日帖子到，本月十八要成双，
梳头打扮做新娘。

英台一听泪淋淋，想起梁兄懒作声。
面对亲娘叹口气，抛别梁兄冷清清，
低头半日不作声。

慢慢回答母亲言，空养女儿十九年。
儿不配送双亲老，一旦无情别爷娘，
我要与哥同炉香。

我儿不必伤心怀，何必说出此话来。
敬重父母如天大，良辰吉日马家去，
白头偕老好夫妻。

十八日子到来临，猪羊美酒送上门。
花轿彩礼齐来到，先拜天地后拜神，
再到堂上拜双亲。

堂上锣鼓闹洋洋，九姐房中哭断肠。
生前害了梁山伯，死后也要结成怨，
要同冤家到九泉。

英台房中哭哀哀，忙烧钱纸下灵牌。
大叫一声梁山伯，阴魂切莫远离开，
跟我花轿一路来。

高堂爷娘无主张，代请吟心拜祖堂。
拜了二十就四拜，英台连叫三声娘，
奴不将身配马郎。

英台上轿大哭声，哭声梁兄有情人。
花轿抬走大路过，看见山伯兄坟台，
吩咐且把轿门开。

香烛钱纸烧灰尘，英台跪在地下存。
有阴有阳坟开口，无阴无阳马家行，
要请梁兄显阴灵。

一时天变起乌云，天昏地暗分不清。
突然坟开三尺口，英台钻进不见人，
坟外只见一条裙。

媒人轿夫都回来，气煞新郎马文才。
一条罗裙撕破了，变成蝴蝶天上飞，
这件事情真稀奇。

媒人回来冷清清，禀告堂上二双亲。
花轿抬走坟前过，突然坟开口吞人，
世上哪有这事情。

马洪父子来商量，东岳庙里去烧香。
拿来笔纸把状告，状告鬼魂山伯郎，
东岳大帝作主张。

手提香烛往庙行，东岳庙里把冤申。
烧香发烛焚钱纸，三牲祭礼供明君，
要为弟子把冤申。

叩头作揖把话提，祝告各路过往神。
我妻名叫英台女，良辰吉日娶回归，
路遇妖怪抢生妻。

山伯坟墓在路旁，突然一阵大风狂。
花轿抬走坟前过，英台轿内哭梁兄，
把她摄去永无踪。

阴世地间听分明，叩求明君显神灵。
我恨冤家梁山伯，将妻摄去不见人，
鬼抢人妻是真情。

一阵香火冲玉王，惊动玉王下天堂。
天齐大帝来求应，判官小鬼两边排，
何方冤家到此来。
秦书曹公禀一声，玉皇天齐听分明。
阳间马洪申冤状，他告山伯恶鬼魂，
鬼抢生妻果是真。
天齐大帝好心伙，这件事情并不小。
忙叫童子前引路，去见阎王把话明，
查明此事再开庭。
童子引路往前行，阎王殿上把话论。
梭罗殿上分宾坐，天齐大帝在其场，
有件恶事问阎王。
马家妻子祝英台，良辰吉日娶回来。
花轿抬走坟前过，一阵怪风进坟台，
鬼抢生妻解不开。
阎王听见这事情，忙叫判官听分明。
慌忙打开生死簿，查明山伯祝英台，
错告人是马文才。
判官把簿一打开，确有山伯祝英台。
金童玉女来托福，配成夫妻下凡来，
却被马家来拆开。
二人本是天生星，配成夫妻下凡尘。
谁知马家将媒说，烈女不嫁二夫君，
英台因此钻进坟。
阎王天齐怒生真，咒骂冤家姓马人。
金殿打起高堂鼓，牛头马面去捉人，
捉来马洪判分明。
马洪床上昏沉沉，突然铁锁上了身。
立即拿到森罗殿，阎王一见怒生真，
咒骂无理姓马人。
天齐阎王骂一声，阴谋强娶为何因。
山伯英台前生定，不与奴才半毫分，
不能强娶英台身。
阎王在上听言音，我娶英台有原因。
有媒说合行过礼，名正言顺理应当，
是她爷娘作主张。
奴才不必强辩论，引路童子叫一声。
太平山上去迎接，迎接梁祝二鬼魂，
三人对面说分明。
引路童子齐领来，领来山伯祝英台。
二人来到森罗殿，叩见阎王听言音，
三人跪下把话明。
阎王天齐把话论，吩咐鬼魂三个人。
三人头发都打散，假是假来真是真，
此时就要见分明。
三人头发都打散，双脚跪下不能站。
山伯英台发连发，马洪头发不相连，
真假一看见分明。
天齐阎王怒生真，喝骂马洪恶鬼魂。
姻缘本是前生定，拆散鸳鸯罪不轻，
阴司王法不留情。
当场就把马洪留，带他阴司地府游。
牛头马面前面走，奈何桥上不停留，
打入阴府下地狱。

阎王天齐把口开，放他二人去投胎。
山伯本是相公子，一品夫人祝英台，
转瞬投往阳间来。
送子娘娘到此来，带你二人去投胎。
山伯送往张家去，英台送到李家村，
长大二人结成婚。
张家员外坐高堂，突然满屋放霞光。
房中生下麒麟子，相貌堂堂喜非常，
长大必定坐朝堂。
李家夫人一梦惊，一朵鲜花落门庭。
果然十月怀胎满，房中生下一千金，
长大必定是夫人。
二人投胎似宝珍，真是易长易成人。
张家读书多乖好，李家绣花更聪明，
转身投生做新人。
月老前来说婚姻，张李二家好开亲。
男才女貌正相配，才子佳人配成双，
梁祝姻缘就此完。

海棠嫁

思情话儿郎起身，手拿罗裙说私情。
哥呀：我有几句私心话，今晚与哥说几言（遍）。
海棠出嫁在今年。
听得海棠一句言，不觉两眼泪连连。
屈指一算五年整，相交五年没反常，
谁知今日嫁海棠。
海棠嫁来我不知，没买花粉并胭脂。
没买毛兰织细布，没买海棠坐轿衣，
海棠出嫁哭嘻嘻。
海棠嫁来眉一愁，买个闹里姐闹头。
买对镜子姐照脸，买个梳子姐梳妆，
送与海棠做嫁妆。
海棠嫁来嫁海棠，我哥回请木匠家。
一打衣柜并茶橱，二打桌椅各成双，
头脚脸盆送海棠。
海棠嫁来嫁海堂，情哥回家请篾匠。
一打花篮并篾篓，二打藤椅对成双，
打对篾炉送海棠。
海棠嫁来嫁海棠，情哥回家请锡匠。
茶壶酒壶打一对，冲壶灯盏各一双，
打个茶托送海棠。
海棠嫁来过别方，明天赶早把街上。
一打头上金钗子，二打戒指对成双，
打根牙签送海棠。
海棠终身我情人，有劳情哥破费银。
你买礼物送与我，件件物品对成双，
谁知今日嫁海棠。
海棠听我说与知，戒指放在衣柜里。
金钗放在坐轿底，绫罗花粉压箱银，
百花镜子送情人。
你这后生生得痴，如何买得这东西。
今晚与哥同坐凳，明日就是别人妻，

马鞍背上别人骑。
海棠嫁来我来忙，一顶花轿到桥上。
一对吹打前面走，一顶花轿四人抬，
双双媒人压轿来。
海棠嫁来好不忙，一顶花轿到前堂。
吩咐厨房来上酒，款待四门亲戚人，
打办海棠上轿行。
海棠上轿哭一声，莫非海棠少衣襟。
上身少只红绫袄，下身少件洒花裙，
赶快送到姐家门。
海棠上轿泪汪汪，哭声爷来哭声娘。
我哭爷娘是假意，哭破喉咙难转音，
难分难舍有情人。
海棠上轿哭三声，捶手蹬脚恨媒人。
双手不打胸前打，两脚不住轿上搓，
十分难舍我情哥。
花轿上路我送行，我随花轿伴姐行。
相交五年如手足，今日分离各一边，
不知何日得团圆？
海棠出嫁你莫行，家有小妹伴姐身。
我家有人来送嫁，两个哥哥压媒人，
切莫坏我奴家名。
海棠出嫁我要行，到你婆家看真情。
一看婆家是啥屋，二看婆家怎样人，
走破一等我好行。
心肝肉来有情人，我把婆家说你听。
婆家高梁并大屋，丈夫本是有名人，
我劝情哥切莫行。
送姐送到黄板桥，二人哭得不起头。
情哥哭得肝肠断，情姐哭得断肝肠，
只怪媒人和爷娘。
叫声情哥我的人，打开轿门付你银。
我把银子付与你，回到家中讨娇妻，
同床共枕伴郎睡。
讨亲要讨亲眼见，莫听媒人口中言。
媒人本是花巧嘴，三分人品说十分，
亲眼看见才是真。
叫声情哥听我言，过路女子莫乱恋。
讨亲要讨娘边女，娘边女子闺女身，
日后与你一条心。
讨亲莫讨过妇娘，过妇女子心难防。
有吃有用说哥好，缺少钱财就变心，
相骂打架吵嫁人。
我姐说的是真情，劳劳古古记在心。
自姐嫁到婆家去，茶不思来饭不尝，
心想姐家走一趟。
缓缓走来慢慢行，不觉来到姐家门。
手拿芒棰叮当响，没精打采洗衣裳，
犹如一个病娇娘。
情姐转面笑盈盈，情哥为何上我门。
贵脚为何踩池地，身高架大发着财，
何风吹到我家来。
情姐说话莫忘情，我是单身贫穷人。
无有礼物来送姐，心中只想看情人，

没有面目见世人。

你这后生生得呆，何必说出此话来。

自从相交五年整，从未开口要过钱，

爱财不是好娇莲。

你要来到我家行，教你方法记在心。

小小礼物莫空手，买包果子买包茶，

结拜公公做同爷。

买包果子买包糖，结拜婆婆做同娘。

若是丈夫也一样，买包果子买包烟，

结拜丈夫做老庚。

情姐抽身走进门，请问大哥哪里人。

（你）当面就叫老庚嫂，背里就是你娇娘，

外人何知是姻缘？

我问情哥你听清，我哥几时讨着亲。

讨亲要送信到我，我要与哥闹新房，

早生贵子做爷娘。

叫声大姐听言音，我若有日新成亲。

四门亲戚都不请，单请大姐一个人，

报答我姐大恩人。

叫声情哥我的乖，丈夫出外做买卖。

天色已晚郎莫去，就在奴家且安身，

象牙床上伴郎君。

听得大姐一句音，心中听了好欢心。

情姐是个有情女，相交五年不改移，

真是一个好娇妻。

吃了晚饭进绣房，二人脱衣上牙床。

情姐上床头仰睡，情哥急忙上姐身，

二人欢喜好交情。

伴郎同睡到二更，情哥睡在我头边。

今晚与郎同床睡，明日我要哥回归，

那有娇妻伴郎睡。

鼓打三更半夜时，心想我哥再来回。

轻轻抱郎来推醒，带哥一把上花台，

要我情郎把花采。

鸡叫三声大天光，叫声我郎快起床。

今日情姐怠慢你，明日有空你就来，

我把房门半夜开。

叫声情姐我的人，情姐是个有情人。

相交五年不改色，常来常往不变心，

把我当作亲郎君。

听得情哥一句音，我哥也是有情人。

只是父母不明理，身不由己嫁别人，

决不忘记我郎情。

东方放亮天色明，我要回家转回程。

若你公婆知道了，闲言耳语刺你心，

免得坏你奴家名。

情哥起身上路行，我送情郎一路程。

我哥回家把亲讨，娶个娇妻伴郎身，

床头有个说话人。

谢姐恩来谢姐情，我姐是个大男人。

我若有个出头日，报答情姐大恩人，

不做忘恩负义人。

海棠嫁来嫁海棠，海棠女子好贤良。

路会夫妻知多少，哪有海棠情义深，
留与后人作凭证。

恩爱记

新出一本赛恩情，列位君子听言音。
取名叫作恩爱记，路会夫妻正相逢，
水中鲜鱼赛芙蓉。
名字叫作海棠花，二八青春配人家。
十指尖尖如春笋，三寸金莲脚下蹬，
赛过南海观世音。
牵住马来细思量，无有计策向娇娘。
找起衫袖来作揖，借问小姐姓和名，
特来奉拜府上门。
一见贵客问一声，英台小口笑盈盈。
我家离城也不远，紫竹林中第一家，
门前一株海棠花。
行得急来走得忙，路途遥远口又干。
此处又无卖茶店，看见娇莲在路旁，
故此问姐讨茶汤。
情姐开言笑盈盈，哪有凉茶带在身。
篮中萝卜有几个，送与贵客解口干，
无茶相送我情郎。
接过萝卜笑盈盈，伸手作揖谢姐情。
手中无物来送你，等我盖粉转回程，
买个包头上姐门。
情姐说话果是真，林园不远面见存。
门前一棵海棠树，后面又有紫竹林，
话不非传果是真。
我今打办上姐门，看姐情义假和真。
一路之上无歇店，不觉一时夜黄昏，
借住一宿到天明。
一见贵客来我家，忙煎川香泡细茶。
先泡香茶后斟酒，二人叙说私情话，
请问贵客是谁家。
小生姓阮名怀川，我家住在长沙庵。
石榴山上不远处，滩丛夹界西相逢，
我今相逢前世缘。
家住长沙小林园，我今来到姐身边。
买个包头送与你，此物不值几文钱，
多谢娇莲茶和烟。
公婆堂上得知音，小生来到我寒门。
我家有个亲生子，与你结拜兄弟称，
下回相伴到南京。
看见贵客好聪明，君子相交要长情。
看他是个英雄汉，站在人前动人心，
话不非传果是真。
见姐生得果是真，今晚就要近姐身。
好朵鲜花我要采，三月桃花正当时，
我要伴姐到鸡啼。
有劳贵客到我边，鲜花开叶未开园。
我今年方十八岁，未曾有人碰我身，
心中不喜也枉然。
叫声情姐我情人，我今上门是真心。

有缘千里来相会，无缘对面不相逢，
姐不欢喜一场空。
情姐开言笑盈盈，有劳情哥上我门。
奴家本是闺中女，此事断然不依存，
欢哥天亮早回程。
园中一棵海棠花，月里嫦娥难比她。
我是真心来采摘，无有办法近姐身，
私情之事做不成。
叫声情哥我的乖，万事都是命安排。
好言对我公婆说，付与银两把门开。
让我情哥好进来，郎有心来姐有情。
两下有心到如今，二人有心又有意。
可恨冤家难近身，眉来眼去各在心。
叫声怀川我情哥，看你心中只怪我。
本当抽身来接你，人又众来眼又多，
又怕堂上两公婆。
怀川回复好娇莲，乖人说话不住言。
若有真心来对我，自有办法作主张，
何不早早结成双。
情哥听我说真情，我郎果然心是真。
两眼望着郎身上，手足不停郎起身，
牙床上面去交情。
二人挽手到床边，声声只叫我娇莲。
你若有意伴我身，剪下头发对郎烧，
二人相交到白头。
叫声情姐我的乖，今夜只为情姐来。
好朵鲜花我要采，润柳花葩我要开，
二人采得好开怀。
叫声情哥我的人，今夜私情我二人。
郎是园中蜜蜂子，姐是园中牡丹花，
两二采得肉身麻。
交了情来郎起身，姐有言话细叮咛。
逢人且说三分话，三朋四友少说真，
茶前酒后莫露情。
叫声娇莲我情人，情姐只管放宽心。
情姐言话记心里，君子相交要长情，
不做忘恩负义人。
叫声贤妹我娇莲，凡事要听我的言。
在家逢人少说话，见人莫理眼睛睁，
哪个不爱我娇莲。
叫声情郎我的乖，奴家不是残裙钗。
好马配鞍同到老，情郎不必胡乱猜，
独灯熬头等郎来。
情姐果然心真诚，小郎不会起歹心。
我今特意来到此，以后与姐永相伴，
做个地久滚天长。
情姐回言叫声哥，冤家碰到两公婆。
公婆一见大发怒，说长道短好啰唆，
心中真恨我公婆。
姐在房中闷沉沉，思想与郎私交情。
若是有人看见了，日后怎样来做人，
何不自家寻短见。
若是邻舍得知因，急忙到来我家门。
高声大叫来呼喊，楼梯上面吊一人，

大家前来看分明。
若是自家得知情，伯母婶娘到来临。
你寻短见为何事，别人未曾亲眼见，
哪个敢来胡乱言。
公婆若见此情形，必到娘家告奴身。
说我不知因何故，思想有事想不开，
为何这样好痴呆。
走到娘家泪淋淋，人多不好说真情。
爷娘面前不便说，亲友面前不作声，
一心只想情郎身。
坐在娘家想冤家，唉声叹气不好哇。
手中拿着针和线，哪有心事来绣花，
一心只是想着他。
叫声女儿我心肝，为何忧愁心开宽。
贤良女子天下少，知书君子世间稀，
哪有狐狸不拖鸡。
情哥在家想娇莲，想起娇莲夜难眠。
翻来覆去睡不着，心中只想我情人，
鸳鸯枕上好私情。
叫声娇莲我情人，我在家中想你身。
十分标致如春笋，眉清目秀爱煞人，
哪个见了不动情。
一爱情姐生得青，两眼汪汪赛观音。
不搽红粉白如雪，不点胭脂自然红，
满口银牙不漏风。
二爱娇莲生得乖，犹如当初祝英台。
知书达理世间少，山伯一见笑盈盈，
结拜兄弟一路行。
三爱小妹仙女身，好比嫦娥下凡尘。
民间也有嫦娥女，一日不见心就慌，
时时刻刻想娇娘。
四爱娇莲观音身，好比南海观世音。
观音也是人修到，佛门也是人修成，
如何不想近姐身。
五爱娇莲一枝花，娇莲爱我我爱她。
我是真心来恋姐，不知何日到姐家，
心中想到乱如麻。
六爱娇莲似桃花，桃红李白不及她。
两眼眉毛桃红色，百花丛中一朵花，
赛过牡丹芍药花。
七爱娇莲好贤良，赛过当初李三娘。
百鸟也有成双对，忧忧愁愁闷在床，
一心与姐结成双。
八爱娇莲女英俊，好似当年穆桂英。
桂英心想杨宗保，辕门斩子罪不轻，
后与宗保结成婚。
九爱娇莲我的乖，好似仙女下凡来。
我是痴心来恋姐，这个冤家丢不开，
日夜思念在心怀。
十爱娇莲一朵花，赛过当年樊梨花。
想见丁山成双对，杀兄刺父不饶情，
后与丁山配成亲。
娇莲在家细思量，可恨冤家我的郎。
不知他往何处去，还不与姐来成双，

可叹心中实难忘。

一叹情哥好少年，恰似深山美神仙。

人才出众多乖巧，说起话来动人心，

知书达理有礼文。

二叹情哥好青春，犹如仙人吕洞宾。

洞宾行走洛阳过，看见观音在庙庭，

身带宝剑下凡尘。

三叹情哥有高才，好比当年何柏皆。

心想民间有美女，何不选个做二房，

丢下前妻守空房。

四叹情哥好贤良，好似当年董永郎。

董永卖身为葬父，天赐仙女结成双，

为我独今守空房。

五叹情哥真威风，好似当年赵子龙。

子龙一身都是胆，单枪匹马救主人，

救得阿斗转回营。

六叹情哥有主张，好比当年周武王。

天下兴兵该得福，平定天下坐朝堂，

全靠武王作主张。

七叹情哥有胆量，好似当年众反王。

十八汉王听他说，打下天下得太平，

真民天子李世民。

八叹情哥君子人，犹如三国刘备身。

周瑜设下美人计，皇溪心爱刘备身，

损了夫人又折兵。

九叹情哥聪明人，胜过三国一孔明。

手地祭得东风起，火烧曹操百万兵，

气死周瑜命归阴。

十叹情哥叹不完，孤身独自守空房。

梦里与哥来相会，醒来不见我郎身，

犹如掉进冷水盆

太阳落山一点黄，我哥不知在何方。

日月也有相会日，不知姻缘成不成，

郎若不来命归阴。

太阳当顶往西边，人过三十不少年。

世上几多贪花子，花开一日一日圆，

把奴抛别在一边。

我郎去了这多时，不见情哥有信回。

天边想到地边转，想郎不倒气煞人，

一天到晚昏沉沉。

子时想郎半夜时，我今想郎郎不知。

你走花街柳巷过，心中不想我娇妻，

叫我奴家受孤凄。

丑时想郎泪湿衣，情哥不来等何时。

奴家等你十个月，直到现在不见人，

等哥不到命归阴。

寅时想郎泪如麻，可恨情哥我冤家。

迷得奴家心不定，朝思暮想我情哥，

茶饭不进地难掩。

卯时想郎大天光，奴家起来穿衣裳。

对着镜子左右看，人无喜色脸色黄，

瘦骨如柴眼落眶。

辰时想郎早饭边，肚饿饭热吃一点。

非怪饭菜不好吃，喉咙哽塞实难吞，

时刻想郎在身边。
巳时想郎青春年，眉清目秀定人恋。
情哥一去无音信，害得奴家不像人，
不知何日近郎身。
午时想郎日当中，太阳照得脸红红。
人无喜色精神少，昏昏沉沉瞌睡多，
想郎不倒病拖拖。
未时想郎眼昏昏，槐荫树下等情人。
等了多时郎不到，如今红日落西山，
等哥不到转回还。
申时想郎日西斜，心里想得乱如麻。
林中百鸟成双对，园中蜜蜂采花忙，
就是不见我情郎。
酉时想郎鸡进笼，情哥不到房中空。
走进房中暗思想，独自一人好孤单。
想哥不到难上难，孤身一人上牙床，
戌时想郎进绣房。
伸脚困来脚就冷，缩脚睡来脚又凉，
叫我如何不想郎。
亥时想郎夜静深，梦里思想我情人。
先前分别说得好，如今一去永不回，
不知我郎在哪里。
昨夜点灯鸡开言，今早喜鹊叫门前。
心中想起无别事，莫是情哥到奴边，
奴家今晚得团圆。
想是情哥到我家，梳妆打扮来接他。
我在门前时刻望，一见情哥笑盈盈，
当烟倒茶待情人。
情哥思想上姐门，今日去看我情人。
急急忙忙往前走，走到姐家她门前，
一眼望见我娇莲。
手提粮册上姐门，真心不做假意人。
你家钱粮去了号，我今与你来算清，
只怕好事办不成。
松林听说这句音，忙把粮册来算清。
这些事情是我管，查得清来算得明，
就劳先生枉费心。
查清粮册转回程，撞过岳祥回家门。
借问怀川何处去，请到我家喝茶汤，
淡酒三杯有何妨。
为兄今日到府门，岳祥就业说言音。
我今与你南京去，打成木排到南京，
二人同到南京城。
情哥回复姐知音，我今打办去南京。
江河水宽船好走，顺风顺水不搁滩，
不久便会转回还。
听说情哥去盖粉，请问何时转回乡。
顺风行船一个月，滩干水浅一周年，
回来相伴我娇莲。
我在家中等情郎，你在外面莫久长。
花街柳巷你莫去，残花败柳切莫恋，
奴在家中受熬煎。
我郎一去无音信，不知何时转回程。
奴在家中天天想，想郎不倒睡不香，

想得心里断肝肠。
心中思想我情郎，千思万想无主张。
你今一去一个月，好个别情无义人，
只怪当初迷上身。
奴在家中好心烦，一心想郎早回还。
有事冇事门前望，心想情哥早回程，
奴家早日近郎身。
不觉情哥转回来，郎送包头我心怀。
情郎路途多辛苦，一路之中受风寒，
日夜思念挂心肠。
情姐有事你不知，这趟南京吃大亏。
你的丈夫身亡故，木排未卖转回程，
今来报与你知因。
海棠听说哭几声，夫君为何命归阴。
你今一命身死了，丢下奴家守空房，
同床夫妻不成双。
堂上公婆得知因，哭得天暗地也昏。
我儿年轻身死了，别下二老靠何人，
谁做披麻守孝人。
怀川上前说言音，二老听我说真情。
你家定郎身故了，人死不能再复生，
千思万想也枉然。
二老听得怀川言，叫声怀川到身边。
你在我家长来往，我家有事你知情，
我今有事靠何人。
怀川叫声二老翁，连忙就拜老公公。
只要二老不嫌意，与你结拜干儿身，
正好侍候你双亲。
二老听得怀川音，脸上愁容解几分。
你若真心来待我，我把家财付你身，
做我二老守孝人。
情姐叫声我郎君，你要照顾我双亲。
当作二老亲生子，要做奴家亲丈夫，
大家烧香共一炉。
怀川叫声小娇莲，你送二老去安眠。
家中有事全靠我，不要二老挂在心，
不做忘恩负义人。
二人挽手进绣房，心中欢喜上牙床。
金钩挂起梭罗帐，鸳鸯枕边笑盈盈，
同床共枕好私情。
想郎想得心发癫，今晚睡在我头边。
轻轻把郎来推醒，带哥一把上花台，
二人采得好开怀。
郎有心来姐有情，两人终于配成婚。
才貌君子到处有，心中不喜我不恋，
一片真心到郎边。
一喜情哥进门来，郎送包头我送鞋。
你今去了几个月，时刻把你挂心怀，
今日才见我郎来。
二喜情哥是能人，我郎有武又有文。
家有大事郎不怕，见官见府郎出身，
四处都有明理人。
三喜情哥胸开怀，好比山伯祝英台。
山伯上门求婚配，英台已许马家人，

气得山伯命归阴。

四喜情哥有学问，我郎是个读书人。知书达理人欢喜，犹如秀才文人身，八里四乡知名人。

五喜情郎有胆量，好比当年赵贤良。只有贤良本事人，红拳打进白虎堂，后来为君坐朝堂。

六喜情哥心胸宽，好似宋朝杨六郎。六郎征守三关口，孟良焦赞一满堂，哪个国家敢呈狂。

七喜情哥有志气，好比当初伍子胥。一身是胆人有志，忍辱负重志不移，世间哪个不敬佩。

八喜情哥人中人，好比罗成去出征。夜打登州多勇猛，点将出兵身先行，好个英雄猛罗成。

九喜情哥好重义，好似丁山不差移。破关斩将把父救，封官点将去征西，路上喜得贤娇妻。

十喜情哥笑洋洋，我哥好比赵文郎。有日打马门前过，摇摇摆摆进绣房，香茶美酒款待郎。

二人欢喜到天光，情姐叮嘱有情郎。男人出外身为贵，酒色钱财切莫近，好汉不要路边钱。

叫声情哥我的人，我有言话劝几声。堂上二老要你养，全家生活你担当，在外不要乱思量。

一劝情哥听我音，孝顺夫妻枕边人。你要吃啥家中有，莫在外面乱用钱，石头开花不生根。

二劝情哥听奴言，爱财女子切莫恋。你若有钱由此可，来往多了她就嫌，不重情义只重钱。

三劝情哥说真情，娘边女子莫拢身。你若恋上难割舍，时时刻刻伴你身，身怀有孕怎样行。

四劝情哥听我言，贪色之人不能恋。一天到晚伴着你，色心重重败你身，我郎谨记在心灵。

五劝情哥听我音，过路残花莫近身。残花女子好贪色，缠倒男人不离身，防止败柳病犯身。

六劝情哥我的哥，花街柳巷不要过。你若有钱看到你，身上无钱丢一边，哪个就钱哪个眼。

七劝情哥我的人，花明楼阁你莫行。只为钱财将身卖，娇里妖气像鬼神，水性杨花是女人。

八劝情哥莫打牌，赌博场上切莫挨。一旦赌博上了瘾，没日没夜赌场呆，损精败神又破财。

九劝情哥有情人，要读诗书和五经。有朝一日生贵子，金榜题名状元身，千秋万代永传名。
十劝情哥听我哇，身上有钱莫乱花。
富日当作穷人过，若有钱财置田庄，
留与子孙家兴旺。
十劝情哥劝完成，我今打扮送情人。
明日午时娘家去，我到娘家定婚姻，
一路回家看双亲。
郎走前来我后行，趁早与郎续成婚。
今日与郎暂分手，明日与郎同启程，
送郎一程回家门。
清早起来好梳妆，来与公婆作商量。
一年未曾娘家去，我想回家看双亲，
看完双亲就回程。
昨日别姐我回还，情姐约我上梅山。
她说梅山来等我，一同前往她娘家，
看望双亲老人家。
走一阵来转一弯，转变摸角到梅山。
等了多时姐不到，如今红日落西山，
等姐不到我回还。
等姐不到我回程，远远望见女佳人。
远看娇莲似织女，近看情姐赛观音，
犹如仙女下凡尘。
情姐来到我跟前，开言就问女娇莲。
你约午时来到此，如今太阳已落西，
如何来得这样迟。
约定午时会郎时，日落西山也不迟。
堂上告别二父母，鞋尖脚小路难行，
我郎不必起疑心。
接到娇莲喜盈盈，我今二人要私情。
私情之事说不了，天为罗帐地为床，
槐荫树下戏娇娘。
二人脱衣喜洋洋，就地当作象牙床。
姐做狮子头仰睡，郎做绣球滚上床，
采得姐花满身香。
采了一阵又一阵，郎把情姐抱在身。
往日私情心欢喜，今日私情别有情，
无忧无虑任哥行。
姐穿衣服郎起身，两下私情好欢心。
二人好比鱼和水，鱼水相交一路游，
你我恩情永不丢。
交了私情就动身，两下各自回家门。
郎回家中怀念姐，姐在家中思想郎，
想得两眼泪汪汪。
梅山转来病在床，娇莲写信送上郎。
我今三天没吃饭，四天四夜未起床，
看来命要见阎王。
写完书信泪淋淋，奴家病重有十分。
想与情哥见一面，好叫奴家放宽心，
多多拜上有情人。
一封书信写完成，付与安童就动身。
叫郎私自拆开看，前因后果写得清，
交与心肝肉上人。
安童打马送书信，快马加鞭不住停。
一路行程来得快，长沙不远面前存，

不觉来到阮家门。
书信送到长沙源，双方付与阮先生。
怀川接信从头看，不觉两眼泪淋淋，
我姐病得真不轻。
怀川接信看分明，我姐得病果是真。
快把行旅来捡点，急忙动身就启程，
快快去看我情人。
急急忙忙往前行，快马加鞭不住停。
三步并作两步走，两步并作一步行，
不觉来到姐家门。
姐在房中暗思量，堂前声音是我郎。
本当起身开门看，手就软来脚又酸，
不能起身陪我郎。
怀川急忙进绣房，情姐得病在牙床。
本是林中初出笋，如何受得这风寒，
瘦骨如柴眼落眶。
看姐容颜泪淋淋，问姐得的什么病。
两眼昏花头又痛，四肢麻木口难言，
不吃茶饭不安眠。
心肝肉来我的人，谁来与我说私情。
写信与郎见一面，若有病好万不能，
只怕与你断姻缘。
蹬一脚来恨冤家，如何说出这样话。
好好调养身上病，戏神许愿保你身，
救好情姐好私情。
叫声情姐我的乖，我要伴姐不离开。
……

照轿

（风俗歌，婚事，哭嫁）

崽呀肉呀一照长天地久啊，
二照地久天长啊，崽呀！
三照公婆千万岁呀，
四照夫妻福齐眉呀，崽呀！
五照五子来登科哎，
六照六国做丞相啊，崽呀！
七照七子大团圆哪，
八照八仙同拜寿哇，崽呀！
九照九子十八孙哪，
十照照得圆哪，
看崽中状元哪。崽呀！

崽呀崽，娘呀娘

（风俗歌，婚事，哭嫁）

（娘）崽呀崽呀！
你到人家屋里去是，
你要大还大来，小还小哇，
高声叫人低声应哪，崽呀崽呀：呃！
（女）娘啊娘啊！
做人确是难呀哟，
有星难照月呀哟。
到人家屋里去是别家个祖宗我

装香啊，

别家个厨房我开光啊，

别家个爷来，我叫爷，

来别家个娘来我叫娘啊，娘啊娘啊！

哭夫歌

（风俗歌，丧事，哭丧歌）

丈夫哇丈夫哇，

你到哪里去哆哟，

你个样忍心抛下我哇，

让我日日进出一只鬼，

夜夜困上傲头床呀，

丈夫哇丈夫哇，

你到哪里去了啊，

你个样忍心撇下我一个人拖妗带崽哟，

留下哟爷娘我来孝嘞，

留下哟崽妗我来教嘞。

我可怜个细崽细妗嘞，

嗯即（你们）以后冇有了爸爸哟。

丈夫哇丈夫哇，

我再叫你不嗯（不应）啰喂，

丈夫吔丈夫吔，

你到哪里去哆哟，

丈夫哇丈夫哇……

弹棉歌

（马口方言）

（女）树上丫、喜鹊喳，

方（荒）年我郎且（去）弹花吔，

一年半载不见他哟。

八里刁（十）乡蜡梅开吔，

妹妹（我）哑哑（夜夜）看灯花嘞。

弓向（上）棉花嗯（你）不要扡（dèn 沾）哟，

有钱冇（无）钱嗯（你）快来嘎（家）嘞。

（男）粗线纱、细线纱，

我背弹弓走千嘎（家）。

齐子（槌子）打弓（弦）棉花松，

黑发已是白头翁。

一床棉絮几文钱，

寄到归里买油盐。

六、革命歌曲

来了救星共产党

（原名《长工歌》）

日头哥哥快落山，

我打长工真艰难，

一日三餐野菜饭，
腰酸背痛脚发软。
鄱湖水呀莫起浪，
可怜长工无家乡，
正月忙到腊月头，
还是一身破衣裳。
鄱湖水呀翻波浪，
来了救星共产党，
穷人翻身把家当，
齐心合力建天堂。

四季歌

三月里，是清明，
桃树花开朵朵红，
我红军，老百姓，
前方坚决打冲锋。
六月里，是三伏，
日长夜短月亮明，
我红军，在路途，
前方坚决去打埋伏。
九月里，秋风凉，
眼看霜打树叶红。
我红军，正在武装，
前方坚决打胜仗。
十二月里，正一年，
军民合作成一团，
我红军，多么勇敢，
革命成功在眼前。

七、号子

拉木头上车

（号子、搬运号子、拉木）

（领）欧欧伊嘿叻，哈哈啰，
（领）一齐拉上绳啰，
（合）啊哈哟，
（领）大家要使劲哪，
（合）啊哈呐，
（领）把它拉上来呀，
（合）啊哈哟，
（领）请上来了啰，啊哈哟，
（领）这下动了身哪，
（合）啊哈哟。
（领）欧欧伊嘿叻，哈哈啰，
（领）一齐拉上绳啰，
（合）啊哈哟，
（领）大家要使劲哪，
（合）啊哈呐，大家着力拉呀，
（合）啊哈哟，嗬伊，来呀，啊哈哟，嘿嗬嗬哟哇，啊哈哟。
（领）欧欧伊嘿叻，哈哈啰，
（领）一齐拉上绳啰，
（合）啊哈哟，

（领）大家要使劲哪，
（合）啊哈呐，木头上来了呀，
（合）啊哈哟，再也跑不了哇，啊哈哟，
　　　把它装起走哇，啊哈哟。

注：此曲是搬运工人协力将一根根大木头装上车时唱的号子。

扛包

（号子、搬运号子、扛包）

（领）哎嘿哎呀，
（众）嘿呀嘿呀，
（领）嘿靠拢呀！嘿呀呀，
（领）驮起来，
（众）嘿呀嗬，
（领）加油，
（众）哎嘿呀，
（领）哎嗨，
（众）啊哈，
（领）哎同志们哪，
（众）嘿呀嘿呀，
（领）嘿努力干，
（众）嘿呀呀，哎呀嘞。
（领）哎嘿哎呀，
（众）嘿呀嘿呀，
（领）嘿靠拢呀！嘿呀呀，
（领）接着来，
（众）嘿呀嗬，
（领）扛去，
（众）嘿呀，
（领）哎嗨，
（众）啊哈，
（领）哎走快些呀，
（众）嘿呀嘿呀，
（领）嘿干完了。
（众）嘿呀呀，哎呀嘞。

注：此曲是搬运工人起重时唱的号子。

捞排

（号子、排工号子）

（领）吠吠咳咳吠咳吠吠，
　　　起来了吠吠，
（众）啊吠哎呀吠吠嗨，
　　　吠吠哎呀哟吠吠哎呀吠哎。

注：底排扎好后，把一根根散木头捞上底排，这是第二道工序。此曲是在捞排时唱的，叫捞排号子。

扎排

（排工号子）

（领）嗨吔啰啰呐嗬，
　　　吔啰吠嗬。
（合）哎嗨嗨啰嗨呀，
　　　吔啰呐嗬，

嘿嗨啰嘿嗨啰嗨，
喂喂子哟，
嗨呀哈，
啰嗨呀哈喂喂啰嗨呀，
嗨啰嗨嗨啰嗨，
喂啰撇开了哟，
哟啰嗨啰嗨，
嗨哟嗨嗨啰啰，
嗨啰嗨啰嗨。
嗨，嗨啰嗨啰嗨。

注：扎排号子就是工人扎底排时唱的号子，扎底排是第一道工序。

拉排

（排工号子）

（领）嗨啰嗨啰嗨啰吠，
（合）嗨啰嗨啰嗨呀嗨啰吠，
（领）嗨啰吠，
（合）嗨嗨啰嗨呀哈，
（领）吔吔吠嗨呀咿啦嗨，
（合）啰嗨呀哈喂喂啰嗨呀，
（领）吔吔啰吠嗨哎咿啦，
（合）哎呀呐嘿啰哟嗬，
（领）嘿嘿啰啰哟嗬，
（合）嗨啰嗨啰嗨呀喂啰哟嗬，
（领）喂啰哟嗬，
（合）嗨嗨啰嗨呀哈，
（领）吔吔啰嗬嗨哎哝啦嗨，
（合）啰嗨呀嗬喂喂啰嗨呀，
（领）喂喂子哟喂，
（合）哎呀呐哟啰哟嗬。

倒梁

（排工号子）

（领）歪呀哟，歪呀哟，
歪呀哟，喔喔吔嗨，
扳梁的，哦哟，
齐心协力扳，
赣州下来十八滩，
滩滩通到紫金山，
紫金山上般般有，
缺少芙蓉配牡丹，
扳下了嘿！
谈一谈，下江南，
丢一丢，到苏州，
七到八，拉篾扎，
八打九，到了手。
（合）呵呵嗨呀哈！

注：工人把木竹扎成排后倒下数根大梁，每排两套，每套四根梁横扎，这是扎排的最后一套工序，此曲就叫倒梁号子。

扛排

（号子）

（领）呔呀呀啰嗬，
（合）呔！
（领）哟啰呀呀啰呔嗬，
（合）啰嗬咿呀，
（领）呔呔嗬吔嗬呐哎，
（合）吔哎呀，
（领）胜利个撑开了哎，
（合）嗨哎呀，
（领）撑开了排哟。
（合）嗬！

注：当在运行中遇浅滩，大家合力扛排时唱此号子，故名扛排号子。

绞车

（排工号子、绞车、数麻雀）

（领）嗨啰嗨啰啰呐嗬，
（合）嗨啰嗨啰嗨呀呀啰哟嗬，
（领）呀啰哟嗬，
（合）嗨嗨啰嗨呀哈，
（领）嗨嗨啰喂啰嗨呀，
（合）喂喂啰嗨呀，
（领）打起个锣鼓唱起来。
（合）三、二吔。
（领）我把个麻雀子数起来。
（合）海棠花飘飘。
（领）一只麻雀子一个头。
（合）三、二吔。
（领）一只麻雀一张嘴吔一个尾。
（合）海棠花飘飘。
（领）两只眼睛望四方。
（合）三、二吔。
（领）两个耳朵听八面风。
（合）海棠花飘飘。
（领）两个翅膀展翅飞。
（合）三、二吔。
（领）两个爪子往前行。
（合）海棠花飘飘。
（领）一个心肝一个肺。
（合）三、二吔。
（领）身穿一身麻布衣。
（合）海棠花飘飘。
（领）一头赶在对口里。
（合）三、二吔。
（领）头朝东来尾朝西。
（合）海棠花飘飘。
（领）前面师傅把号接哟喂。
（合）三、二吔。
（领）后面徒弟学学乖呀，
（合）嗬嗬嗨海棠花飘飘。
（合）嗨呀哈喂喂啰嗨呀。

注：绞车号子是排工摇动绞车起锚准备运行时唱的。

七节

（排工号子）

（领）嘿哟嘀，

（合）哎嗨呀，

（领）花开刘郎呀，

（合）嗨嗨呀，

（领）花开刘郎也有情，

（合）哟嘀嘀嘀，

（领）不怕高山啊，

（合）水又深啰喂，

（领）哎哟水又深。

（合）哎呀嗨，

（领）高山自有哇，

（合）嗨嗨呀，

（领）人开路，

（合）哎人开路，

（领）水深自有啊，

（合）撑篙人啰，

呀格嘞水深自有哇，

（领）水深自有哇撑篙人。

（合）嗨呀哈嘞嗨。

放排号子

花开刘郎也有情，

不怕山高水又深，

高山自有人开路，

水深自有撑篙人。

第三节

民间舞蹈

新中国成立前，永修民间舞蹈主要以船灯、龙灯、行马灯、茶花灯、牛灯、鱼灯、狮子灯、蚌壳灯、蛤蟆灯等民间舞蹈形式为主，舞时配歌乐，每逢元宵节，这些载歌载舞的灯彩活动，在县境内各村镇街市盛行，百姓争相观看，几乎通宵达旦。

永修县有相当一部分民间舞蹈于清末民初由湖北、湖南、河南、浙江等地移民从原籍带来，均由老艺人身传口授，新中国成立前盛行，然只限于民间演出，难登大雅之堂。1953 年，永修举办了全县民间艺术大会演，滩溪的《锄山鼓》、立新的《狮子灯》、江益乡的《彩云灯》、白槎乡的《采茶扑蝶》《打岔伞》等 40 余个节目经改编搬上正规舞台演出。但由于历史原因，民间舞蹈几度兴衰，部分已经失传，但也保留了一些诸如灯彩戏曲之类的节目，每年正月尚在表演。

一、民间舞蹈类型

永修的民间舞蹈分为戏曲、歌舞、灯彩三种类型。

戏曲

大都取自传统戏曲剧目中的一折。人物角色固定，唱腔道白多，重表演，除有几个程式动作外，无一定动作规范，穿戏曲常用服装。具有代表性的有《采桑》《钩鸡》《马灯戏》等。

歌舞

表演时且歌且舞，动作成分多，歌词可现编，曲调可选换，却有固定的舞蹈动作。

灯彩

灯彩有牛灯、马灯、龙灯、狮子灯、推车灯、蛤蟆灯、蚌壳灯、船灯、板灯、茶灯、花灯、彩云灯、桃花灯、捉蝴蝶、高跷、打岔伞、打连湘等十余种形式，属广场艺术，每年正月表演。灯彩的伴奏一般为打击乐加吹奏乐，服装系一般农村民间便服或戏曲舞台服装。永修县龙灯种类繁多。有纸糊内点烛的“火龙”，红布或黄布裱的“布龙”，草扎的“草龙”，插香的“杆把龙”“香火龙”等。几乎有灯彩活动的地方就有龙，龙灯是永修县农村甚为流行的灯彩。龙的形象各有特色、节数不等、形式不一。表演形式分“流龙”与“行龙”两种，上下翻滚舞动者为“滚龙”，直举绕场行进者称“行龙”。

龙灯　即操龙灯，乃永修传统节日盛行的娱乐活动。人员视龙灯长短而定。有数人、十数人，甚至数十人手举龙灯，头扎布带（视龙灯颜色而定，龙灯是红色，头布便是红色。永修民间有“乌一黄二”之说，乌乃黑色，属第一，黄为第二。江湖亦有“世上只有第二，没有第一”之说，故永修民间龙灯、狮子灯一般不装饰为“黑”“黄”二色，否则，会引起他村不服，甚至引发格斗流血事件），腰系围巾，脚穿轻便鞋，左右摇摆不停，好似一条活龙，在村里挨家挨户恭贺新春佳节，预祝来年大吉大利、平平安安。龙灯舞（狮子灯同样）走到谁家门口，谁家就要燃放鞭炮，锣鼓喧天。有时还要上街到有地位的宗亲家门口舞动，宗亲觉有面子，以红包、香烟等礼品馈赠。

狮子灯　即舞狮子，乃永修传统节日盛行的娱乐活动。需有三个主要成员，一是狮子头，需一灵活、个子较小的青年扮作；二是狮子尾，需选一个子高、力气大的青年扮作；三是引狮人，需一灵动机敏之人扮作。狮子或就地似蛟龙翻滚，或跳跃上桌如腾云驾雾，或下桌恰似仰首卧龙等，每一动作表演均由引狮人指挥。

船灯　以竹条彩纸扎成，无船底。由男女两人扮演，亦有男扮女装。女者站于船内舞走，男者持篙立于船外，二者对唱，亦歌亦舞。乃永修传统节日盛行的娱乐活动。

板灯　即板凳龙，出自永修县马口城丰李氏。春节或祠堂祭祀时，由宗族男丁每人肩扛一条木板凳或等长木板，数百人组成一条长达数里的板凳长龙，鼓锣齐鸣，龙头开道，沿李氏地界游一周。

二、民间优秀舞蹈

《采桑》原名《打桑叶》，由民间艺人兰鹏程（1977 年离世，终年 76 岁）在二十来岁时从河南光山县移居本县时带入。以戏曲形式表演，大段的唱腔夹杂道白，只在采桑时有“攀枝”“摘桑叶”“遭蜂蜇”“赶蜂”等几个程式动作，其他由表演者自由发挥。道白均用河南地方话，唱腔亦为河南民间小曲。剧中角色为母女二人，女儿天真烂漫活泼，母亲粗俗又不乏慈爱。此舞在永修县燕坊、梅棠、三溪桥乡一带表演为多。

1956 年，江西省举办群众文艺会演，省群艺馆音乐干部李林浩，省歌舞团舞蹈老师李德华、吴维华，取永修县《打桑叶》中采桑之素材，创作了舞蹈《采桑》。内容表现了一对青年男女在桑园相遇相恋，被女伴们逗笑打趣的情景。由当时白槎乡的农民演员张爱民、高秀莲、杨秀英、周鸿菊、董秀英等 6 人排练并参加省会演。此节目后又经省歌舞团整理，成为省歌舞团建团首场演出的优秀节目。

《打岔伞》由河南移民从原籍带入。原为灾民用“一伞一鼓”边歌边舞的形式以乞讨求生，后演变成一种灯彩节目。此舞有八个基本舞步：搓跳步、碎步、丁字步、踏步、麻雀步、短子步、十字步（还有一个舞步因表演者遗忘未能收集）。表演时一个打伞人（男性），另有男女演员若干，手持扇或手帕，随锣鼓点节奏变换各种碎步及队形。场面热闹，充满活力，与原型大为相悖。

1956 年，经民间艺人高尚志挖掘整理，《打岔伞》搬上江西省工会举办的首届职工业余文艺观摩会演舞台，获节目奖及个人表演奖。后总政文工团对此节目进行了加工修改，在北京、欧洲等地巡回演出，获得好评。

《打莲湘》又叫《打莲花落》《花子打棍》。19 世纪末，一批湖北黄梅县饥民逃荒至永修，他们手持花棍，边打边唱边乞讨。唱腔委婉悲凉，花棍击打节奏性强。后经民间艺人整理搬上戏曲舞台，用于唱苦戏时“讨苦彩”。表演者用花棍交错敲击头、腰、手、背、腿、脚等部位。花棍上串有36枚铜钱，敲击时发出“嚓、嚓、嚓”有节奏的响声。

《推车灯》流传于永修县九合青墅一带。其原初内容带悲剧色彩：丈夫因豪赌将妻卖与他人，用独轮车推妻至半路交与中人，中人一路上或花言巧语哄骗，或滑稽调笑逗乐，将女人骗走。后根据时代的需要，利用原有表演形式，保持其中滑稽调笑的内容，将夫卖妻的悲剧改为男女青年调情的喜剧。改后的《推车灯》由四人表演，四人分别扮演推车人（老汉装扮）、拉车人（小丑装扮）、坐车人（村姑装扮）、同路人（公子装扮）。内容为父子二人推车回家途中，遇一青年女子因鞋尖脚小行路不便，就热情地请她上车，又遇一公子，四人同行，父子二人提议请公子与村姑唱歌以解路途疲乏，两人一见面就互相有意，趁机唱起小调调情。

《蛤蟆灯》由河南传入。在原籍称《玩蟾》，道具蟾为三条腿。到永修后改为《捉蛤蟆》，蛤蟆为四条腿。三人表演，一人提一盏蛤蟆灯，一人手持钓竿，一人背鱼篓。先唱后舞，场面活泼诙谐，乡土生活气息浓厚，动作有钓蛤蟆、捉蛤蟆、打蛤蟆、蛤蟆筋斗。

1953年春节，永修县文化馆为了发掘民间文化艺术，举办了一次民间艺术大会演，参加的代表队有16个，上演的节目有四五十个之多。其中具代表性的有：滩溪的《锄山鼓》（获奖）；白槎的《打岔伞》；涂埠《高跷》；江益《彩云灯》；沙上王家王细鬼的杂耍《水流星》以及立新黎村《狮灯》，三角《船灯》，九合的《蚌壳灯》。

三、民间舞蹈集成

1983年至1985年，永修县文化馆先后数次组织专业人员开展对本县民族民间舞蹈的普查工作，发现了一批有一定民间艺术成就的老艺人：如梅棠乡的张孝全、邱光云，九合乡的徐郭浦，滩溪乡的戴宣渺等。1988年9月发掘出特色各异的民间舞蹈21个，编辑成《永修民间舞蹈集成》1册。其中《蛤蟆灯》《推车灯》《打莲花落》被江西省《中国民族民间舞蹈集成·江西卷》采录，《蛤蟆灯》《推车灯》已选入《中国民族民间舞蹈集成·江西卷》。

第六章

特色文化

| 第一节 |

赣商文化

永修历史文化底蕴深厚，千百年来，薪火相传，形成了赣商文化、海昏文化、书院文化、农禅文化、建昌茶文化、磨刀李文化、样式雷文化、农垦文化、候鸟文化（包括湿地文化）等本土特色文化。

江西，古代称为“江右”，江西的商人被称为“江右商”。明朝开始出现“江右商帮”，在当时的十大商帮里排在晋商、徽商之后，列第三位，活跃在全国，时有“无赣不成商”之称。千年古镇吴城是赣商文化的主要发源地之一。传统社会，国内市场流通多依赖水运，内河交通异常发达。自隋唐以后，京杭大运河的开通，运河—长江—赣江—大庾岭—广州，这条被称为“京广大水道”的流通路线成为全国漕运和南北货物对流的运输线。处于南北贸易重要干线上的江西，以其屏蔽吴越、控制荆楚、南逾庾岭、提挈粤东的优越地理位置，成为连接湖北、湖南、福建、浙江、安徽、广东的襟要之区，是中原王朝与南方数省联系的枢纽。自然地担负起闽、苏、浙、皖、湘、粤等省物货交流的中介，相应地带动了江西以赣江为主体的过境贸易的繁荣，并由此形成了若干条重要的商路。其中之一便是广东—大庾岭—赣州—樟树—吴城—汉口，这条商道在鸦片战争以前曾是国内长距离贸易的黄金商道，也是江西省际贸易的主要渠道。赣州、樟树、吴城三地成为江西货流的主要出入口和集散中心。吴城又是赣江入鄱阳湖的咽喉，赣江流域各种农副产品及由大庾岭商路输入的洋广杂货北出长江，转销湘、鄂、皖、豫诸省均要经过吴城转口换大船出江，素有“装不完的吴城，卸不完的汉口”之盛誉。广东洋货从长江进入鄂、皖、湘、

吴城吉安会馆（摄影 / 汤钢钢）

豫、晋、陕，以及鄂、皖、湘、豫、晋、陕的货物南下广东，均以吴城镇为集散中心。赣江为经的江西内河主运道，其起点为赣关，中经樟树，北出吴城。而这条商路以樟树为中心，承担江西地区的分销，吴城为极点，担负起外销的任务。吴城濒江而瞰湖，扼江西水路咽喉，上百余里至南昌，下百余里达湖口，凡商船由南昌而下，由湖口而上，道路所过，无大埠头，吴城适当其冲，是江西乃至华东地区的重要水运码头。明清前，在陆路交通尚不发达时，吴城作为省内外商货流通的总吞吐口岸，繁华岁月达千年之久。所以，全国各地商贾在吴城建造会馆，无论规模还是奢华程度，皆争相攀比，鼎盛期达 48 座之多，而且各地商贾也将自己家乡的文化风情、民间习俗带到吴城，在这里形成了独特的会馆文化。

“江右商帮”主要靠行船走排的水运到达货流促销地，这其中与风浪作生死搏斗的艰辛可想而知。他们还要走蜀道、跨戈壁、踏西域、闯关东，要经历许多生死关隘，由于常年经商涉险，形成了一种赣商精神，即进取、敬业、团结，并贯穿到经营、组织管理的过程中。由利益而驱动的进取精神，是赣商鏖战于商场的精神动力。他们通过经商来实现其创家立业、兴宗耀祖的抱负。敬业是所有事业成功的源泉，而诚信、勤劳的作风，又是敬业思想在实践中的具体体现，这对江右商帮而言是良好品德。在商业活动中，他们非常注重发挥群体互帮作用，常常用宗法社会的乡里之谊彼此团结在一起，用会馆的维系和精神崇奉神明的方式，增强相互间的了解，通过讲义气、讲相与、讲帮靠，讲联姻等多种关系，搜集商业情报，维系经营活动，消除人际不和，从而形成一个商帮群体。如吴城当年的建昌帮、武宁帮、丰城帮等。所以，进取、诚信、团结是赣商文化之魂。

赣商文化的精髓主要表现在：其一，以厚德铸品质。厚德，是赣商做人的本分。赣商因“和商”闻名，江右商帮以“贾德”著称，这是江西厚重文化孕育和天地自然造化使然。朱熹理学、阳明心学均在江西大成。受儒家文化长期熏陶，赣商“贾而好儒”，重视家风家教，具有“穷则独善其身，达则兼济天下”的家国情怀。江西五大水系之赣江、修河流经永修，同时永修濒临鄱阳湖，这种地域格局具有得天独厚的优势。赣商尊崇“和合”思想，讲究“以众帮众”，团结协作，抱团发展，追求与天地人和谐相处。其二，以实干为特质。赣商具有三个特征：一是敏锐善谋地干。善谋，是赣商取利之法宝。赣商眼光前瞻、视角独到且灵敏有加，精于发现商机，敏于捕捉商机，善于引领商机。二是开拓进取地干。赣商有不甘落后、改变现状的内在动力，不等不靠不发牢骚，开拓进取，做大做强自己。三是脚踏实地地干。赣商以勤劳肯干著称，将瓷茶药木盐粮纸布，通过千年古镇吴城的水路，行船走排，运往四面八方。三是以义利换诚信。赣商践行三种思想：一是以义取利。“君子爱财，取之以道”，赣商遵守商业伦理，遵循市场规则，依法经营，诚信守诺，不非法取利、不哄抬物价、不坑蒙拐骗。二是以义为重。当义利“不可得兼”，赣商以“义”为重，见义勇为，舍利取义。三是以利兴义。样式雷不敛不贪，杨氏弹棉不诓不欺，这些品性都反映在他们的家风家规里。雷家玺多收了二两差银亲自奉还，马口杨氏不给日军弹棉，却抱着家国情怀义务加班加点给抗美援朝的人民军队弹制军棉，这就反映了以利兴义的精神。

第二节

农禅文化

永修云居山是国家级重点风景名胜区，山巅莲花城中有一座建于唐宪宗元和年间（806—820）的有着约1200年历史的宝刹真如禅寺，白居易、皮日休、苏东坡、黄庭坚、秦观等历代名人都曾慕名来此修禅。历代著名高僧道膺、佛印、虚云、海灯、一诚、传印等曾在此主持传播大法，其声誉蜚声中外，为国家重点开放寺庙、中国佛教禅宗五宗之一曹洞宗发源地、全国汉传佛教三大样板寺庙之一、汉族地区佛教全国重点寺院、世界坐禅中心。新中国成立以来，中国佛教协会有五任会长都曾在此修行或担任方丈。至今，大雄宝殿后帘暗室墙上，嵌有鲜为人知的唐代建寺之初的8块木质匾额，为真如禅寺镇寺之宝。

唐宪宗元和初年，著名的高僧和道俗们来到云居山，创建了云居禅院，这就是真如禅寺的前身。其后，唐僖宗时高僧道膺禅师居住于这里。从此，云居寺名闻天下。道膺禅师是嗣法中国禅宗曹洞宗洞山良价的大德。在中国禅宗的五家七宗之中，曹洞宗是由洞山良价和曹山本寂和尚所创立的宗派。与默照禅相对的看话禅，北宋末期产生于云居山。默照禅是默默地坐着断除一切念头，臻于无念无想的境界；看话禅以参话头的方式来修行，从而产生活泼的解脱的智能。

曹洞宗禅风的渊源，可以追溯到六祖慧能的弟子青原行思。云居道膺受法于宗祖洞山之后，云游四方而到云居山定居。自此他的道风大振于世。云居山真如禅寺千年以来一直秉承“农禅并重”的祖训。自唐代道膺禅师担任真如禅寺主持时，就倡导“一日不作，一日不食”的农禅风规，

农禅并重

千僧锅

他亲自带领僧众到五老峰前垦劈荆棘，开山造田，耕耘播种，收获粮食，前后达20年。当时从各地前来的门徒僧众达千余人。清初，到达鼎盛时期，僧众1500余人。康熙皇帝为云居山真如禅寺“农禅并重”标榜千秋，特命人浇铸一口大铁锅赠予，名曰“千僧锅”，该锅至今存于寺内。

云居山真如禅寺以“自力更生、自食其力”为精髓代代相传。历任主持，个个身体力行，全寺僧众生活虽然清苦、出坡（生产劳动）辛苦，却依然静心理佛，安详自在，保持最为纯洁的修行心态，故为世人所称道。云居山真如禅寺有山林土地3600多亩，其中茶园百余亩，水田百余亩，盛产杉木、毛竹、茶叶、黄山松、栗子、山楂和猕猴桃等，还产人参、黄精等上百种珍贵药材。每年冬天采笋，春天采茶，夏天种田，秋季收割、砍柴、伐竹。每年可产茶叶几百斤，稻谷七八万斤和一定数量的瓜果蔬菜等。粮食、蔬菜完全可以自给，若有积余还常常赈济附近贫苦山民。为了调动僧众的生产积极性，常住除安排老病僧众禅修外，对于具有劳动能力的僧众，一律因人分配活路，实行生产责任制，从而减少了僧人的流动性，同时也便于寺务的管理。全寺僧众每天除了上殿过堂、晚饭后坐四支香之外，其余时间都在农忙中度过。正因如此，在真如禅寺历代主持认真奉行“农禅并重”的祖训下，该寺禅风鼎盛，并以“世界最大、最正统的禅学中心”而誉播四海，在国内外拥有巨大影响力。

第三节

海昏文化

永修古称艾地，秦隶九江郡（秦置，治所在寿春，今安徽寿县。辖境相当今安徽、河南淮河以南，湖北黄冈以东及江西全省）。汉高祖六年（前201）置海昏县，为建置之始。南朝宋元嘉二年（425），海昏县城沉入鄱阳湖，遂"废海昏，移建昌居焉"，改称建昌县。海昏县经历600多年，是汉代豫章郡所辖十八古县之一。

班固《汉书·地理志》记载，汉高帝时豫章郡辖海昏等县。"海"，古为"湖"之意。"昏"即黄昏。"昏"字在甲骨文是一个侧立的人伸出一只手，手下面是太阳，故"昏"字本义是黄昏。古人依据太阳升起和落下来辨别东西方向。"東"字形是太阳刚刚升起到树干，故表示"东方"。太阳落到人手下的"昏"表示"西方"。据史料记载，海昏县范围大致包括今修水、铜鼓、永修、武宁、靖安、安义和奉新以及新建区一部分，地理位置系处鄱阳湖西岸。故将"海昏"翻译成现代汉语是"湖西"，即鄱阳湖西面。

海昏县与海昏侯国有着本质上的区别，"县"是古代行政区划，"国"是古代王侯分封领地，故称"海昏侯国"。海昏侯国与海昏县为两个并行体系，一个是汉代高祖时期的一个县级行政区划，属行政编制；一个是西汉分封制体制下由皇室成员（即海昏侯）在海昏县建立的一个侯国，不干预朝政，无军权。海昏侯国不能干预海昏县的基本行政管理。

在永修，至今仍有许多海昏县时期的文化遗存，如反映废帝刘贺发配到海昏的民间故事《公树墩》；还有反映樊哙追杀九江王英布时在艾城附近驻留的地名“军山”(意即樊将军山，后简称军山)；反映樊哙追杀英布时在修河岸边屯兵的地名“樊屯”(意即樊哙屯兵之地，后简称樊屯)；反映汉代马融在海昏县设帐讲学的马融书院、马融河；反映海昏县当年“云居拥翠、修水环清、柳渡春烟、莲州夜月、东郭农耕、北岩樵唱、桃源石洞、桂影池亭”八个景点的“海昏八景”；反映海昏县城沉入鄱阳湖前夕的《边盘》；反映三国时期吴国大将太史慈在吴山筑城御敌的故事；反映三国吴王孙坚的父亲孙钟在吴山种瓜的故事；等等。

吴山胜迹

第四节

书院文化

千百年来，永修之所以人才辈出，文风鼎盛，其根本原因在于书院文化的兴盛。自东汉马融开办扶风书院（为江西最早书院）以来，五代进士吴白开办了云阳书院，宋代李常开办了李氏山房，李燔光大了白鹿洞书院，洪师民开办了雷塘书院，磨刀李开办了弘斋书院，吕蒙正后人五吕先生开办了芗山书院，滩溪赵氏开办了甘棠书院，明代知县顾阳和开办了修江书院，熊德明开办了石潭书院，李诚开办了北山书院，清代峡坪吴氏开办了画岭书院，以及竹梧书院、石萍书院等，举不胜举，遍布县域，即便改朝换代，亦代有增置，有的在

艾城修江书院外景（摄影 / 张欣）

艾城修江书院内景（摄影 / 张欣）

甘棠书院

江西乃至中国书院史上占有一席之地。尤其李常的李氏山房，自他考上进士以后，就将藏有上万卷图书的书房，开放给白鹿洞书院、修江书院的学子阅读。

永修人士在开办书院的同时，还与庐山白鹿洞书院来往甚密，白鹿洞书院位于庐山市，共有学田 3600 亩，而远在数百里之遥的永修县就占 1305.1 亩，其中田 1182.7 亩、山 14 亩、塘 48.3 亩、地 60.1 亩，占白鹿洞书院总学田的三分之一多，这在全省其他地区绝无仅有，这能证明永修人重视人才培养，树人育才。永修的李燔、胡泳、熊维典、周杰、淦弘勳、郭炽祚均由朝廷任命先后担任过白鹿洞书院山长。自唐至清，永修的书院培养了历代文武进士达 209 人。千百年来，书院文化围绕读书讲学、著述交流等方面，用人格的力量去传承中华文化。古文化中的书院精神，与互联网时代的开发相结合，将绽放出更有精神价值的修身自律的花朵。

第五节

磨刀李文化

“磨刀李”文化亦称李唐文化。磨刀李文化在李唐浩瀚文化中一枝独秀。开篇挥写这种文化的人，是磨刀李的始祖李衢，继而，其后裔又续写了千年春秋。

李衢，名达道，字少贤，别号继塘。出身皇族和仕宦世家。李衢是唐太宗李世民第三子吴王李恪的第十世孙。李恪是唐太宗与隋炀帝之女杨妃所生之子，继承了隋唐两代皇族的血统。在唐太宗十四个儿子中，李恪是最像唐太宗的，也最有文韬武略，在大臣、百姓中威望最高。唐太宗本想立李恪为太子，因遭到长孙无忌等大臣的反对，最终，长孙无忌的亲外甥、晋王李治被立为太子。李治做皇帝（唐高宗）后，李恪被长孙无忌罗织罪名而冤杀。毛泽东在评价李恪和李治时批评了李世民，称李恪乃英物，李治乃朽物，李世民听长孙无忌之言，可谓聪明一世，懵懂一时。由此可见，在中国古代封建皇族中，那种尔虞我诈、你死我活的权力斗争是何等残酷。这也是中国历朝历代皇族争权夺利结局的缩影。

李衢是唐昭宗李晔的随侍近臣，官居征事郎加银青光禄大夫、太子太傅。李衢所处时期，正是黄巢起义、藩镇割据、宦官专政、朋党争斗加剧的时代。穷途末路的唐王朝，已是风雨飘摇。唐天祐元年（904），朱温造反篡政，昭宗深知前途不保，泣不成声。在悲泣声中，李衢得昭宗密旨，携堂弟李术、李衍等皇裔及大唐皇族谱牒避乱，就此开始了他们的艰辛逃亡之旅。不久，闻听朱温密令弑杀了昭宗。其间，两位妃嫔拼命护驾，亦被全诛。随后，朱温立昭宗十二岁的第九子李柷为傀儡皇帝（是为哀帝），次年二月又全戮昭宗九个皇子，以绝后患。同年六月又制造了骇人听闻的“白马之变”，将皇室成员及朝廷重臣赶尽杀绝。

路上，李衢分析：如果北上，显然逃不出朱温的势力范围，若取道洛阳，也是凶多吉少。于是，决定沿伏牛山南徙。他们在湖湘稍作停顿，继续南行。辗转湖北、湖南的密林小道，千难万险地逃至江西建昌县西北一处深山老林隐姓埋名，蜗居在万福寺内。

不久，李衢在附近山上砍柴，发现有一块磨刀石，侧边刻有“关公磨刀”字样，心想，我避乱到此，意在韬光养晦，匡复唐室，关公乃人间武侯圣贤，天助我李唐不灭，何不借此韬光养晦，以期东山再起，匡复唐室。于是，便将此作为自己隐居开基之地，故取名“磨刀李”。以后，李衢就带着子孙常常在此磨刀，以鼓励后人不忘初心，磨刀励志。李衢死后，他的后裔繁衍生息，迁徙全国各地。每到祭祖时期，全国各地成千上万的“磨刀李”后人来此祭拜朝香。久而久之，“磨刀励志、发奋求进、知恩图报、精忠事国”形成了一种独特的姓氏文化——磨刀李文化。

磨刀李寻根习俗

第六节

样式雷文化

在人类建筑文明史上，唯有中国样式雷以短短笔尖化成智慧结晶，精确设计数万件建筑图档和制作烫样而被列入世界记忆遗产名录；在世界文化遗产中，唯有中国样式雷以一个家族的建筑艺术列入世界文化遗产名录！

永修县（古称建昌县）梅棠镇新庄村雷家组是样式雷鼻祖雷发达故里。样式雷，俗称样子雷，是雷发达及其子孙八代十人建筑世家掌管宫廷样式房的誉称。第一代雷发达，第二代雷金玉，第三代雷声澄，第四代雷家玮、雷家玺、雷家瑞，第五代雷景修，第六代雷思起，第七代雷廷昌，第八代雷献彩，他们在清代宫廷掌案建筑设计营造长达200多年，每一代都为中国建筑做出了杰出贡献，所开创的宫廷建筑业已成为世界古代建筑艺术绝世珍品，故宫博物院、天坛、北京三山（香山、万寿山、玉泉山）五园（圆明园、畅春园、静宜园、清漪园、静明园）和清东、西陵，北京各府衙、王府，河北承德避暑山庄、沈阳故宫及江西南昌汪山土库等建筑均出自样式雷巧夺天工之手。

一个普通的匠人世家为何有如此显赫名声和巨大成就？这似乎让人匪夷所思。

翻开江西永修县梅棠新庄村《雷氏宗谱》，才得以洞悉个中端倪："敦孝悌以厚人伦，崇祭祀以绥先灵，隆师傅以教子孙，循礼让以睦乡党，严内外以别嫌疑，完国课以免追呼，戒浪游以勤职业，通货财以相同济。"字里行间，无不渗透着雷氏祖先对子孙后人中肯激切之情及敦亲睦族的远见卓识！

在国家图书馆，至今还保存有同治与光绪年间样式雷世家230封家书，封面注明“私信，请勿拆看”。他们精勤教艺，而且言传身教。书信内容均是匠艺传教、秉承艺德之类。晚辈在木匠技艺上遇到难题后，差人将毛笔书写的信函送给正在远方施工的父亲、叔叔、兄长，询问、请示具体解答难题。而长辈们则用红墨水毛笔书写回复批语，对晚辈提出的技术难点和疑问进行解答、更正或训示。信笺上透露了样式雷建筑技艺的熟练与精湛，以及精益求精的学艺态度，洋溢着父与子、兄与弟、叔与侄之间的亲密无间的人伦亲情。一次，在修建皇帝皇后陵寝时，雷思起给儿子回信说：“今来字，再给一个老主意：咱们之差，全是平子不错，合溜不错，各院当不错，两处平正一样高低，尺寸不错，券内层次不错，各座不错，不歪不斜，别的就无沉重。除了这几宗之外，就不甚要紧。改办有人出主意，咱们拦不住。顺情说好话，事事要必曲，不算丢人。耐守为上……”

雷思起在给侄子雷廷芳回信中写道：“廷芳见字：今问之事俱在来信上注明，千万不可犹疑。与你大哥合意商办，不准任性更改，千万千万。郭六伯如有办得不是，千万不可以从，要紧要紧。官事不敢随便更改。如真不能做，与各厂商议，暗地说好，必回明监督。不准含混了事。日后沉

样式雷设计太和殿

重太大，吃罪不起。千万千万。你总要听我话，万不会错。奏明在案，王爷大人尚不敢改，何况咱们。你要立定主意办事。如其不然，急给我带信。此事小心在意，心照不宣。伯禹门字。”

从短短几封家书中便可管中窥豹，看出端倪，样式雷家族能够担任200多年的清代宫廷建筑样式房掌案，原来是与其言传“信”教传递技术秘诀联系密切。

清道光五年（1825），样式雷第三代传人雷家玺临终前留下遗嘱说，虽然我儿雷景修16岁就开始学建筑，功力非凡，但总觉他尚欠火候，嫩性未熟，不适合承担掌案。遂将掌案一职交与郭九。雷景修“谨遵遗言，差务慎重”“竭心尽力，不分朝夕，兢兢业业二十余载，辛苦备尝”，最后凭己实力将掌案夺回。以此人们便可知悉，样式雷在子孙尚无能力胜任之时，并不顾及一时之颜面，杜绝滥竽充数，亦可证明掌案一职绝非世袭。

样式雷一贯秉承“心术不可得罪于天地，言行要留好样与儿孙”。对品行不端的亲戚，拒绝疏通托请。一次，雷廷昌在给工程负责人白廷堃的信中写道：“如家内王二来，千万不准给找事，千万。老伯不准王二在此住宿，叩托叩托。此人天良不好。”而对其他向善亲友尤其鳏寡孤儿，都侠肝义胆，慷慨解囊，热心接济。由此可见，中华民族的优良传统在样式雷世家得到了淋漓尽致的体现。

样式雷家族始终保持“不贪不啬，诚信做人”。光绪二十二年（1896），雷廷昌为皇家办理圆明园绘图差事垫支2600多两白银。此后，为不误皇家工期，雷家只得一而再、再而三地借资垫办。在晚清国力不济、国库空虚之时，慈禧太后还一味贪图享乐，用度奢侈，数度重修东西陵，内务府只得让样式雷代购木材，垫付银两。到雷献彩这一代，他不但垫付自己的俸禄，还要垫进全部家底，甚至到木材、石料商那里赊欠建筑材料，就此为皇家背上了一身巨额债务。直到清朝灭亡，这笔巨债讨要无门。

谦诚与精勤是样式雷工匠精神的灵魂。在样式雷200多年的奋斗史上，遇到了两次断代危机，最终通过努力化解了危机。

第一次，雍正七年（1729），随着第二代样式雷传人雷金玉的去世，“样式雷”家族受到同行排挤，样式房掌案被人夺走。雷氏家族失去了样式房掌案职位后难以立足，就举家南迁，回到雷金玉的出生地南京。然而，雷金玉的第六位夫人张氏决意不肯随行，带着仅有三个月大的幼子雷声澂独自留在了京城。她并非贪恋京城纸醉金迷的都市生活，也不是她个人另有独享富贵的图谋。作为母亲，养育幼子是义不容辞的责任，但还有一个更大的使命促使她在困境中锲而不舍地前行，那就是让雷家后人重振样式房。她不顾礼教束缚，怀抱幼子在工部泣诉，据理力争，为雷声澄争得成年后重掌样式房的资格，工部官员答应了她的诉求。雷声澄生长在乾隆盛世，从小受母亲严格训导，教育他对目标必须有矢志不移、非我莫属的气概，并将此潜移默化为一种雷氏励志的传统家风。雷声澄 14 岁进入样式房，他勤学苦练，虚心好问，成年后正是京城三山五园大兴土木之时，凭着自己的高超技艺，力排同行，贡献突出，将样式房的工作搞得有声有色，使祖业重新发扬光大。于是，雷声澄重又执掌样式房。为此，雷氏后人在同治年间为张氏夫人撰写碑志，褒扬她在家族史中不可磨灭的功德。

第二次，第四代样式雷传人雷家玺是三兄弟中的佼佼者，他学艺严谨，一丝不苟，且器量大度，谦虚为人，万寿山、玉泉山、香山、热河避暑山庄、昌陵和圆明园东路等工程均出自他手。嘉庆二十四年（1819），雷家玺的三儿子雷景修，16 岁就随父开始在圆明园样式房学习“世传差务”，他奋力勤勉，不辞劳瘁。雷景修历经嘉庆、道光、咸丰、同治四代，他一生遭遇坎坷，继任样式房掌案的道路也是充满曲折。道光五年（1825），雷家玺临终前留下遗嘱，将掌案一职交与郭九。雷氏执掌样式房的历史眼看就要终结，而此时的雷景修并没有放弃延续家族荣耀的信念，他“谨遵遗言，差务慎重”“竭心尽力，不分朝夕，兢兢业业二十余载，辛苦备尝”，终于在道光二十九年（1849）以超人胆识和高超技艺夺回了样式房掌案的职位，成为样式雷家族史上宫廷建筑承前启后的关键人物。

不仅如此，雷景修还做了一件泽被民族的壮举。在八国联军入京后，清朝百官如鸟兽惊散，落荒而逃，就连平日不可一世的慈禧太后也奔命西逃。而雷景修目光深远，意识到外夷入侵定会殃及其祖先为皇家留下的图档、烫样，就暗暗着手实施一个鲜为人知的保护计划。首先亲自在京城郊区赶做三间大木房，接着携家人每天晚上像蚂蚁搬家一样，从圆明园附近的皇家样式房将数万件图档、烫样悄悄搬进房子里。不久，英法联军火烧圆明园，那些图档、烫样因此免遭劫难。雷景修这一忠信之举，为中华民族留下了弥足珍贵、惊天绝世的文化遗产。可是雷景修为抢救这批瑰宝付出了惨痛代价，女儿燕雷氏和女婿燕桂（畅和园千总）因护园都死于这场暴行。女婿为阻止焚烧被乱刀刺死，燕雷氏带着全家老幼14口自焚殉国。倘若没有雷景修一家以命相抵，便无今日样式雷入选世界记忆遗产名录之辉煌。

圆明园四十景之“万方安和”烫样

圆明园“廓然大公”烫样

样式雷诚信做人、精勤做事的典范已经成为中国工匠精神的象征，迄今还散发着薪尽火传、春风化雨的正能量。样式雷，这个伟大家族心心念念的是“诚信做人，勤勉治业”，世代追求的是精益求精的治业理念，表现的是一种勤勉做事的工作态度和作风，这种大国工匠精神不仅是样式雷的文化内涵，也是我们今天这个时代应推崇的美好精神，更反映了我们中华民族坚韧顽强、锲而不舍、厚德载物以及对完美品质的恒久追求。

第七节

建昌茶文化

永修自古产茶，茶文化在永修历史悠久。早在战国时期，永修就与茶结下了不解之缘。相传楚国大将欧岌携楚王之子逃亡失散后，欧岌隐入艾地云居山，靠食山茶、饮山泉而修炼得道，故汉晋以来称云居山为“欧山”。

茶文化在永修经年已久，渊源颇深，渗于百姓日常生活中。凡是喝水的杯子叫茶杯，喝水的碗叫茶碗，大一点的搪瓷水杯叫茶缸。浓茶叫酽茶，淡茶叫清茶。有茶树的田畈叫茶畈，有茶树的山叫茶山。老人的拐杖也用茶树棍。就连给孩子取名也带“茶”字，女孩叫茶香、茶花、茶英、茶珠、茶珍、茶芳、茶娟、茶秀等，男孩叫茶根、茶树、茶水、茶福、茶生、茶明、茶亮、茶云、茶海等。以“茶”取名，名目繁多，举不胜举。“柴米油盐酱醋茶”是永修人日常生活中的口头禅。永修人惯有种茶、制茶、品茶、话茶的传统。20 世纪 70 年代前，永修农村普通人家的房前屋后，院中园角，总要种上几棵茶树，每到清明后自己炮制，自家饮用或待人接客，或作礼品送人。家家户户的茶壶、茶缸、茶罐、暖水瓶都会泡上现成的茶叶水。赣鄱人家自古以来均有此习，至今在永修偏僻的农村仍留有这种泡茶的遗风。

不过，真正芳名远播、传承久远、堪登高雅之堂的茗茶，当属永修云居山攒林茶。永修攒林茶起源于唐代道容禅师肇基云居山之时，道容坐禅，以茶“惊睡”，是以山茶常供道伴，自此，云居山方有茶事，至今已有1300多年历史。永修攒林茶，因茶树与林木混杂相生，故名攒林茶。又名“攒林云尖”，俗呼“云雾尖”，亦称“赵州茶”，产于森林苍苍、秀雾茫茫的云居山中。攒林茶为何又名“赵州茶”？赵州毕竟远在千里之外的河北赵县。原来唐代有个著名的高僧从谂禅师，他是个行脚和尚，据《云居山新志》记载，从谂法师曾到云居山龙昌禅院（今真如禅寺）讲经，当时的住持亲自出山门外数里相迎。两人会于禅院外明月湖前之夜合山下，彼此机语相对，势均力敌，至为投契，后人在此建“赵州关”作为纪念。赵州关内有数万亩茶林，时称“攒林茶”，从谂法师每天除了吃茶论经，还到山中观茶采茶。佛门弟子为了纪念大师，又把赵州关内的攒林茶尊称为“赵州茶”。攒林茶在南宋时就被列为贡品。相传清代的康熙、乾隆两皇帝都曾把它当作长寿珍品。据《建昌乡土志》记载：“攒林茶俗名云雾茶，此茶不由人莳，产于林木中，吸取精华，饱食云雾，山人披荆采之始得，色香味皆佳，常州阳羡、浙江龙井、君山银针无以过焉！”这里把攒林茶列为与江苏宜兴的阳羡茶、浙江杭州的龙井茶和湖南君山银针茶齐名的名茶。阳羡茶早在唐代已经闻名，并被列为贡品。可见攒林茶的品质非常高。永修自有与茶界精品“龙井”媲美的攒林茶，我等何以垂涎艳羡他山之物！身在茗茶之乡，不识其为何物，愧煞人也！

唐宋以来，举国文风兴盛，许多文人雅士皆以尚茶为荣。永修禅茶一味的特质吸引历代文人墨客游历于此，并留下名篇佳句与趣闻轶事。茶可吟诗。宋代李彭《游云居三首》《雨坐遣心》《游云居歌》亦有记：“永夜不眠茶作祟，一灯明暗鸟呼风”“幽窗多僧气，颇带山茶香”“充虚解战天皇饼，破魔惊睡赵州茶”。明代朱谋垔有“只因寻药来欧岭，悟倾茶到赵州关”。明代汪应娄有“佛印竹枝符古汗，赵州茶叶发春晖”。茶可养心。云居山上有块巨石，平整面宽，相传当年为开创江西诗派的北宋诗人黄庭坚和他的好友北宋文学家欧阳修与佛印禅师“欲与白云论心事，碧溪桥下水潺潺”促膝谈心品茶之处，巨石刻有“石床”两字，字迹遒劲，系苏东坡手迹，后人将此誉为“谈心石”。茶可养廉。宋代建昌县（今永修县）人李燔，任白鹿洞书院洞主时，一些地方官吏为子孙求得好前程，中榜进士，纷纷送以金银财宝。但知李燔清廉清高，唯有好茶，便将金银夹入茶叶当中礼送。李燔逐一开包检验，金银送还，茶叶受之。李燔死时，身无长物，唯有数包茶叶相伴。清代福建进士李道泰，初任江西南康府建昌县知县。上任后，“奖孝行，振寒素，革陋规”。重视正面教育开导，表彰好人好事，对违犯者“蒲鞭示儆”，他为官清正，未与权势同流，故风正民淳。为官任上，从不收人财物，且他好饮酽茶，一次，同僚问及为何，他说，收人财物久之则会迷心，茶叶放之不泡饮则会自霉。饮酽茶，“酽”从“严”旁，是为谨记严于律己也。建昌地处水陆要冲，时军务、政事船舶车马往来频繁，应接任务殊重，李道泰备极劳瘁。同僚、下属与百姓对其钦仰与敬佩。后以功升南康府（治所设星子县）同知，赴任那天，士民攀辕洒泪惜别者载道，送礼无数，李道泰一一婉拒，唯收几包茶叶作为养廉之物。

永修的茶文化十分丰富，除了茶事茶味，尚有古道茶商。千年古镇吴城就是江西茶商的主要转运商埠。吴城于明清前一直是湘赣鄂茶运古道主要聚散地和中转口岸。商贸兴盛，坊肆栉比，购销两旺。乾隆至咸丰百余年间，吴城进入鼎盛期，口岸转输经济功能已超过省府南昌，每天有千余艘商船在此抛锚停泊，码头工达五千之多，经营布匹、百货、南杂、茶叶等商铺逾千家，当时有一首民谣流传至今：“茶商木客盐贩子，纸栈麻庄堆如山，五业为主百业兴，集镇繁荣千载旺。”可见茶叶在当时人们日常生活中占据的比重。如今，永修燕山青、云居禅茶是中国茶品中的上乘珍品，畅销国内外。

永修茶文化是江右传统饮茶风习和品茗技艺的结晶，具有赣鄱文化的深厚意蕴。而贯穿永修茶文化的精神主流受到传统哲学思想影响，当与禅茶一味关系密切。永修人秉承以茶养生，糅合儒、禅精髓，养生首要养德，历代相袭。茶虽为草木，然于品茶人而言，茶融水而富于灵性。入口品味，舌尖会吐露茶味信息：茶品即人品。茶道养生正是通过茶事创造一种宁静的氛围和一个空灵虚静的心境，在茶文化中，静与美相得益彰。故而，永修茶文化是江西乃至中国茶文化中的一朵奇葩，芬芳而甘醇。

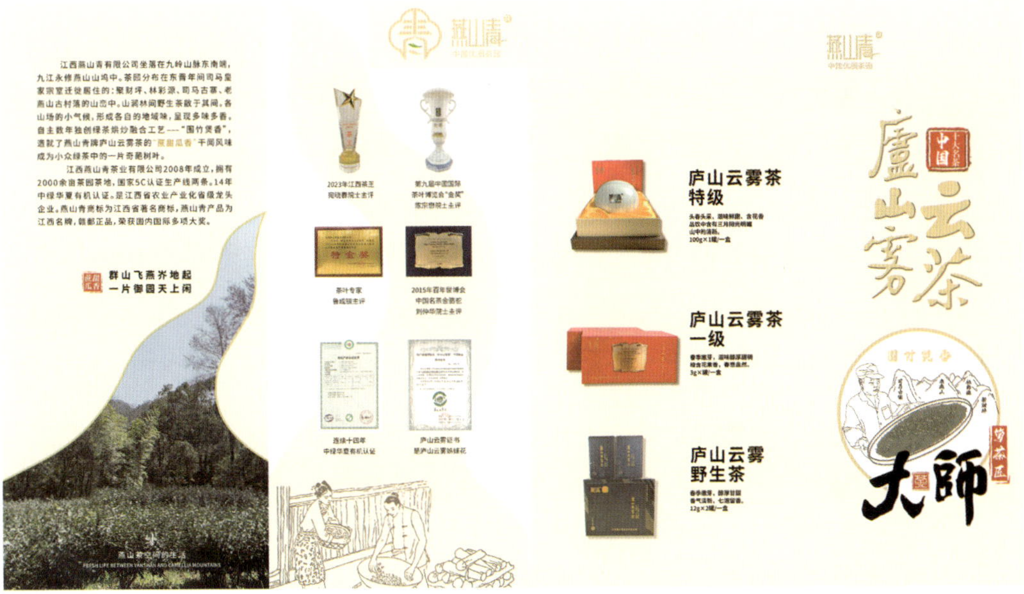

燕山青茶（摄影／罗建明）

| 第八节 |

农垦文化

1957年，为解决粮食增产问题，解决6亿中国人基本果腹问题，毛泽东主席派时任公安部副部长汪东兴任江西省主管内务的副省长，随后，江西在全国树立了两面旗帜：一个是国营垦殖场，另一个是“江西共产主义劳动大学”。同年12月3日，江西省人民委员会做出了建立国营林、牧、农综合垦殖场的重大决定，全省各级党政机关5万多名干部和4000多名转业军人以及省内外大批知识青年响应号召，奔赴全省各地，在山区、湖滨、荒原安营扎寨，揭开了自力更生、艰苦创业、开发山区、建设山区的序幕。其后，一批中国人民解放军转业军人，以及一批批知识青年和移民也先后加入了这支垦荒创业的队伍，从此开创了江西农垦的新纪元。

永修的第一批垦荒人就是在这个特殊历史时期诞生并开始赋予新的历史使命，他们“一颗红心永向党，一双泥腿伴星光，一把锄头扛肩上，一碗菜粥裹饥肠；一把镰刀收稻香，一根扁担挑公粮，一盏油灯学习忙，一间茅棚遮日光”。他们发扬艰苦奋斗的精神，修公路、建电站、筑桥梁、种粮棉、搞种养、育树木，设医院、开工厂、办学校，从无到有，从小到大，从弱到强，战胜了一个又一个困难，取得了一个又一个成就，铸造了一个又一个辉煌，激励着一代又一代的农垦人。云山垦殖场成为江西现代农业的排头兵，引领着农业发展方向。朱德、王震、邵式平等党和国家领导人、省委省政府领导多次视察云山垦殖场。

在永修，农垦文化实际上包含着军垦文化。永修的农垦事业发展经历了60余年的建设形成了自己的独特文化。农垦文化不同于其他特色文化的主要原因是在其形成过程中，有几支队伍起到了决定作用：一是1952年由本地集体村组建的恒丰、永丰农场（时称马口农场）近千名永修籍农工；二是1957年江西各级党政机关干部和转业军人；三是1969年中国人民解放军福州军区江西生产建设兵团八团1000余名官兵（形成了军垦文化）；四是20世纪六七十年代出生的第二代农垦子弟。

除了上述四路垦荒大军之外，还有一群特殊的垦荒队伍。这些垦荒人数虽然不多，但对农垦文化厚重积累起到了不可忽视的作用。他们就是1957年、1958年进入农垦队伍的“右派分子”和“文化大革命”期间被迫下放的国家领导人及中央机关干部。萧克将军就是其中一员。当年他们被视为“牛鬼蛇神”，是被遣送来进行劳动改造的。当地则把这批文化人当作人才使用。他们是扫盲的教员，更是塑造农垦人灵魂的工程师，是他们提升了农垦文化的品位。

永修县燕坊镇江垅村九山洼有一处“文化大革命”时期江西省最大的知青点，其中礼堂、集体宿舍、仓库、食堂等许多建筑物保存完好。永修在外企业家任力云先生在此创建了“赣鄱知青书画苑”，邀请全国知名画家和有影响的老知青担任重要会员，全国各地老知青以乡愁怀旧之情来此观游络绎不绝；范晓斌先生在恒丰创办的“知青故里”则通过使人体验现代农耕生活的形式，展现当年知青生活、生产的内容。

没有这些农垦大军就没有永修的农垦文化，正是因为他们，农垦文化才有了自己的特质：一是军旅文化成为垦荒精神的重要内涵。军人把部队的价值取向、理念意识、思维方式、决策机制、管理方式和地域文化、农垦文化嫁接，形成了“政治民主、管理严格、官兵一致、人际和谐”的军旅理念，下级服从上级，军令如山、工作不允许拖泥带水的工作作风延续至今，成为农垦经济发展的重要保障。军垦文化与赣鄱乡土文化相互交融，已经形成了富有永修特色的农垦文化，部队雷厉风行的作风，赣鄱人精明能干的好学上进，感染、激励着一代又一代的农垦人，形成了自己独特的集群风格。二是以爱国主义为核心的民族精神在这里得到了很好的诠释。从自己跨入农垦队伍后，每一个农垦人十分珍爱脚下的土地，十分珍惜农垦人的情结，始终坚持艰苦奋斗作风，高度发扬农垦精神，即便改革开放后，农垦的工业企业相继转制，在市场竞争中有的被淘汰出局，有的艰难度日，但农垦人依然以振兴民族经济为己任，用甘于奉献的精神和不屈的斗志，抓住新的契机，打造新型企业。云山经济开发区就是农垦人用铮铮傲骨奋斗的结晶。三是文明守纪的道德准则在这里得到了准确的印证。爱国、敬业、诚信、友善的道德规范让农垦人养成了人际平等、尊老爱幼、扶贫济困、礼让宽容的和谐关系，知荣辱、讲正气、创文明已成风气。在永修最早说普通话的是农垦人，文化道德素养较高的也是农垦人。尤其是云山、恒丰、永丰、八角岭的农垦人，他们献了青春献终身，献了终身献子孙。

恒丰知青点（摄影/张欣）

农垦文化是在特殊的历史时期，一个特殊的群体，用特殊的方式，为完成特殊的使命而形成的独特的文化，是中华民族文化宝库中的一枝奇葩。在艰苦卓绝的创业中形成的“艰苦奋斗，勇于开拓”的农垦精神，已成为农垦人顽强、勤奋、开拓、进取的精神象征，激励了几代农垦人，是农垦文化的灵魂。弘扬农垦精神，创新农垦文化，是适应新形势，不断完善自我，提高竞争力，加快改革发展的需要，是全面建设社会主义新农村的需要。

萧克将军 1992 年 3 月 11 日再次视察永修

燕坊九山洼知青点

第九节

候鸟文化

永修是生态家园，具有水域广、湖泊多、鸟类全、鱼类丰、湿地大等诸多特点，具备典型的、完整的内陆湖沼湿地生态系统。位于永修东北部的鄱阳湖，既是我国首批列入世界重要湿地名录的六大湿地之一，也是亚洲最大的候鸟栖息地。地处鄱阳湖西岸的永修吴城，因其位于赣江、修河尾闾，境内湿地空旷、平坦，大小湖泊星罗棋布，拥有湿地面积近 2 万公顷，既是鄱阳湖国家级自然保护区的核心区，也是鄱阳湖生态湿地的核心区。保护区九大核心湖有 7 个在吴城，分别是大湖池、常湖池、中湖池、朱市湖、梅溪湖、大汊湖、象湖。这里湖中水草丰富，鱼虾众多，生态良好，是世界各地候鸟越冬的天然栖息地。

每年秋冬交替时节，都会有大量来自东北亚和俄罗斯西伯利亚的珍稀鸟类飞越千山万水，如约迁徙到吴城境内的鄱阳湖水域觅食越冬。吴城镇也因此被誉为“珍禽世界”“候鸟天堂”“白鹤王国”，并获得“中国候鸟小镇”的称号。“落时不见河边草，飞时遮尽云和月”，形容的就是吴城冬季鄱阳湖畔候鸟成群、遮天蔽日的景象。据统计，每年到鄱阳湖越冬的候鸟多达 60 万至 80 万只，全世界 90% 左右的白鹤、80% 以上的东方白鹳、70% 以上的白枕鹤都会飞至鄱阳湖越冬栖息。其中，吴城每年冬季观察到的鸟类大概有 300 多种，典型的湿地鸟类（水鸟）159 种。按居留类型分，有留鸟 45 种，冬候鸟 155 种，夏候鸟 107 种，迷鸟 3 种，其中 13 种为世界濒危鸟类。

白鹤因深受江西人民喜爱被确定为江西“省鸟”。永修吴城是迄今为止发现的世界最大的越冬白鹤和东方白鹳群体所在地，也是世界上最大的鸿雁群体所在地。白鹤种群数量最大时达 2896 只，占全球总数的 98% 以上，吴城也因此被人们形象地称为“白鹤王国”“雁鹤天堂”。

为充分发挥鄱阳湖生态资源禀赋，江西省人民政府和中国野生动物保护协会每两年都会联合举办一届鄱阳湖国际观鸟季活动，2019 年至今已连续举办三届。永修吴城作为备受瞩目的活动主会场，在省级主办观鸟活动的间隙年份，永修县政府还会自行举办相关的观鸟活动。通过以鸟为媒、以湖为景，永修吴城每年都会吸引来自世界各地的爱鸟人士相聚鄱阳湖畔。

为了给广大游客提供更好的观鸟体验，永修县吴城镇陆续建起了大湖池鸟巢造型、常湖池两棵大树造型、朱市湖仿生鸟蛋造型和狮子山傍水平台共 4 个观鸟点。2024 年，永修县又在鄱阳湖生态文明会展中心全新打造

国际候鸟馆图（摄影 / 曾祥瑞）

了一个集科普教育、生态保护与文化展示于一体的“候鸟之窗”——鄱阳湖国际湿地候鸟馆，2024 年 8 月正式对外开放，成为众多游客与家庭了解候鸟文化的热门首选。观鸟既展示了上千种栩栩如生的鸟类标本，又设有鸟类模拟飞行、声音识别等游戏互动体验区，为游客们更好地了解鸟类知识，掌握鸟类生活习性提供了多方面的服务。

近几年，永修吴城候鸟小镇景区观鸟游的热度逐年上升。去年，每个观鸟点最大瞬时游客接待量达 300 人次。自入冬以来，游客接待总量达 5 万人次，景区周边研学活动每日接待量近 5000 人次。

候鸟文化的精髓是爱鸟，是人与自然的和谐相处。鸟类每年艰辛的迁徙，既是对自然环境变化的主动适应，更是对美好生活环境的不懈追求。人类的繁衍与社会的发展同样离不开大自然，鸟类则是自然生态系统的重要组成部分。从某种程度上说，尊重鸟类、爱护鸟类，就是爱护人类自己。增强全社会生态保护意识，弘扬爱鸟文化，吸引更多的社会力量参与到爱鸟护鸟公益活动，不仅是出于对鸟类福祉的考虑，更是人类社会文明进步的体现。

永修吴城——候鸟天堂（摄影 / 彭梅青）

后记

这是一册记载永修民俗与非遗文化内容的书籍，较为详尽地展现了永修地方文化特色，既可视作解读永修本土文化的风情画卷，又可作为人们研究永修地方文化的参考文献，颇为珍贵。

本书分非遗，民俗，方言俗语，民间谚语、歇后语，民歌民舞，特色文化，共6章22节，约21万字，以图文结合的形式介绍了永修各类民俗文化和非遗项目，展现了民俗中凝聚的文化创造力，编者通过对地方人士，尤其是老人的上百次访谈，构建了一个较大的信息库，整理成册，已然成为民俗风情的体现、历史文化的积淀和先民智慧的凝聚，展现了永修县劳动人民独创的文化遗产。永修的传统文化，无一不是从远古发展而来，绵延至今。我们从这些流传至今的民俗风情里，尚可清晰地看到古代先民社会生活生产的精彩画面。

编撰本书之初衷，是为宣传和弘扬地方优秀传统文化，提炼民俗非遗精髓，提升人文精神及增强文化力量，以能引导更多的人了解永修、推介永修，共同打造永修文化品牌。

本书在编撰过程中，得到许多文化人士的支持与帮助，诸如陈声雪、蔡琴如、邬兆徵、顾金香、贺炳生、吴传华、江旋、蔡贵根、叶水金、何小虎、吴小梅、陈光来、罗勇来、金和平、潘玲玲、帅燕、张舟、蔡安龙、吴文根等，在此一并致谢！

本书数易其稿，终集成册。永修人文资源丰厚，民间风俗繁多，挖掘整理难免有遗珠之憾，加之编者水平有限，编撰过程中亦难免出现漏误，敬请读者批评指正。

2023年9月20日